Colección Letral
Monografías Letral, 6

LETRAL (Líneas y Estudios Transatlánticos de Literatura) nace como proyecto vinculado a la Universidad de Granada. Esta colección homónima –interdisciplinar y en cooperación con otras instituciones internacionales– se inaugura en 2011, y tiene como objetivo el análisis de los distintos campos literarios que conectan América y España a través de textos, autores y lecturas que se han producido y circulan en la contemporaneidad, enfocados en el fenómeno de las migraciones, el mercado global y las propuestas estéticas transnacionales, que convergen en un espacio transatlántico común.
Con este horizonte, las monografías Letral cartografían la literatura latinoamericana de los siglos xx y xxi sobre la base de zonas geográficas y géneros literarios, empleando una metodología teórica plural que atiende a la naturaleza híbrida de este objeto y a la problemática geopolítica a la que se aviene su estudio.

Directora:
Ana Gallego Cuiñas (Universidad de Granada)

Comité científico:
Michèle Soriano (Université de Toulouse)
Ksenija Bilbija (University of Wisconsin-Madison)
Fernando Blanco (Bucknell University)
Pablo Brescia (University of South Florida)
Magdalena Cámpora (Universidad Católica Argentina)
Roberto Domínguez Cáceres (Tecnológico de Monterrey)
Oswaldo Estrada (University of North Carolina at Chapel Hill)
Pedro García-Caro (University of Oregon)
Josebe Martínez (Universidad del País Vasco)
Gesine Müller (Universität zu Köln)
Guadalupe Silva (Universidad de Buenos Aires)
Ricardo F. Vivancos (University of George Mason)

El mar no es ancho ni ajeno

(Complicidades transatlánticas entre el Perú y España)

Ángel Esteban
Agustín Prado Alvarado (eds.)

Iberoamericana • Vervuert • 2019

Universidad Nacional Mayor de San Marcos
Universidad del Perú. Decana de América
Fondo Editorial

© Iberoamericana, 2019
Amor de Dios, 1 – E-28014 Madrid
Tel.: +34 91 429 35 22

info@iberoamericanalibros.com
www.iberoamericana-vervuert.es

© Vervuert, 2019
Elisabethenstr. 3-9 – D-60594 Frankfurt am Main
Tel.: +49 69 597 46 17

ISBN 978-84-9192-013-7 (Iberoamericana)
ISBN 978-3-95487-922-9 (Vervuert)
ISBN 978-3-95487-923-6 (ebook)

Depósito legal: M-10256-2019

The paper on which this book is printed meets the requirements of ISO 9706
Este libro está impreso íntegramente en papel ecológico sin cloro
Impreso en España

El mar no es ancho ni ajeno

(Complicidades transatlánticas entre el Perú y España)

ÁNGEL ESTEBAN
AGUSTÍN PRADO ALVARADO (EDS.)

Iberoamericana • Vervuert • 2019

Índice

Introducción: El mapa de las complicidades transatlánticas entre el Perú y España

Ángel Esteban y Agustín Prado Alvarado

> *Niños del mundo,*
> *si cae España —digo, es un decir—*
> *si cae*
> *del cielo abajo su antebrazo que asen,*
> *en cabestro, dos láminas terrestres;*
> *niños, ¡qué edad la de las sienes cóncavas!*
> *¡Qué temprano en el sol lo que os decía!*
> *¡Qué pronto en vuestro pecho el ruido anciano!*
> *¡Qué viejo vuestro dos en el cuaderno!*
>
> *Niños del mundo, está*
> *la madre España con su vientre a cuestas;*
> *está nuestra maestra con sus férulas,*
> *está madre y maestra,*
> *cruz y madera, porque os dio la altura,*
> *vértigo y división y suma, niños;*
> *¡Está con ella, padres procesales!*

(César Vallejo)

La tripulación marítima de soldados españoles dirigida por el piloto Bartolomé Ruiz obedeció órdenes de Francisco Pizarro para navegar por los mares del Pacífico Sur y en ese periplo tuvo un primer encuentro con unos balseros tumbesinos en octubre de 1526, quienes pertenecían a los territorios del Tahuantinsuyo. Los españoles quedaron admirados por las ropas de estos pobladores y por la construcción de la balsa, que mostraba signos de una riquísima y desarrollada cultura. Este acontecimiento ocurrido en los mares del Pacífico, al norte del Perú actual, fue el inicio de la relación entre la cultura española y la sociedad andina (que con el paso de los años ha atravesado desde las esferas de la violencia a la identidad de una cultura mestiza e hispana), y la recreación de este hecho quedó registrada en la historia por la crónica anónima conocida como *Relación Sámano-Xerez*, recién editada en el siglo XIX.

La soldadesca que acompañó a Pizarro en su marcha a Cajamarca para encontrarse con el inca Atahualpa, entre 1532 y 1533, estuvo constituida por hombres de guerra y también por algunos letrados, entre ellos el capitán Cristóbal de Mena y el secretario de Pizarro, Francisco de Xerez, cada uno de ellos partícipe de esta marcha a Cajamarca, de la captura y posterior muerte del inca y de las primeras incursiones a los territorios del incario. Al regresar a España ambos soldados, quienes al parecer escribieron sobre estos sucesos en los parajes andinos, decidieron publicar sus relatos. Cristóbal de Mena optó por el anonimato, y en la ciudad de Sevilla, en el mes de abril de 1534, se editó la primera crónica impresa, *La conquista del Perú llamada la Nueva Castilla*; pocos meses después Francisco Xerez, como cronista oficial, editaba su escrito con el título *Verdadera relación de la conquista del Perú*. El título de ambas crónicas empieza a reconocer a este territorio de los Andes con el nombre del Perú, que poco a poco desplazaría a los de Tahuantinsuyo y Nueva Castilla. Estos relatos cronísticos tuvieron sus primeros lectores entre los letrados peninsulares, quienes empezaron a dibujarse una idea de una de las grandes culturas de América, ya que en esos primeros años se escribía en los Andes y se editaba en España.

El insigne Porras Barrenechea escribió en su clásico libro *Los cronistas del Perú* (1528-1650) que las crónicas de la Conquista son la primera historia peruana y que con ellas también se puede decir que nace el Perú. A esta definición deberíamos añadir que también surge la literatura peruana escrita. Como se puede apreciar al finalizar la crónica de Xerez, encontramos unas coplas del autor que constituyen el lado tradicionalmente literario de esta crónica. Efectivamente, con los españoles también llegaron las coplas y los romances; incluso una de las crónicas de la conquista, conocida como la *Crónica rimada*, atribuida por Porras a Diego de Silva y Guzmán, está considerada en los nuevos estudios literarios como un poema narrativo. Así lo ha probado el estudio de Óscar Coello (*Los inicios de la poesía castellana en el Perú*, 1999, Pontificia Universidad Católica del Perú). Esta crónica rimada, a la que se ha rebautizado como poema de *La conquista de la Nueva Castilla* (1538-1539), está escrita además bajo los códigos de la poesía medieval o prerrenacentista (como lo acuñó la medievalista argentina María Rosa Lida de Malkiel), pues el modelo es la copla real y los tópicos provienen del poema *Laberinto de Fortuna*, del poeta español Juan de Mena.

Las crónicas de Indias que se escribieron tuvieron un primer escritor emblemático: Pedro Cieza de León, Príncipe de los Cronistas, quien fue realmente el primer español que viajó por los Andes hasta las tierras del altiplano, recopiló información de diferentes fuentes y escribió la primera historia del incanato, texto al que tituló *El señorío de los incas* (editado igualmente en el siglo XIX, en 1873). Podemos considerar a Cieza como el primer autor español en insertar el mundo andino en la historia universal.

Durante el periodo del virreinato del Perú, Lima, la capital, se convirtió en la primera ciudad letrada. La literatura que circuló en estas tierras definitivamente fue la española, aunque también circularon traducciones. Estas ficciones no circularon exclusivamente en la Ciudad de los Reyes, pues las letras españolas treparon los Andes y fueron conocidas por otros lectores. Entre las primeras novelas de la cultura española que arribaron al continente americano, como lo ha estudiado Irving Leonard en su clásico estudio *Los libros del conquistador* (1996),[1] se encuentra *Don Quijote* (1605-1615), libro que llegó incluso al Cusco, la otrora capital incaica. Los criollos y mestizos letrados (descendientes de los primeros españoles y de los indígenas) pudieron leer esta insigne novela.

---

1 Editado originalmente en inglés en 1949.

Para aquellas fechas en que algunos ejemplares circularon por el virreinato peruano, el personaje del Quijote empezó a inocularse poco a poco en los imaginarios de los peruanos, como ha sido corroborado con la documentación de la Relación de Pausa, donde se menciona la presencia de un ejemplar del *Quijote* en 1607 en un baile de un carnaval celebrado en un modesto pueblo de Pausa, ubicado en las serranías del actual departamento de Ayacucho. El *Quijote*, como lo ha estudiado Eva María Valero en su valioso estudio *Tras las huellas del Quijote en la América virreinal* (2010), recorrió gran parte de las ciudades letradas del territorio americano.

Para ese siglo xvi empiezan a surgir los primeros escritores mestizos e indígenas, quienes han aprendido a utilizar la pluma en la lengua castellana. Fue Gómez Suárez de Figueroa, el Inca Garcilaso, mestizo hijo del capitán Sebastián Garcilaso de la Vega y de la ñusta Isabel Chimpu Ocllo, que viajó a los diecinueve años a España, el primer escritor transatlántico nacido en el Perú. Su máxima obra, *Comentarios reales de los incas* (1609), una visión idealizada del incario, está escrita en una prosa castellana de las más pulcras de la época, y a él podríamos considerarlo como el primer escritor transatlántico. Efectivamente, las lecturas de la cultura europea fueron decisivas para diseñar su relato y, como lo ha explicado con acierto Mercedes Serna (2000), en los *Comentarios reales* se encuentra una herencia humanista que se rastrea desde elementos del medioevo y del Renacimiento.

La otra crónica emblemática es *Nueva corónica y buen gobierno* (1613-1615?), escrita por el indio Felipe Guamán Poma de Ayala. Como ha ocurrido con muchos escritos de aquella época, hasta el siglo xx no se ha encontrado el texto original. Esta inmensa carta al rey Felipe IV es uno de los libros más significativos del periodo virreinal. En este volumen, segmentado en dos partes, la "Nueva crónica" y el "Buen gobierno", se relata la historia del periodo preincaico, la era de los incas, la conquista y la vida virreinal, y el autor levanta su voz de protesta contra los agravios de los españoles.

Uno de los episodios centrales es el apartado dedicado al diálogo entre Felipe Guamán Poma y el rey español. Podríamos considerarlo como el primer diálogo imaginario transatlántico de la cultura virreinal peruana, que además está graficado en uno de los dibujos que ilustran esta crónica.

Hay muchos ejemplos del diálogo transatlántico entre la cultura peruana y la española durante los años virreinales, como teatro, música, pintura y pensamiento, que no solamente se deben leer como una huella impuesta del mundo hispánico, sino que han de ser considerados como productos *transculturados*, aludiendo al concepto utilizado por Ángel Rama (1982), que sigue permitiendo comprender la peculiaridad de la cultura peruana y del resto de la América Hispana. Por ello, podemos reconocer un barroco andino, espléndidamente representado por la pintura cusqueña o el teatro quechua escrito por los indígenas letrados, aunque nunca representado en el virreinato, sino en los siglos XIX y XX.

Este manto de la cultura española se prolongó incluso después de los años de Independencia y con la naciente República peruana en el siglo XIX. Nuestros primeros costumbristas tuvieron como modelos a Leandro Fernández de Moratín, Mesonero Romanos o Mariano José de Larra, y en los años siguientes otros modelos empezaron a incorporarse a la cultura peruana. Por ello pareciera existir una opinión de consenso entre la comunidad crítica de América que considera que con el surgir del modernismo la presencia literaria española se empieza a evaporar en las letras y cultura peruanas y de Hispanoamérica. Consideramos que esta consigna crítica debe revisarse, aunque no le falta razón con lo sucedido en los siglos XX y XXI.

El primer libro de cuentos significativo de la literatura peruana, *Cuentos malévolos* (1904), del escritor Clemente Palma, fue editado en Barcelona por la Editorial Salvat. Estos relatos de temática fantástica, de terror y de ciencia ficción, donde las huellas de Poe y de Maupassant se pueden percibir, están dedicados mayormente a los escritores españoles más importantes de esas fechas, entre ellos, Miguel de Unamuno, Benito Pérez Galdós, Emilia Pardo Bazán y Juan Valera, aunque la relación con estos escritores mencionados no se limita a un reconocimiento por parte de Palma al dedicarles sus cuentos: la primera edición además estaba acompañada por una carta-prólogo firmada por Miguel de Unamuno, donde comentaba críticamente los aciertos y desaciertos de estos cuentos.

Igualmente podríamos señalar que las casas editoriales españolas tuvieron el interés de autores peruanos que en los últimos años estaban empezando a revalorizarse, como es el caso del escritor Manuel A. Bedoya, quien para los años de la primera década en adelante empezó a publicar novelas de ciencia ficción y policiales en la imprenta Renacimiento de Madrid; otro caso es el del novelista César Falcón, quien se exilió al iniciarse los años veinte, vivió una parte de su vida en España y ejerció el periodismo en los diarios *La Vanguardia*, de Barcelona, *El Liberal*, de Bilbao y *El Sol*, de Madrid y en la revista *España*, que fundó y dirigió Luis Araquistáin, socialista vasco. Incluso ya involucrado en la sociedad española fundó y dirigió el periódico *Verdad* en la ciudad de Sevilla y también estuvo bajo sus riendas el diario *Mundo Obrero*, que fue el órgano de comunicación oficial del Partido Comunista de España. Como escritor publicó en España *Plantel de inválidos* (1921), un conjunto de cuentos, y la novela de corte indigenista *El pueblo sin Dios*.

Los poetas del Perú también estuvieron por España, entre ellos la más grande voz de la lírica peruana, César Vallejo, quien, aunque residió principalmente en París, estuvo en diversas ocasiones en España y participó en el famoso congreso de escritores antifascistas de 1937. *Trilce* (1922), el mayor libro de la poesía de vanguardia hispanoamericana, tuvo una segunda edición en España en 1930, acompañada de un prólogo de José Bergamín y un poema homenaje de Gerardo Diego. En España se involucró con los intelectuales y escritores peninsulares, y algunos de sus libros se editaron en Madrid, como la novela *El Tungsteno* (1930) y el libro de crónicas *Rusia en 1931*.

Involucrado en la guerra civil que estalló en 1936, Vallejo participó en diferentes actividades en favor de la República y dejó su mejor legado para la cultura peninsular: el libro de poemas *España, aparta de mí este cáliz*, que se editó en 1939 en la imprenta de la abadía de Montserrat (Barcelona) después de la muerte del poeta peruano. Este libro es tan significativo que podríamos afirmar que es el mejor poemario en cualquier lengua sobre la guerra civil española.

Otro poeta de la vanguardia peruana que estuvo en España fue Carlos Oquendo de Amat, célebre por su libro *5 metros de poemas* (1927), quien falleció en la sierra de Guadarrama poco antes del estallido de la guerra civil. Por el lado de España también podríamos afirmar que el exilio de los españoles a tierras peruanas también se produjo, aunque no en las proporciones que sucedieron en México o Argentina. No obstante, podremos nombrar a hombres de letras como Corpus Barga, quien llegó a Lima en 1948, donde residiría hasta el día de su muerte en 1975. En Lima sería uno de los fundadores de la Escuela de Periodismo en la Universidad Nacional Mayor de San Marcos. En Lima escribió en varios periódicos y fue un defensor de la República española, y en Perú y España ha sido editada parte de su obra por la editorial de la Universidad Nacional Mayor de San Marcos (Lima), Alianza Editorial (Madrid) y Pre-Textos (Valencia).

En los siguientes años podemos continuar mencionando esta simbiosis entre Perú y España. Un escritor como Mario Vargas Llosa tiene una relación con la Península desde que editó su primer libro de cuentos, *Los Jefes* (1959), en la editorial Las Rocas, en Barcelona. Con el estallido del *boom* en 1963, donde el primer gran protagonista fue *La ciudad y los perros*, se crea ese vínculo entre los lectores peruanos, hispanoamericanos y españoles. Otro autor que tiene esa vinculación con España es Alfredo Bryce Echenique. Su primera y más importante novela, *Un mundo para Julius*, fue editada por Barral Editores, pero lo curioso es que, para difundir este libro, se creó en Lima una sucursal de Barral Editores que publicó otros textos, lo que sugiere que en los años sesenta y setenta el lazo transatlántico iba pasando de los escritores e intelectuales al mundo editorial. Podemos encontrar en la historia de Barral Editores, en los años sesenta, la presencia de escritores peruanos en su rol de traductores, como sucedió con poetas como Mirko Lauer o la traducción y selección realizada por Antonio Cisneros de la *Antología inglesa contemporánea*.

Las décadas siguientes han continuado con esta mutua presencia entre Perú y España. La poesía de César Vallejo es una permanente referencia para los poetas españoles e igualmente en el mundo académico la obra del poeta peruano ha tenido y tiene diversos estudiosos españoles, como Luis Monguió, Julio Vélez, Francisco José López Alfonso, Juan José Lanz, Carlos Javier Morales y Marta Ortiz. Del mismo modo, se puede mencionar el caso de la narrativa de Mario Vargas Llosa o el aprecio que han ganado entre los lectores, académicos y críticos de España los cuentos de Ribeyro. En Barcelona, el poeta peruano Vladimir Herrera dirigió con Enrique Vila Matas y Cristina Fernández Cubas las revistas barcelonesas *Trafalgar Square* y *Celos* y fundó la imprenta y editorial Auqui, que difundió ediciones artesanales de poetas peruanos como César Moro o Emilio Adolfo Westphalen.

España ha servido como un segundo hogar a escritores como Alfredo Bryce, Fernando Iwasaki, Jorge Eduardo Benavides, Santiago Roncagliolo y Renato Cisneros y a periodistas como Fietta Jarque, quien trabaja para el diario *El País*. Igualmente destaca Gabriela Wienner, quien reside en España y tiene una actividad cultural en diversos géneros, que van desde la crónica periodística hasta la narrativa literaria. En definitiva, los lazos transatlánticos entre Perú y España no han cesado de dar frutos en los últimos cinco siglos.

Hemos dividido este libro en cinco secciones. La primera corresponde a los ensayos relativos al mundo colonial peruano y el Siglo de Oro peninsular, tanto en sus relaciones especulares como en ciertos ecos de aquella época en autores contemporáneos. El trabajo de José Antonio Mazzotti estudia la obra del Inca Garcilaso desde el punto de vista de sus notas manieristas e incluso barrocas, para desplazarlo de la filiación exclusivamente renacentista que muchos críticos de ambos lados del Atlántico le han dado durante décadas. A continuación, Marta Ortiz Canseco recorre todos los modelos de perfección femenina, propuestos por escritores y humanistas españoles en el Siglo de Oro peninsular, en su versión transatlántica, es decir, en la huella que dejaron esos escritos en la sociedad virreinal, tanto desde el punto de vista de la letra impresa como de la normativización de costumbres en la Colonia.

Moisés Sánchez Franco, en el tercer capítulo de esta primera sección, ha desarrollado en su ensayo una aproximación a la presencia del *Quijote* como uno de los referentes entre los escritores modernistas de comienzos del siglo xx, con lo cual posibilita una nueva lectura donde se gira la mirada a la prosa modernista peruana, que siempre se ha examinado bajo otros moldes literarios ajenos a las letras españolas. Seguidamente, Nazaret Solís Mendoza analiza algunos de los hitos de la influencia de los principales autores del Siglo de Oro español en los poetas de la generación del 50 en Perú, como la huella de sSan Juan de la Cruz en Jorge Eduardo Eielson, la impronta de Luis de Góngora en Carlos Germán Belli o la presencia de Francisco de Quevedo en Javier Sologuren.

La segunda sección, dedicada a la poesía contemporánea, se abre con un artículo de Carmen María Pinilla, una de las mayores estudiosas de la obra del narrador peruano José María Arguedas, y traza una nueva lectura de la influencia del poeta español García Lorca en la vida y obra de ese autor, el más emblemático escritor del indigenismo peruano. Para ello, Carmen Pinilla ha construido este lazo por medio de la biografía y las cartas de José María Arguedas. Con este texto se continúan mostrando las complicidades literarias que han ejercido los más importantes poetas de la lírica española, a contracorriente de lo que se ha manifestado sobre la tibieza de la influencia de figuras españolas en autores como el peruano, en los que siempre se han buscado otros referentes.

Y del autor central del siglo xx español cruzamos de nuevo el Atlántico para proponer dos versiones del poeta peruano por excelencia, coetáneo de García Lorca. El trabajo de Enrique Cortez analiza el concepto de lo heroico en César Vallejo, desde el punto de vista del marxismo militante y utópico, frente a posiciones más pragmáticas como las de León Trotsky, y lo relaciona con la obra de Nietzsche *El nacimiento de la tragedia*, a través del análisis de *España, aparta de mí este cáliz* y la experiencia de la guerra civil española. El texto de Jesús Rubio tiene un sesgo más personal: relata las peripecias de muchos de los ejemplares de la primera edición de los *Poemas humanos* y, en concreto, del número 125, que llegó a sus manos en el contexto de una cantidad nada despreciable de ejemplares que durante años han sobrevivido, errantes, por la geografía española. El artículo de Ángel Esteban, para finalizar esta sección, muestra el recorrido entre las poéticas de los bardos peruanos y españoles, especialmente del grupo Kloaka, surgido en los años ochenta en el Perú, los poetas peninsulares de fin de siglo y los diversos movimientos culturales, sobre todo los referidos a la música que realizaban, escuchaban y promocionaban los jóvenes de aquella época.

La tercera parte del libro, dedicada a la narrativa y el teatro contemporáneos, se abre con un estudio de Agustín Prado Alvarado, en
el que revisa la relación de lector de Mario Vargas con los escritores
españoles del siglo xx. Los grandes ensayos y reseñas del premio
Nobel hispano-peruano siempre han manifestado una predilección
por la literatura francesa y por el escritor norteamericano William
Faulkner, el novelista a quien siempre ha considerado uno de sus
grandes modelos. Incluso en su valioso, completo y sugerente libro
La verdad de las mentiras (2002), donde escribe sobre las novelas y cuentos del siglo xx de su preferencia, no aparecen autores españoles.
Sin embargo, en este ensayo se demuestra el interés y aprecio por
muchas novelas contemporáneas, empezando por libros tan significativos como *Tiempo de silencio* y *Últimas tardes con Teresa*.

A continuación, Eva Valero hace un repaso muy exhaustivo a toda
la ya dilatada y brillante trayectoria literaria de Fernando Iwasaki, al
que considera transatlántico, transpacífico, transnacional, apátrida y
cosmopolita, no solo por el mero hecho de residir en España y tener
una doble ascendencia peruano-japonesa, sino por el diálogo constante que hay en sus escritos con culturas de, al menos, tres continentes, con una visión transfronteriza que se desarrolla como suma
de identidades, que no implica pérdida o elusión de las diferentes
culturas insertas en la suma. Por último, en esta tercera sección, las
relaciones entre el teatro español y el teatro peruano son estudiadas
por Elena Guichot y permiten establecer estas complicidades tran-
satlánticas en uno de los temas poco cubiertos por la crítica sobre el
teatro, que ofrece puntos en común entre el arte dramático español
y el peruano.

El cuarto bloque está constituido por testimonios de diversos
autores que han tenido una fecunda relación con la literatura y la
cultura al otro lado del Atlántico. Mario Vargas Llosa nos cuenta su
experiencia en la Biblioteca Nacional de Madrid, cuando realizaba
su tesis doctoral; Jorge Eduardo Benavides escribe acerca de los años
que pasó en Tenerife, recién llegado a España, del ambiente cultural
canario y de los autores isleños e hispanoamericanos en contacto
por aquella época, partiendo de los tiempos del *boom*; mientras que
Fernando Iwasaki afirma que se considera un escritor peruano que
ha abandonado la centralidad que supone escribir desde Lima para
hacerlo desde los extramuros de Sevilla, donde todo lo que ha perdido en visibilidad lo ha ganado en seguridad, lo que significa ad-

quirir las lecturas que le interesan, conocer a escritores admirables y disfrutar de las ventajas de un estado de bienestar. Por su parte, Alonso Cueto se refiere a su época juvenil en Madrid como la del descubrimiento del mundo, a finales de los años setenta, cuando la transición política estaba transformando profundamente las costumbres de los españoles y donde el ambiente cultural que se respiraba era muy estimulante. Doménico Chiappe habla, para finalizar la sección, de Vallejo y otros descubrimientos peruanos, al hilo de algunos recuerdos de la infancia y de su llegada posterior a España.

En un quinto y último bloque, Jéssica Rodríguez entrevista a Alfredo Bryce con una serie de preguntas sobre su relación con España desde los años sesenta, elaboradas por ella y por Agustín Prado, a partir de las cuales Bryce describe el mapa de sus afinidades peninsulares, sus amistades, sus conexiones literarias y, en general, su trayectoria vital durante una importante parte de su quehacer artístico.

Bibliografía

RAMA, Ángel (1982): *Transculturación narrativa en América Latina*. Ciudad de México: Siglo XXI Editores.

SERNA, Mercedes (2000): "Edición, introducción y notas". En: Garcilaso de la Vega, Inca : *Comentarios Reales*. Madrid: Clásicos Castalia.

I
Lecturas de ida y vuelta: De la Colonia y la Metrópoli a nuestros días

1. El Inca Garcilaso a las puertas del Barroco

José Antonio Mazzotti
Tufts University

Introducción

Suele clasificarse al Inca Garcilaso como un pleno representante de *renacentismo* español. Sus virtudes como prosista de equilibrada pluma, ponderados juicios y prudentes posturas lo han elevado a la categoría de modelo de sindéresis y moderación, dando por sentado, además, su afán por armonizar culturas muchas veces contrarias en una nueva síntesis que adelantaría una identidad americana sólida e indivisible a partir de un concepto unívoco del mestizaje. Sin embargo, esta condición mestiza de su figura literaria ha pasado numerosas veces por una sujeción plena a los cánones de la cultura europea. De manera más específica, y sobre todo a lo largo del siglo xx, en que el garcilasismo convencional construyó una imagen del Inca a partir de ediciones modernizadas de sus obras, se tomó su figura como un ideal acorde con las aspiraciones integradoras de una intelectualidad (pensemos por ejemplo en un José de la Riva Agüero) que buscaba definir la identidad peruana y latinoamericana según los fundamentos del *latinismo*, es decir, del seguimiento de los patrones clásicos de conducta y expresión, anclados en el Mediterráneo.[1]

Me interesa, en contraste, ofrecer una lectura que desequilibre esa imagen. No me referiré de manera extensa a la propuesta de Antonio Cornejo Polar sobre un "discurso de la armonía imposible" —que suscribo plenamente—, si bien algunos de sus aspectos pueden ser desarrollados, como he planteado desde 1996 en mi libro *Coros mestizos del Inca Garcilaso* (cap. 3, especialmente).

Me referiré sobre todo a un problema estético y literario, que puede complementar muy bien la idea de un sujeto inestable y contradictorio. En pocas palabras, subrayaré aquellos rasgos de la obra del Inca Garcilaso, pero particularmente de los *Comentarios reales*, que vislumbran ya una estética barroca, o, al menos, manierista, que a su vez desborda la casilla habitual de un Renacimiento a pie juntillas, como se ha solido entender hasta ahora.

Para ello es bueno recordar que son ya demasiadas las evidencias de que el Inca Garcilaso, además de tejer un entramado intertextual de suma complejidad, también introduce elementos culturales trasatlánticos que no siempre afloran en una lectura superficial o lineal de su prosa. Por eso, no será esa abundante intertextualidad la que podrá darnos la pista de algunos rasgos que anuncian el Barroco en su obra, pues todos los historiadores de tema americanista en el siglo XVI apelan a autoridades escritas para refrendar sus versiones del mundo indígena y la conquista. (En ello, por ejemplo, los campeones suelen ser fray Bartolomé de las Casas y Francisco López de Gómara, que difícilmente pasarían por barrocos).

A eso añadamos que las estructuras sintácticas que utiliza el Inca Garcilaso tienden generalmente a los periodos relativamente simples y cortos, si bien por momentos forman cadenas de frases coordinadas o subordinadas que hacen de algunas sentencias verdaderos párrafos de una sola oración, aunque entrecortada. Muchas veces,

---

1   El historiador peruano José de la Riva Agüero, en su afamado "Elogio del Inca Garcilaso", de 1916, encontró en el cronista cuzqueño la "más palmaria demostración del tipo literario peruano" (xxxviii), concluyendo, en entusiasta búsqueda de identidad nacional, que "nuestras aptitudes, por conformación y coincidencia espirituales, mucho más que por derivación de sangre, se avienen sorprendentemente con la tradicional cultura mediterránea que denominamos **latinismo**" (xxxix, énfasis en el original). Para un panorama amplio de la recepción crítica de los *Comentarios reales*, ver Huamán Zúñiga.

sin embargo, se trata de estructuras paratácticas debidas a la puntuación algo caótica de las ediciones príncipe de 1609 y 1617.[2]

Multiposicionalidades: identidad india, identidad mestiza, identidad hebrea

Es conocido que el Inca Garcilaso se refiere a sí mismo de diversas maneras: como indio, indio mestizo, indio inca, indio antártico, mestizo o inca, a secas. José Antonio Rodríguez (1995) ha estudiado este aspecto de las autodenominaciones de nuestro autor, así como Cornejo Polar (1993), quien postula que el Inca Garcilaso habría asumido distintas maneras de ser mestizo según la conveniencia de situarse más cerca o más lejos de la autoridad colonial.

Sin embargo, a las ya mencionadas, cabría añadir por lo menos una identidad más. En la segunda dedicatoria a Maximiliano de Austria (fechada el 7 de noviembre de 1589), que aparece como uno de los paratextos de su *Traduzion* (1590) de los *Diálogos de amor* de León Hebreo, Garcilaso asume implícitamente la comparación entre su persona de "nación india" y el pueblo hebreo. El pasaje es de lo más revelador:

> Eſto fue cauſa de que ſe me trocaſſe en trabajo y cuydado, lo que yo auia elegido por recreacion y deleyte. Y tambien lo ha ſido del atreuimiento, que eſta traduzion y dialogos han tomado para ſalir fuera, y preſentarſe ante el acatamiento de V. S. y ſuplicarle cõ ſu fauor y amparo ſupla ſus defetos, y como miembro tã principal de la caſa real, è Imperial, y tã amado del Rey nueſtro ſeñor, debaxo de ſu ſombra, los dedique, y ofrezca à ſu Mageſtad Sacra, y Catolica: *pues a mi no me es licito hazerlo, como al pueblo Hebreo, no le era el entrar con ſus oblaciones en el Sancta Sanctorum, ſino entregarlas al Summo Sacerdote.* (1590: f. s. n., énfasis agregado)

---

2 La variedad de periodos prosódicos en el Inca Garcilaso incluye los dobletes sintáctico-semánticos que aparecen en los pasajes fundacionales de la Primera Parte de los *Comentarios reales*. Esos dobletes despiertan una resonancia de formas de recitado que simularían una fuente oral indígena retorizada. Ver, para un análisis de este rasgo del Inca Garcilaso, Mazzotti (1996, cap. 2). Obviamente, trabajo sobre las primeras ediciones de la Primera y Segunda Partes de los *Comentarios*. Las ediciones modernas tienden a allanar la puntuación de manera indiscriminada, alterando la prosodia del original. Consúltese también Cárdenas Bunsen (363) para el tema de la educación musical del Inca Garcilaso y cómo esta habría contribuido a formar paralelismos y ritmos de una prosodia recitativa dentro de su prosa. Asimismo, ver Arellano para problemas generales de puntuación en ediciones del Siglo de Oro.

Es interesante que la identificación individual con León Hebreo (estudiada ya por Doris Sommer en 1996) lleve al Inca Garcilaso a plantear una analogía con todo el pueblo judío, al que "no le era lícito" entrar directamente a la sección del templo del Tabernáculo en Jerusalén donde se guardaban, supuestamente, los Diez Mandamientos que Dios le había entregado a Moisés. Así, Maximiliano de Austria funcionaría como mensajero del Inca Garcilaso ante la autoridad máxima, el rey.

Pero ¿qué ventaja podría extraer el Inca Garcilaso de esa comparación? En una época marcada por el prurito de la limpieza de sangre, insinuar algún tipo de filiación con el pueblo hebreo podía causar serios problemas con la Inquisición. Recuérdese que el estatuto de la limpieza de sangre se daba particularmente para descartar cualquier trazo de sangre judía o musulmana, no indígena americana. La pertenencia de la madre del Inca Garcilaso al mundo indígena podía despertar sospechas sobre la idoneidad espiritual del cronista como candidato a los hábitos sacerdotales, pero no lo colocaba necesariamente en la posición de plena desventaja que hubiera significado tener ascendencia judía o musulmana. ¿Por qué, pues, asumir el riesgo?

Quizá la respuesta deba encontrarse en un afán retórico por equiparar al pueblo indígena con el hebreo en tanto pueblo elegido y a la vez víctima de numerosas persecuciones. Al mismo tiempo, de manera indirecta se proclamaba la antigüedad de la cultura incaica y su alto grado de desarrollo político, disminuido solamente por la carencia de la palabra revelada de los Evangelios. Esto formará parte de la argumentación de los *Comentarios reales* más adelante, siguiendo el tópico de la *praeparatio evangelica*.[3]

---

3   La idea de que Dios *preparó* a determinados pueblos (el judío, el griego y el romano) para recibir el cristianismo —o tópico de la *praeparatio evangelica*, como se le conoce— proviene de la obra del mismo nombre escrita por uno de los padres de la Iglesia, el obispo Eusebio de Cesarea en el siglo IV d. C. Así, la analogía histórica que sirvió en tal argumento providencialista de la Iglesia cristiana primitiva se trasladó a la Edad Media y el Renacimiento para justificar el conocimiento de las culturas clásicas. El Inca Garcilaso utiliza el concepto y lo aplica a los incas, ciertamente, pero no se limita a él, puesto que apela a imágenes del panteón incaico sumamente significativas que exceden el universo de referencias europeas. Además, incluye entre los pueblos de prestigio cultural al hebreo, y no solo al griego y el romano.

Las coincidencias entre el Inca Garcilaso y León Hebreo presentan, por otro lado, un aspecto hasta hoy no estudiado: la presunta traducción al quechua de los *Dialoghi d'amore*. Si bien el título original de la versión de Garcilaso (*Traduzion del Yndio de los tres Dialogos de Amor...*) se entiende en alusión a la persona del traductor y no a su lengua materna, la duda no deja de filtrarse. El título debe leerse como *Traduzion del Yndio [Garcilaso] de los tres Dialogos de Amor...* Por eso es enigmático que, en el socorrido "Prólogo a los Indios, Meſtizos, y Criollos de los Reynos, y Prouincias del Grande y Riquiſſimo Imperio del Peru" de la Segunda Parte de los *Comentarios reales o Historia general del Perú*, Garcilaso haga alusión a los *Dialoghi* como libro "que anda traduzido en todas lenguas, haſta en lenguaxe peruano (para que ſe vea a do llega la curioſidad y eſtudioſidad de los nueſtros)" (1617: f. s. n.). Por desgracia, no tenemos más evidencia de tal traducción que la propia palabra del Inca; sin embargo, recordemos lo que él mismo nos dice sobre las prácticas escriturales en quechua por parte de sus congéneres mestizos: "En eſtos tiempos [del virreinato] ſe dan mucho los meſtizos a componer en Yndio eſtos verſos, y otros de muchas maneras, aſſi a lo diuino, como a lo humano" (1609: I, II, XXVII, f. 53v). El texto de León Hebreo, así, habría recorrido un camino complementario al de la *Traduzion* de Garcilaso: del italiano al quechua, en manos de mestizos traductores, sin que haya quedado hasta el día de hoy ninguna prueba de tal acontecimiento. El gesto no deja de ser sospechoso, pues se ha especulado que la lengua original de los *Dialoghi* pudo haber sido el hebreo.[4] En todo caso, la mención de Garcilaso sirve para dignificar la lengua de sus ancestros maternos, a la que atribuye galanías y profundidad cada vez que dice traducir de la fuente original en quechua al castellano. A la vez, el gesto le sirve para otorgar un rango de superioridad cultural al quechua, tal como la lengua hebrea del Antiguo Testamento y su cercanía con la palabra divina.

Este posicionamiento del sujeto de escritura como parte del pueblo hebreo añade una dimensión más (otro pliegue, en lenguaje deleuziano) a la constitución de una identidad novedosa. Enriquece la figura textual del Inca Garcilaso como aparentemente contradictoria

---

4   Puede verse Mazzotti (2016, cap. 2) para un análisis de la *Traduzion* del Inca Garcilaso y las teorías que se han planteado acerca de los originales de la obra de Yehuda Abravanel o León Hebreo.

y sirve así para desestabilizar conceptos supuestamente seguros sobre su condición mestiza.

El antipetrarquismo como antesala del Barroco

Otro indicio importante de una tendencia inicial hacia el Barroco es la preferencia del Inca Garcilaso por la poesía de los cancioneros. Paradójicamente, este tipo de poesía ha sido clasificada como pre-rrenacentista, y, por lo tanto, parecería alejarse en cuanto a estilo y visión del mundo de las formas retorcidas y el tópico del desengaño, tan propios del Barroco. Sin embargo, la reacción negativa que provocó en algunos círculos el prestigio de la poesía propiamente renacentista o del *itálico modo* a partir de la publicación de la obra de Garcilaso de la Vega, el toledano, en 1543, fue desde muy temprano identificable con el nombre de *anti-petrarquismo*, una manifestación tan renacentista como el propio petrarquismo, pero con rasgos como la ironía, la parodia y la exageración, que, según Sánchez Robayna (cap. 1), son ya antesala del Barroco.[5]

El Inca Garcilaso da cuenta de esta preferencia poética en su *Relación de la descendencia de Garci Pérez de Vargas* (1596), en que declara su abierta predilección por la poesía de su antepasado Garci Sánchez de Badajoz. Lo hace incluso por encima de su admiración por su homónimo, su tío abuelo el toledano Garcilaso de la Vega, a la sazón ya consagrado como el mayor representante de la poesía renacentista en España.

Sobre su tío abuelo dice lo siguiente: "Garcilasso de la Vega espejo de Caualleros y Poetas, aquel que gasto su vida tan heroycamente como todo el mundo sabe, y como el mismo lo dice en sus obras. Tomando ora la espada, hora [sic] la pluma" (1951: 42). Sin embargo, este corto reconocimiento de tres líneas queda pálido ante el largo elogio de dos páginas que le endilga a Garci Sánchez de Badajoz, poeta representativo de la tradición cancioneril y de verso octosílabo. Sobre él nos dice el Inca Garcilaso:

---

5   Aurora Egido señala también la tendencia del Barroco a "transformar los materiales previos gracias a las técnicas de yuxtaposición o fundido" (22), lo cual no es ajeno al constante juego de referencias de que hace gala el antipetrarquismo.

[…] Aquel famoso y enamorado cauallero Garci Sanchez de Badajoz nascido en la muy yllustre y generosa ciudad de Ecija […] *Fenix de los Poetas Españoles sin hauer tenido ygual, ni esperança de segundo.* Cuyas obras por ser tales tengo en grandissima veneración, las permitidas por escrito, ya las defendidas, impressas en la memoria, donde las halló el mandato [del] Sancto [Oficio], y en ella se han conseruado tantos años ha por ser tan agradables al entendimiento. (1951: 36, énfasis agregado)

Seguramente el Inca Garcilaso está haciendo referencia al controvertido poema *Liciones de Job*, una irreverente adaptación del *Libro de Job* bíblico en estilo trovadoresco, que fue prohibida por la Inquisición. Al parecer, el Inca lo tenía memorizado, lo que dice mucho de sus gustos poéticos y de su capacidad de retención verbal, siguiendo las pautas de un estilo en arte menor, fácilmente adaptable al canto.

Pero lo que realmente nos interesa es ver de qué manera estas preferencias poéticas podrían anticipar en algo los rasgos del Barroco que venimos rastreando en su obra. Para ello hay que hacer alusión a la polémica generada por la coexistencia de dos estilos de poesía a lo largo del siglo XVI: el de los cancioneros, por un lado, y el de la poesía italianizante, por otro. La llamada poesía castiza se resistía a desaparecer frente a las nuevas modas. El gusto por el cancionero popular y trovadoresco, así como la antigua tradición del romancero, continuó durante el siglo XVI incluso entre autores y círculos cultos, que desarrollaron el antipetrarquismo como una escuela poética de enorme vigor. Esta defendía abiertamente el estilo tradicional frente a las modas italianizantes, inspiradas en buena medida en una concepción y práctica de la poesía proveniente de Petrarca. El Inca se hace eco de Cristóbal de Castillejo, uno de los mayores representantes del antipetrarquismo español, para sustentar su preferencia por Garci Sánchez de Badajoz. Dice Castillejo en su célebre "Reprehensión contra los poetas españoles que escriven en verso italiano", citado por el Inca en la *Relación de la descendencia*:

Garci Sanchez se mostro
Estar con alguna saña
Y dixo: no cumple, no,
Al que en España nacio
Valerse de tierra estraña
Porque en solas mis lecciones
Miradas bien sus estancias

Vereys tales consonancias
Que Petrarca y sus canciones
Queda atrás en elegancias.

(Castillejo, en Garcilaso de la Vega 1951: 37; también Castillejo
2004: 179)

Los elogios a Garci Sánchez de Badajoz fueron frecuentes en los
siglos XVI y XVII. Me referí a este punto en mi artículo "Garcilaso en
el Inca Garcilaso: los alcances de un nombre" (2005), de modo que
no me detengo más en la argumentación. Solo debo añadir que,
para fines del siglo XVI, como hace Garcilaso, defender la poesía de
los cancioneros era un modo de criticar la moda más vigente, quizá como síntoma de una insatisfacción estética que buscaba nuevas
formas de expresión, más afines con una subjetividad múltiple y
contradictoria. Tendríamos, así, no un afán pasatista y anacrónico,
como se ha querido ver en las preferencias literarias del Inca, sino
más bien una actualización de tendencias que representaban los
gustos de un sector de la intelectualidad andaluza, que no veía una
antítesis entre su afán de estudio anticuario de la cultura material y
los temas del mundo grecorromano y su preocupación por problemas y agendas contemporáneas.

Estructura de la "Dedicación a la Virgen" y del "Prólogo" de la *Historia general del Perú*

Ya concluidos los ocho libros de la Segunda Parte de los *Comentarios
reales*, que los editores llamarían *Historia general del Perú* por razones
de estrategia comercial (Miró Quesada 1994: 303), el Inca Garcilaso decidió anteponer dos textos sumamente reveladores tanto
de sus creencias religiosas como de sus aspiraciones por formular
conceptualmente una colectividad a partir de sus propios orígenes americanos. Los textos son una "Dedicación del libro... a la
glorioſſisima Virgen María" y un "Prólogo a los Indios, Meſtizos
y Criollos de los Reynos, y Prouincias del Grande y Riquiſſimo
Imperio del Perú, el Inca Garcilasso de la Vega, su hermano, compatriota y paisano, ſalud y felicidad".

El Inca justifica la "Dedicación" a la Virgen por tres motivos: 1)
devoción a la madre de Cristo; 2) reconocimiento de sus beneficios,

entre ellos la conversión de su propia madre y de los incas al catolicismo, y 3) "la devoción paterna heredada con la nobleza y nombre
del famoso Garcilasso, comendador del Aue María, Marte Eſpañol, a
quien aquel triunfo, más que Romano y trofeo más glorioso que el
de Rómulo, habido del moro de la vega de Toledo, dio sobrenombre
de la Vega y renombre igual a los Bernardos y Cides y a los Nueue
de la Fama" (1617, f. s. n.).

Es interesante que la "Dedicación" se haga a la Virgen María, a
diferencia de lo común en muchos libros de la época, como era
buscar mecenas dedicando la obra a algún magnate noble que pudiera subsidiarla u otorgar favores al autor. El tema ya ha sido discutido por Miró Quesada (1994: 304), quien atribuye el gesto de
Garcilaso a su sincera devoción en un contexto en que la creencia
de la Inmaculada Concepción de María se establecía rápidamente (si
bien el dogma mismo no fue decretado por el Vaticano hasta 1854).
Ya en sus últimos años, el Inca habría tenido una situación relativamente estable que le permitía prescindir de las estrategias interessadas de la mayoría de los autores. Por otro lado, sus vínculos con
el Cabildo de la catedral de Córdoba, que finalmente se encargaría
de agilizar la publicación de la *Historia general del Perú* una vez muerto
su autor el 24 de abril de 1616, eran muy sólidos y le permitirían
expresar su fe para asentar su calidad moral como mestizo, según
señala Cárdenas Bunsen (2018: cap. 5).

El segundo motivo es muy revelador también: la conversión de
su madre y de los parientes incas posibilitaba la integración de los
indios a la grey cristiana sin la mancha de la *raza* o defectividad
espiritual atribuida solamente a judíos y musulmanes. En esto el
Inca será enfático, pues defenderá el estatuto especial de los indios,
lo cual le facilitará sustentar la calidad moral de sus parientes maternos y la suya propia, más aun habiendo sido él bautizado desde
pequeño y por lo tanto criado como cristiano desde su infancia. De
este modo, por añadidura, la Virgen, llamada "Belona de la Iglesia
militante, Minerva de la triunfante", sería la patrona de millones de
almas nuevas en imágenes que remiten a la mitología clásica. Garcilaso se asume en todo momento como "su devoto indio" y ella se
revela abiertamente como la Virgen de la Inmaculada Concepción,
"preservada de todo pecado personal y original" (1617, f. s. n.).

No son menores los elogios y comparaciones de los "leones de
Castilla" (los conquistadores) con personajes clásicos, pues acome

ten "hazañas y proezas más grandioſas y heroycas que las de los Alejandros de Grecia y Césares de Roma" y son "verdaderos Alcides y Christianos Aquiles". Esta profusión de imágenes del pasado clásico ya se ha visto en el tercer motivo, en que su antepasado, el heroico Garcilaso de la Vega de la Reconquista, es nada menos que un "Marte Eſpañol" comparable a "los Bernardos y Cides y a los Nueue de la Fama".[6]

El "Prólogo" de la *Historia general del Perú* merece un comentario aparte, pues ofrece diferentes niveles de textualidad, a la manera de una *caja china* que encierra dentro de sí textos extraídos de obras anteriores que le otorgan una estructura temporal no lineal. En este complejo ejercicio intertextual, el Inca Garcilaso problematiza la secuencia progresiva de un discurso estrictamente laudatorio para insinuar la simultaneidad de posiciones culturales aparentemente incompatibles a las que tiende su propuesta.

Comencemos señalando que este "Prólogo", lo mismo que la "Dedicación" a la Virgen, parte de tres motivos: 1) "por dar a conocer al vniuerso nuestra patria, gente y nación"; 2) "celebrar las grandezas de los heroicos Eſpañoles", y 3) "lograr bien el tiempo con glorioſa ocupación [y] con el honeſto trabajo del eſtudio". Se trata, pues, de un paratexto que en términos generales se inscribe dentro del tópico de la *laudatio*, pero que se complica por dos parale-

---

6 Como señalé en Mazzotti (2005: 185), "la antigua estirpe de los Laso de la Vega [tuvo entre sus] primeros representantes [a] Pedro Laso de la Vega, Almirante de Castilla en tiempos del Rey Alfonso X el Sabio. Un vástago de esa ilustre rama de guerreros de la Reconquista, llamado Garcilaso de la Vega el Mozo, tuvo también merecida fama por su decisivo papel en la victoria de El Salado frente a los moros en 1340. Cuenta incluso la leyenda que se enfrentó a un musulmán desafiante que llevaba atada a la cola de su caballo el nombre 'Ave María'. Garcilaso de la Vega el Mozo se adelantó entre los voluntarios, mató al moro y le arrebató el nombre de la madre de Cristo. Desde entonces, el lema aparece en el escudo de armas de los Laso de la Vega. // [En la 'Dedicación a la Virgen'] se refiere el Inca a un ancestro de Garcilaso el Mozo, adelantando la leyenda sobre el pergamino con el nombre de 'Ave María' colgado de la cola del caballo del moro y mezclándolo con el del fundador de la estirpe de los De la Vega. Así, los arquetipos heroicos adquieren diversas variantes: por un lado, el Garcilaso que da origen al apelativo De la Vega en Toledo; por otro, un descendiente que adquiere el lema mariano para su escudo de armas en el Salado (cerca de Cádiz). En ambos casos, se destaca el heroísmo militar y la integérrima fe cristiana de los antepasados por la rama materna del capitán Garcilaso de la Vega Vargas [padre del Inca]".

lismos iniciales que motivan identificaciones múltiples. Los "indios, mestizos y criollos" son relacionados con la figura del autor, que se declara "su hermano, compatriota y paisano". El deslizamiento semántico de indios como hermanos, mestizos como compatriotas y criollos como paisanos llevaría a una identificación sucesiva de carácter sanguíneo (hermanos), geográfico-local (compatriotas del Cuzco) y geográfico-regional (paisanos del virreinato del Perú). Se trata de tres formas de colectividad que van de lo más cercano a lo más amplio, de lo familiar a lo cultural y lo político, empleando la figura retórica de la gradación.

Sin embargo —y aquí el segundo paralelismo—, el motivo inicial que el Inca Garcilaso declara para la escritura de su Segunda Parte de los *Comentarios* y del mismo "Prólogo" que la antecede es "dar a conocer al vniuerso nuestra patria, gente y nación". Si continuamos con la analogía, las categorías en gradación dispersiva antes mencionadas (hermanos/compatriotas/paisanos) se entremezclan con las de patria/gente/nación. Tenemos así que la hermandad se relaciona con la categoría política de "patria", la comunidad de patria con la de "nuestra gente" y la comunidad regional (paisanos) resulta de pronto identificada con la categoría de "nación", que debe entenderse en su sentido propio de la época, la de una comunidad homogénea en términos de lengua, religión, ascendencia y procedencia geográfica específica, es decir, lo que en términos generales se entiende hoy como una *nación étnica*. De este modo, la gradación de lo familiar a lo general se ve subvertida por un sentido de comunidad diferenciada que abarcaría el virreinato peruano en tanto continuidad cristianizada del Tahuantinsuyu. Resuena aquí la propuesta de un Sacro Imperio Incaico, ya explicada por David Brading en 1986.

Esta unidad política discreta (aún distante del concepto moderno de nación, que es más bien producto de la Ilustración y el avance de las burguesías en Europa), permite que el lector europeo se encuentre con un *pliegue* de las identidades hispanas, una nueva *nación* compuesta de múltiples naciones y grupos, que buscan asimilarse a un concepto más amplio de identidad colectiva dentro de la Magna Hispania. Ya no se trata solamente de los mestizos como grupo que busca un concepto común de identidad cultural más allá de la circunstancia biológica de la mezcla sanguínea, se trata también de la articulación verbal de una *mónada* (en términos leibnizianos) que abre nuevos pliegues y significados al dispersarse en las categorías de "patria, gente y nación", utilizadas de manera equívoca y cambiante.

Atendiendo a las propuestas de Deleuze en relación con el Barroco, las categorías de inclusión, reciprocidad y *composibilidad* que estas cadenas de identificaciones implican parecerían estar presentes en la declaración del Inca Garcilaso por formar una comunidad diversa en su interior y a la vez diferenciable en su conjunto.[7]

El texto del Inca adquiere un nuevo pliegue al insertar dentro del "Prólogo" la dedicatoria a la "Sacra, Católica, Real, Magestad, Defensor de la Fe" (Felipe II), extraída de la *Traduzion* de los *Diálogos de amor*. Es decir, en 1612, cuando el Inca terminó de escribir la Segunda Parte de los *Comentarios*, extrapola un texto de 1589 para introducir cuatro motivos por los que realizó su traducción de León Hebreo: 1) la calidad del filósofo judío como autor; 2) la obra como tributo de un miembro de los vasallos "del Perú, y más en particular [...] los de la gran ciudad del Cozco"; 3) por igualar con una hazaña en las letras el servicio hecho con las armas (en las Alpujarras), y así "el diʃcurso de mi vida [que] a vueʃtra Real Magestad ofrezco sea entero [...] con la espada y con la pluma", y 4) por ser de sangre de los incas, "que tenemos en mas ser ahora vueʃtros vaʃʃallos que lo que entonces fuimos dominando a otros, porque aquella libertad y señorío era sin la luz de la dotrina Evangelica, y eʃta ʃervitud y vassallaje es con ella" (1617, f. s. n.). O sea, se manifiesta una multiplicidad de perspectivas, que van desde la valoración de León Hebreo como pensador hasta la dignidad de los cuzqueños (indios y mestizos), la simultaneidad (y no solo la alternancia) de funciones guerreras y artísticas ("con la espada y con la pluma") y el elevamiento espiritual de los incas como nuevos miembros de la comu-

---

7   Como explica Ayala (90), refiriéndose a la *composibilidad* como *mundo posible* en Leibniz: "Dentro del conjunto de mundos posibles; es decir, todos aquellos que no contradicen las verdades de esencia, tenemos el subconjunto de mundos composibles; que son aquellos mundos donde no se contradicen las verdades de esencia ni de existencia. La decisión sobre cuál de los mundos composibles existe, la toma Dios siguiendo un criterio de continuidad. El mundo 'el mejor de los mundos posibles' es aquel que conserva la mayor continuidad entre los sujetos". Vale decir que, para el Inca Garcilaso, "el mejor de los mundos posibles" será aquel en que indios, mestizos y criollos constituyan un todo de partes o pliegues diferenciados, pero unidos en la común condición de su procedencia, sus rasgos culturales y su servicio al rey y a Dios.

nidad cristiana universal. Como señala Ayala, "a la variación de los pliegues ante cambios de escala [se] le llama homotesis" (2005: 92). La multiplicidad de razones por las que el Inca pide merecer la atención de la autoridad real se da, en efecto, en variaciones de escala, que van de lo individual a lo familiar, lo local y lo regional en un sentido amplio, dejando implícita una jerarquía en la que el sujeto mestizo ocupa el lugar primordial por su capacidad de articular una perspectiva totalizante. La homotesis como categoría del Barroco ya aparece, así, en la conformación del "Prólogo".

También inserta el Inca Garcilaso otra dedicatoria, "manuſcrita" hasta entonces, pero procedente asimismo de 1589, que vuelve a complicar el sistema de pliegues interno del "Prólogo" en cuestión. Dirigida a Su Majestad, le sirve a Garcilaso para presentarse nuevamente como "unYndio" atrevido, que solo desea servir al rey y dar ejemplo a "todos los de aquel Imperio, así Yndios como Eſpañoles".Y añade: "De ambas naciones tengo prendas", complejizando la imagen de indio en un giro identitario que le permite una tripartición de perspectivas: indio, español y mestizo al mismo tiempo, sin olvidar el guiño a la identidad hebrea que había insinuado en su dedicatoria a don Maximiliano de Austria.

En esa misma dedicatoria inédita al rey, el Inca anuncia la escritura de La Florida (que solo aparecerá en 1605) y de la Primera Parte de los Comentarios reales (1609), reducidos en este primer plan de trabajo a sus capítulos etnográficos y descriptivos.[8] Esta dedicatoria inédita sirve de antesala al salto que la Traduzion dará hacia la recepción en una primera instancia: la de los letrados y estudiosos que la leyeron al poco tiempo de aparecida. Anticipando en veinte años la publicación de su obra cumbre, Garcilaso pliega y despliega su figura de manera novedosa, colocándose incluso como extranjero ante personajes ilustres de España, como es el caso del "maestrescuela y dignidad de esta Sancta Yglesia Cathedral de Cordoua", Francisco

---

8 Como sostiene Durand (1964), parecería que el Inca Garcilaso concibió los Comentarios reales inicialmente como una historia moral y natural, sin ocuparse de la secuencia histórica en la dinastía de los incas y sus campañas expansionistas. Más tarde añadiría al plan los llamados capítulos guerreros, en los que se presenta un estilo narrativo de carácter repetitivo que podría simular una autoridad basada en fórmulas verbales de resonancia andina. Para este último punto, vuelvo a remitir al lector al cap. 2 de mi libro Coros mestizos (1996). Estaríamos, pues, ante otro pliegue del sujeto de escritura, esta vez como recitador indígena de una historia dinástica.

Murillo, ante quien finalmente declara haberse atrevido a traducir la obra de León Hebreo por "temeridad soldadesca, que sus mayores hazañas las acometen aſsi, y si salen con victoria los dan por valientes, y si mueren en ella los tienen por locos" (1617, f. s. n.). Su multiposicionalidad adquiere de este modo un rasgo más, el de la enajenación mental, que oscila entre el heroísmo y la locura, pero esta vez en el campo de las letras. Esa temeridad, sin embargo, se desvanece ante la presencia de Murillo, pues "yo, como estrangero, no me atreuia a poner delante de tan gran personaje" (f. s. n.). Tenemos, pues, un nuevo giro identitario, pero de carácter situacional.

El "Prólogo" de la *Historia general del Perú* es a la vez una explicación al público sobre los motivos que tuvo el autor para componer la obra y una dedicatoria a la multitud de individuos provenientes del Perú, a los que desea "salud y felicidad". Para ello termina exaltando las bondades de la agricultura peruana (el viejo tópico de la abundancia) y la habilidad de los naturales en la manufactura de ropa y otros artículos, como ejemplifica con el caso de "una librea natural peruana" que le fue enviada y que hizo que se luciera en las fiestas de San Ignacio en Córdoba por aquellos años: "Y si la paſsion no me ciega, fue la quadrilla mas luzida y celebrada, y que llevaba los ojos de todos por ſu nouedad, y curiosidad". La figura de la "fruta nueua del Perú" con que había calificado su *Traduzion* en 1589 resulta antesala retrospectiva de la "nouedad y curiosidad" que despierta la presencia andina en la Península. Ni propio ni ajeno, y a la vez ambas cosas, su mera existencia es un pliegue más en el universo discursivo del momento. Así lo entiende Garcilaso y así lo asume.[9]

Conclusiones y un nuevo argumento

Nos queda el tema del bilingüismo del Inca, hasta hoy poco explorado, si bien Cerrón-Palomino identificó ya hace algunos años la presencia de varias *frases calco* del quechua en el español de Garci-

---

9   Es pertinente recordar aquí la tesis de José Lezama Lima sobre el Barroco de Indias como un "arte de la contraconquista", en que los indios, mestizos y criollos introducen personajes y elementos del paisaje americano para enfatizar su protagonismo en el proceso de la expansión política y religiosa de España. Ver su clásico *La expresión americana* (1957).

laso.[10] Como sabemos, este declara numerosas veces que su lengua materna es el *runa simi* o quechua, que "la mamó en la leche", y que la habló fluidamente y escuchó en ella los relatos de sus parientes maternos mientras vivió en el Cuzco hasta 1560, en que deja el Perú a la edad de veinte años. Es precisamente en ese conocimiento lingüístico que ampara la autoridad de su obra toda.[11]

Como señala François Grosjean en su libro *Bilingual. Life and Reality*, en el caso de los bilingües es frecuente que se operen mecanismos de inhibición o desactivación de la lengua original cuando se adopta la segunda lengua (en el caso del Inca, el castellano) como vehículo de comunicación. Sin embargo, para mantener el acceso a la lengua materna, la inhibición nunca es completa (2010: 65). Esto permite el regreso a una palabra o expresión que resulta de necesario acceso cuando se trata de explicar un concepto al público monolingüe de recepción, como hace constantemente el Inca al explicar términos y conceptos del quechua al público español (*huaca*, *Pachacámac*, *apachecta*, etc.).

Según Jubin Abutalebi y David Green, diversas estructuras neuronales intervienen en el proceso de selección de una lengua: por ejemplo, el lóbulo izquierdo en el área subcortical del cerebro parece supervisar la correcta selección de la lengua; el córtex izquierdo prefrontal pone al día y mantiene activa la lengua relevante, así como inhibe el uso de las lenguas no seleccionadas; el córtex del cíngulo anterior le envía señales al córtex prefrontal sobre posi-

---

10 Nos dice Cerrón-Palomino, uno de los mayores estudiosos de lenguas andinas, que, por ejemplo, al traducir, sin mencionarla en su original, la frase quechua *ichach, manach*, Garcilaso escribe "'*que podría ser estuviese cerca y podría ser que estuviera lejos*. Es frasis del general lenguaje del Perú' (*Historia*, III, XII; énfasis agregado)". Prosigue Cerrón Palomino: "Otra expresión calcada es aquella que expresa encarecimiento: 'De donde diez y diez veces, frasis del lenguaje del Perú por muchas veces, suplicaré encarecidamente se crea de veras que antes quedo corto y menoscabado de lo que convenía decirse que largo y sobrado en lo que se hubiere dicho' (*Historia*, III, XIV […]; énfasis añadido). En fin, mencionemos aquella famosa 'frasis' de 'guardar en el coraçon' por decir 'en la memoria' (*Com.*, I, XV), que el futuro cronista recoge de labios de su tío, cuando éste le refiere las cosas de sus antepasados" (Cerrón-Palomino, 164).

11 Gomes Suárez de Figueroa, como se llamó originalmente el Inca Garcilaso, debió aprender el castellano de su padre y los conquistadores a la edad de cinco o seis años. El soldado-criado Juan de Alcobaza, al servicio de su padre, le sirvió de ayo desde esa edad y posiblemente le enseñó las primeras letras.

bles errores de selección en la lengua escogida, y el córtex parietal posterior izquierdo y derecho predispone la selección dentro del lenguaje en uso y evita la lengua no seleccionada (Grosjean, 2010: 66). La neurolingüística, en este sentido, ha comprobado la materialidad biológica de las operaciones cerebrales que ocurren al pasar constantemente de una lengua a otra.

Sin embargo, y por eso mismo, las interferencias son inevitables. Como dice Grosjean, "las interferencias, también llamadas transferencias, acompañan a los bilingües a lo largo de su vida, no importa qué tanto esfuerzo hayan hecho por evitarlas. Son los no invitados 'acompañantes escondidos' de los bilingües, siempre presentes aun cuando se intente filtrarlos" (2010: 68, trad. mía). Añade además que hay dos tipos de interferencia: la estática (como, por ejemplo, un acento constante o la recurrencia de determinadas formas sintácticas de una lengua sobre otra) y las dinámicas, que suelen ser efímeras e imprevisibles. A la vez, dentro de estos dos tipos de interferencia, existe la posibilidad de que una estructura sintáctica de la lengua desactivada coincida con los de la lengua elegida, determinando su aparición, lo que sin embargo no implica transgresión gramatical en absoluto. Se trata de un tipo de interferencia sumamente difícil de detectar y que generalmente resulta en un rasgo de estilo dentro de los límites de la lengua elegida. Si alguien no conoce la lengua desactivada, entonces la interferencia será indetectable. Esto es lo que ocurre, precisamente, con algunas construcciones sintácticas de los *Comentarios*, en que se superponen fórmulas de origen quechua con estructuras gramaticalmente legítimas en español. Otra vez, una lectura monocultural va a anular cualquier significación profunda y trasatlántica del discurso garcilasiano, pero una mejor equipada nos revelará numerosos pliegues semánticos e inéditos caminos de investigación, aún por recorrer.

El problema, en todo caso, está planteado. Habrá distintas vías para explorar los pliegues del Inca Garcilaso, pero sin duda todos conducirán a una complejidad que excede los rasgos comunes de un simple *renacentismo*, como se ha venido diciendo hasta ahora. De la identidad múltiple (que incluye su audaz identificación con el pueblo hebreo), a las frecuentes alusiones mitológicas, sus gustos literarios antipetrarquistas, la defensa simultánea de la totalidad y la heterogeneidad de los sujetos indianos y sus continuos, aunque a veces indetectables, deslizamientos de campos semánticos y estructuras del quechua al español, tenemos suficientes argumentos para plantearnos una lectura barroca del Inca, sin que ello melle en absoluto otros rasgos propiamente renacentistas. Así de complejo es el asunto.

Bibliografía

ARELLANO, Ignacio (2010): "La puntuación en los textos del Siglo de Oro y en el Quijote". En: *Anales Cervantinos*, XLII, 15-32.

AYALA, Rafael A. (2005): "Deleuze y los pliegues del pensamiento: Leibniz y el Barroco". En: *Revista Pensamiento, Papeles de Filosofía*, 4, 87-97.

BRADING, David (1986): "The Incas and the Renaissance. The *Royal Commentaries* of Inca Garcilaso de la Vega". En: *Journal of Latin American Studies* 18, 1, 1-23.

CÁRDENAS BUNSEN, José (2018): *La aparición de los libros plúmbeos y los modos de escribir la historia. De Pedro de Castro al Inca Garcilaso de la Vega*. Madrid/Frankfurt: Iberoamericana/Vervuert.

CASTILLEJO, Cristóbal de (2004): *Antología poética*. Edición de Rogelio Reyes Cano. Madrid: Cátedra.

CERRÓN-PALOMINO, Rodolfo (1991): "El Inca Garcilaso o la lealtad idio-mática". En: *Lexis, Revista de Lingüística y Literatura* XV, 2, 133-178.

CORNEJO POLAR, Antonio (1993): "El discurso de la armonía imposible (El Inca Garcilaso de la Vega: discurso y recepción social)". En: *Revista de Crítica Literaria Latinoamericana* XIX, 38, 73-80.

DELEUZE, Gilles (1988): *Le pli. Leibniz et le baroque*. Paris: Éditions de Minuit, Collection Critique. Versión en inglés: *The Fold: Leibniz and the Baroque*. Minneapolis: University of Minnesota Press, 1988. Versión castellana: *El pliegue: Leibniz y el barroco*. Barcelona: Paidós, 1989.

DURAND, José (1964): "El proceso de redacción de las obras del Inca Garcilaso". En: *Les Langues Néo-latines* 164, 18-36.

EGIDO, Aurora (1990): *Fronteras de la poesía en el Barroco*. Barcelona: Crítica.

GARCILASO DE LA VEGA, Inca (1590): *Traduzion del Yndio de los tres Dialogos de Amor de Leon Hebreo hecha de Italiano en Eſpañol por Garcilaſſo Ynga de la Vega*. Madrid: Casa de Pedro Madrigal.

(1605): La Florida delYnca. Hiſtoria del Adelantado Hernando de Soto, Gobernador y Capitan General del Reino de la Florida, y de Otros Heroicos Caballeros
Eſpañoles eYndios, Escrita por elYnca Garcilaſſo de laVega, Capitan de Su Magestad, Natural de la Gran Ciudad del Cozco, Cabeça de los Reinos y Provinçias
del Peru. Lisboa: Imprenta de Pedro Craasbeck.

(1609): Primera parte de los Commentarios Reales, qve tratan del origen de losYncas,
Reyes que fveron del Perv, de su idolatria, leyes, y gouierno en paz y en guerra: de
ſus vidas y conquiſtas, y de todo lo que fue aquel Imperio y ſu Republica, antes
que los Eſpañoles paſſaran a el. Lisboa: Imprenta de Pedro Crasbeeck.

(1617): Historia general del Perú. Segunda parte de los Comentarios Reales.
Córdoba: Viuda de Andrés Barrera.

(1951[1596]): Relación de la descendencia de Garci Pérez de Vargas. Lima:
Ediciones del Instituto de Historia. Reproducción facsimilar y
transcripción del manuscrito original.

GROSJEAN, François (2010): Bilingual. Life and Reality. Cambridge, MA:
Harvard University Press.

HUAMÁN ZÚÑIGA, Ricardo Fidel (2009): "400 años de lecturas garcila-
sistas: apuntes sobre la recepción crítica de los Comentarios reales de
los incas". En: Arrizabalaga Lizárraga, Carlos y Prendes Guardiola,
Manuel (eds.): Este gran laberinto: estudios filológicos en el centenario de los Comentarios reales. Piura/Pamplona/Lima: Universidad de Piura/ Universidad de Navarra/ Academia Peruana de la Lengua, 121-145.

LEZAMA LIMA, José (1993[1957]): La expresión americana. Ciudad de
México: FCE.

MAZZOTTI, José Antonio (1996): Coros mestizos del Inca Garcilaso: resonan-
cias andinas. Lima: Fondo de Cultura Económica.

(2005): "Garcilaso en el Inca Garcilaso: los alcances de un nombre". En: Lexis. Revista de Lingüística y Literatura XXIX, 2, 179-218.

(2016): Encontrando un inca: ensayos escogidos sobre el Inca Garcilaso de la
Vega. New York: Axiara Editions/Academia Norteamericana de
la Lengua Española (ANLE).

MIRÓ QUESADA, Aurelio (1994): El Inca Garcilaso de laVega. Lima: Fondo
Editorial de la Pontificia Universidad Católica del Perú.

RIVA AGÜERO, José de la (1918[1916]): "Elogio del Inca Garcilaso".
En: Comentarios reales de los Incas. Tomo 1. Lima: Librería e Imprenta Sanmarti y Cía.

RODRÍGUEZ GARRIDO, José A. (1995): "La identidad del enunciador
en los Comentarios reales". En: Revista Iberoamericana LXI, 172-173,
371-383.

SÁNCHEZ ROBAYNA, Andrés (1983): *Tres estudios sobre Góngora*. Barcelona: Ediciones del Mall.

SOMMER, Doris (1996): "Mosaico y mestizo: el amor bilingüe de León Hebreo al Inca Garcilaso". En: Mazzotti, José Antonio y Zevallos-Aguilar, U. Juan (eds.): *Asedios a la heterogeneidad cultural. Libro de homenaje a Antonio Cornejo Polar*. Philadelphia: Asociación Internacional de Peruanistas, 153-172.

2. Modelos de perfección femenina: Difusión y lecturas de humanistas hispanos en el virreinato del Perú

Marta Ortiz Canseco
Universidad Internacional de La Rioja

> *Porque la mujer jamás yerra callando*
> *y muy poquitas aciertan hablando.*
> (Pedro de Luján, *Coloquios matrimoniales*, 1550)

"Oro, gloria y evangelio" son los tres impulsos básicos que, según Leonard (1996: 17), mueven a los españoles a la aventura americana. Sin embargo, otro mito los acompaña en sus travesías atlánticas: el de las amazonas, aquellas mujeres guerreras que por su libertad constituyen una amenaza y, quizá por ello, producen fascinación. El relato de las amazonas está directamente relacionado con la creación de mitos "referidos al matrimonio, y sirve para alertar de los peligros inherentes al celibato, a las contingencias y riesgos de no casarse" (Millán González 2017: 120). Precisamente para rescatar a las mujeres de su *animalidad*, se crea la idea de *lo femenino*, que neutraliza *lo salvaje* en las mujeres. Desde este punto de vista, es necesario revisar la manera como los españoles miraron a las mujeres en América: buscando amazonas, encontraron mujeres indígenas a las que necesitaron catalogar y dominar siguiendo la costumbre europea. ¿Cuál es el filtro desde el que las observaron?, ¿qué lecturas tenían en la cabeza quienes escribieron sobre ellas, sobre su desnudez, su capacidad de mando, su libertad o sus aptitudes?

Los estudios de historia del libro y su difusión en América no suelen profundizar en el gran calado y expansión de que gozaron en las Indias aquellos libros dedicados a la formación de las mujeres. Autores hispanos como fray Luis de León, Juan Luis Vives, Pedro de Luján, Antonio de Guevara o Juan de la Cerda dedicaron parte de sus obras a exponer las reglas de comportamiento de *la perfecta casada* y a diseñar modelos de conducta para mujeres virtuosas. Dichos libros gozaron de un gran éxito de difusión en Europa y, de la misma manera, pasaron a las Indias llevando consigo un discurso ideológico que la metrópoli parecía considerar adecuado para la construcción de la sociedad colonial. De este modo, tanto cronistas nacidos en la Península como criollos o mestizos nacidos en el virreinato del Perú mirarán y describirán a las mujeres (indias, mestizas, españolas) basándose, explícita o implícitamente, en estos manuales que ofrecían pautas para educar, guiar y dominar al género femenino.

En este texto revisaremos cuáles son los autores que conformaron este discurso patriarcal en el Renacimiento hispano, de qué maneras se conforma una ideología que define cómo debe vestirse la mujer, la conveniencia de que permanezca en casa, que sea discreta y callada y que sirva al marido. Analizaremos cuáles de estos libros pasaron a América y terminaremos con una atenta lectura de tres autores que representan tres tipos sociológicos muy propios de la época: Pedro Dávalos, nacido en España, que pasó al Perú a edad temprana; el Inca Garcilaso de la Vega, intelectual mestizo nacido en Cuzco y mudado a España con veinte años, y Bernardino de Cárdenas, sacerdote criollo nacido en La Paz. Veremos cómo se configura la ideología patriarcal en los discursos de Indias y el modo en que los hombres observan la realidad americana mediada por los pensadores del Renacimiento europeo, específicamente en lo que afecta a la visión de las mujeres y de su rol en las nuevas sociedades coloniales.

Sobre moralistas y manuales de mujeres

La justificación sobre la inferioridad de la mujer se ha basado históricamente en los argumentos de grandes pensadores de la Antigüedad clásica como Aristóteles, Hipócrates o Galeno. Si Aristóteles estableció que "el macho es por naturaleza más apto para la dirección que la hembra" (2015, I, 12), por su parte, los dos grandes referentes de la medicina occidental, Hipócrates y Galeno, desarrollaron la idea de que en términos físicos la mujer se definía como un hombre incompleto, dado que sus genitales no estaban fuera del cuerpo, sino dentro. "La superioridad de los órganos sexuales masculinos era explicada por Galeno, basándose en Aristóteles, en la mayor temperatura corporal interna del hombre" (Sanyal 2018: 19). En efecto, la temperatura corporal, los humores, la humedad y otros factores físicos servían a estos pensadores para justificar la ignorancia, inferioridad y debilidad de las mujeres.

Uno de los autores que con mayor éxito rescató estas ideas en el Renacimiento europeo fue Juan Huarte de San Juan, hoy en día patrón de la psicología en España. En su célebre obra *Examen de ingenios para las ciencias* (1575) quiso demostrar que las mujeres, por ser frías y húmedas, eran aptas para ser fecundadas y parir, pero no para el conocimiento y la sabiduría:

> La verdad de esta doctrina parece claramente considerando el ingenio de la primera mujer que hubo en el mundo, que con haberla hecho Dios con sus propias manos y tan acertada y perfecta en su sexo, es conclusión averiguada que sabía mucho menos que Adán. [...] Luego la razón de tener la primera mujer no tanto ingenio, le nació de haberla hecho Dios fría y húmeda, que es el temperamento necesario para ser fecunda y paridera, y el que contradice el saber. Y si la sacara templada, como Adán, fuera sapientísima, pero no pudiera parir ni venirle la regla, si no fuera por vía sobrenatural. (Huarte de San Juan 1575: 293r-293v)

Huarte establece que "la compostura natural que la mujer tiene en el cerebro no es capaz de mucho ingenio, ni de mucha sabiduría" (1575: 7r-7v) y ofrece claves para engendrar hijos varones y no hembras. Como afirma Rivera (2002: 10), "en el modelo hipocrático de la reproducción, el hombre y la mujer se disponen en una escala jerárquica de calor vital, cuyo referente de perfección metafísica es el hombre". En esta misma línea, muchísimos autores del Renacimiento dedicaron grandes esfuerzos a demostrar la inferioridad de las mujeres, bien con argumentos sobre su inteligencia racional, bien sobre sus rasgos físicos, y a establecer la necesidad de que el hombre la controlara, dominara y guiara en su comportamiento.

Recordemos que ya desde el siglo XIV se venía desarrollando un debate sobre la capacidad intelectual de las mujeres, conocido como la *querelle des femmes*, en el que las propias mujeres habían participado de manera pública en diversas ciudades europeas, como Christine de Pizan con su obra *La cité des dames* (1405). A partir del siglo XVI, sin embargo, "parece evidente que los moralistas evitan los debates misóginos y prefieren elaborar modelos de doncellas perfectas, casadas perfectas y perfectas monjas" (Millán González 2017: 126). Erasmo de Róterdam inaugura este tipo de tratados con obras como *Apología del matrimonio* (1518) o algunos de sus *Coloquios*, como *Uxor Mempsigamos* o *Proci et Puellae* (1522). La postura de Erasmo trata de ser más amable con las mujeres y expone el matrimonio como un contrato en el que las dos partes deben cumplir sus obligaciones. El matrimonio se concibe como progreso, en la medida en que los hombres dejan de vivir en su naturaleza animal para fijar su deseo en una sola persona. Consiguen así "regular sus pasiones sensuales mediante las leyes del matrimonio que permiten amar y procrear ordenadamente con la esposa" (Morant 2002: 30). En efecto, Erasmo concibe este contrato como "una forma de ordenar la sexualidad" (Morant 2002: 20).

En la estela de Erasmo, Juan Luis Vives inaugura en el pensamiento hispano la escritura de tratados centrados en la educación femenina con su famoso texto *Instrucción de la mujer cristiana* (1523). En esta obra, "apela a la analogía antropomórfica, cabeza-Estado, para ilustrar la posición de autoridad que debía ocupar el marido en el matrimonio" (Rivera 2002: 16). Tanto en época clásica y medieval como en época renacentista, se solía comparar al rey con la cabeza del Estado y al pueblo con el cuerpo, regido por la cabeza. Esta metáfora es trasladada al ámbito del hogar, en el que el hombre sería el rey de la casa, de manera que la mujer no solo queda relegada al espacio doméstico, sino que se convierte además en súbdita de su propio marido. En su obra *Los deberes del marido* (1528), a pesar de lo que podría parecer por su título, Vives continúa dirigiéndose al público femenino, ya que, en definitiva, "se trataba de pensar y construir a las mujeres" (Morant 2002: 66), otorgándoles un papel en el hogar que era inapelable y debía ser completamente asumido por ellas.

Sin embargo, existe una diferencia muy clara entre Erasmo y Vives, tal y como han señalado diversas autoras (Morant 2002; Barrera 2008). Erasmo se muestra favorable al equilibrio de poder entre hombres y mujeres y defiende que "la sumisión de la mujer no se establece sin condiciones" (Morant 2002: 42), presentando a una mujer activa en su papel como *civilizadora* del hombre, que es más proclive a la violencia. Por su parte, Vives será mucho más tajante en sus afirmaciones sobre la necesaria sumisión total de la mujer al marido, incluso en episodios de violencia explícita:

> Son raras las esposas buenas y prudentes que son golpeadas por sus maridos, por más desalmados y locos que sean. Trágate en casa tu dolor y no lo vayas pregonando entre tus vecinas, ni te quejes a otras mujeres de tu marido, no vaya a parecer que interpones un juez entre tú y él; encierra los males domésticos entre las paredes y el umbral de tu casa, procura que no salgan fuera ni se propaguen ampliamente. De esta manera, con tu moderación, harás más benevolente a tu marido, a quien, por otra parte, irritarías con tus quejas y la futilidad de tus palabras. (Vives 1994: 236)

Si bien ambos autores, Erasmo y Vives, ejercieron una poderosa influencia en la literatura destinada al comportamiento femenino, en los reinos hispánicos será la obra del segundo la que fundamente, con algunas excepciones, toda una corriente de textos didácticos que gozará de un enorme éxito a lo largo del siglo XVI y cuyas ideas serán ampliamente difundidas por la península ibérica y por las colonias del Nuevo Mundo. La educación de las mujeres constituía una preocupación capital para los humanistas cristianos del siglo XVI y su formación para el matrimonio dio lugar a "una verdadera corriente de pensamiento en la que se incluyeron la práctica totalidad de filósofos, moralistas y pensadores de la época, clérigos y seglares, pertenecieran o no a las filas erasmianas" (Romero Tabares 1998: 151). Estos textos muestran la importancia que, tras el Concilio de Trento, se otorgó "a la divulgación de modelos ortodoxos de comportamiento social y privado, especialmente para las mujeres" (Millán González 2017: 124)

En 1529 apareció el célebre *Relox de príncipes*, de Antonio de Guevara, cuyo segundo libro está dedicado a "la manera que los príncipes y graves señores se han de haber con sus mujeres y de cómo han de criar a sus hijos" (1532: 70r); este autor también se dedicó al tema en sus *Epístolas familiares* (1539). En 1550 aparecen los *Coloquios matrimoniales*, de Pedro de Luján; dos años más tarde encontramos las *Reglas de bien vivir muy provechosas (y aun necesarias) a la república cristiana* (1552), de Antonio de Espinosa; hacia finales de siglo aparecerá la célebre obra de fray Luis de León, *La perfecta casada* (1583), así como el *Tratado del gobierno de la familia y estado de las viudas y doncellas* (1597), de Gaspar de Astete, o el *Libro intitulado vida política de todos los estados de mujeres* (1599), de Juan de la Cerda, por solo mencionar algunos de estos manuales, quizá los más conocidos. Aunque en el siglo xvii estos textos no gozarán del mismo éxito, en 1605 se publican las *Disputationes de sancto matrimonii sacramento*, del jesuita granadino Tomás Sánchez, obra que selecciona las principales controversias del matrimonio en relación a pecados como fingir la virginidad, la sodomía, la fornicación en el embarazo, etc.

Por norma general, estos textos suelen aludir a temas como la necesaria división entre el espacio público (del hombre) y el privado (de la mujer); las virtudes que deben caracterizar al género femenino, como el silencio, la obediencia y la docilidad; la sistematización de los estados de las mujeres (doncellas, casadas, viudas y monjas) y el comportamiento que les corresponde en cada uno de esos estados; los atuendos que debían llevar para evitar la lujuria de los hombres, para no despertar la curiosidad, la codicia o la ambición, etc. De este modo, durante el Renacimiento irá consolidándose la separación entre la esfera pública y la privada, así como el rol que cada género debía tomar para el buen funcionamiento de la incipiente sociedad capitalista, con todo lo que ello ha supuesto histórica, ideológica y políticamente hasta nuestros días.

La relación que se establece entre estos textos resulta también curiosa, pues una mirada detallada revela que muchos de ellos ofrecen fragmentos idénticos entre sí. Por ejemplo, en la *Vida política de todos los estados de mujeres*, encontramos párrafos enteros que aparecen también en *La perfecta casada* y en los *Coloquios matrimoniales*, como el que sigue, que aparece en los tres textos sin apenas variaciones: "Porque así como la naturaleza hizo a las mujeres para que encerradas guardasen la casa, así las obligó a que cerrasen la boca. Y como las desobligó de los negocios y contrataciones de fuera, así las libertó de lo que se consigue a la contratación, que son las muchas pláticas y palabras" (Luján 1550: 317v; León 1583: 60v; Cerda 1599: 317v).

La mujer, encerrada en casa, debe también permanecer en silencio. Es la gestora muda de la hacienda del marido. Si la casa es metáfora del Estado, el marido es rey y señor de la misma, el cuerpo de las mujeres es también campo de batalla, pues deben controlarse para permanecer calladas y deben ser discretas en su vestimenta: "No solo hay daño en vestirse y componerse con tanta costa, sino que estando vestidas y compuestas, quieren ser vistas, y siendo vistas, si las hablan, quieren responder" (Cerda 1599: 471v).

Isabel Morant ha señalado el discurso algo contradictorio que se esconde tras estas pautas de comportamiento, pues, si, por un lado, las mujeres eran inferiores e inútiles para todo conocimiento racional, por otro lado, se les exige, ya desde Erasmo, no solo que se controlen a sí mismas, sino que controlen la violencia de sus maridos y además que gestionen sus haciendas. "Verdad es muy averiguada que el sexo masculino es más principal y más noble que el sexo femenino", afirma Cerda (1599: 323r-323v). Pero la mujer, tal y como la interpela Espinosa (1552: 8r), debe ser "muy diligente en granjear y conservar dentro de casa la hacienda que tu marido ganare o trajere de fuera", pues, basándose en Aristóteles, "el varón ha de ganar fuera de casa y acarrear la hacienda, y la mujer la ha de conservar y repartir de los umbrales adentro, y aun ayudarle a él a ganar, y no esperar a que él se lo haga todo".

Vemos aquí esa dualidad que se establece al representar a las mujeres como inferiores e incapaces pero, al mismo tiempo, responsables de la paz en el hogar, de persuadir al hombre y apartarlo de la violencia, así como de la gestión de la hacienda. Destaca de una manera patente el "sentido utilitario que los moralistas querían dar a los modelos femeninos que se proponen, no como modelos abstractos de virtud, sino como figuras funcionales, concordantes con las necesidades de la sociedad y de las familias" (Morant 2002: 169). Comentando la obligación que tiene la esposa de inclinar a su marido a la fidelidad del matrimonio, Cerda (1599: 330v) afirma: "Si alguno puede con el marido, es la mujer sola". Se trata del mismo discurso que encontramos en Vives, Guevara, Fray Luis, Espinosa o Astete, donde se establecen los fundamentos para la construcción de los hogares como base del desarrollo social capitalista: si el marido sale a ganar el jornal, la mujer debe permanecer en casa y gestionar la hacienda. "A partir del principio de inferioridad de la mujer, es a ella a quien se exige obediencia y sujeción y la que debe cumplir un programa más apretado de exigencias y responsabilidades" (Romero Tabares 1998: 198).

En sus *Coloquios matrimoniales*, Pedro de Luján ofrece una novedad con respecto al resto de tratados didácticos dirigidos a un público femenino. Si bien los temas son los mismos (la necesidad de casarse, la vergüenza, el silencio, la honra y la bondad), en este caso son dos mujeres las que dialogan: por un lado, tenemos a Eulalia, que al comienzo del libro es una mujer soltera y con afán de libertad, y, por otro lado, encontramos a Dorotea, más discreta y sensata, que le aconseja casarse y a lo largo de los diálogos le va convenciendo de los valores que tiene que adoptar para ser una buena esposa y madre. La diferencia del diálogo de Luján con respecto a otros manuales es que ofrece una voz femenina que disiente, elemento que encontramos en los diálogos de Erasmo y que Luján retomará con maestría.

Como nota Rallo Gruss (2010), tanto Menéndez Pelayo como Bataillon incluyeron a Pedro de Luján en la nómina de autores erasmistas y, de hecho, él mismo hace alusión a Erasmo en su obra. En su único libro de caballerías, *Silves de la Selva* (1546), con el que se sumaba a la larga retahíla de continuadores del *Amadís de Gaula*, Luján consigue neutralizar la *fuerza andrógina* de la amazona al casarla con un varón y hacerla madre de un niño. En esta novela, las amazonas quedan "alejadas del espacio del salvaje, al ser introducidas en la sociedad civilizada por medio de la reunión con el hombre, mediante la aparente complementariedad que proporciona la pareja" (Millán González 2017: 143). Así, autores humanistas como Luján quisieron también modernizar esa literatura ficcional para adaptarla a las ideas renacentistas sobre la educación de las mujeres. En los *Coloquios matrimoniales*, de nuevo, se presenta el matrimonio como moralmente superior a la soltería y se adjudica a la mujer el papel de dueña del hogar y madre responsable.

> En desarrollo de ideas y propuestas del humanismo se construye así la familia como espacio de reproducción ideológica en el que la mujer juega un papel fundamental. Es la familia núcleo de creación y de conservación de un espacio individual (íntimo y doméstico), un nuevo mecanismo de organización social. La mujer se torna pieza clave en el surgimiento del espacio privado, como contrapuesto al espacio público. (Rallo Gruss 2010: s/p)

Cabe notar que en estos coloquios de Luján el diálogo entre mujeres sucede siempre en espacios interiores y el de hombres, en espacios exteriores. El hecho de que se discutiera sobre el lugar, el Estado y la educación de las mujeres tenía que ver con el interés por "definir el Estado moderno en todas sus instancias, así como su funcionamiento ideal" (Barrera 2008: 77). El matrimonio se estaba formando como base para la construcción de la sociedad capitalista, según la cual la mujer debía permanecer en el hogar y mantener las condiciones favorables para que el varón pudiera ganar el pan fuera de ella. Como afirma el propio Luján (1550: f. 60v), "el oficio del marido es llegar la hacienda y el de la mujer es conservarla".

Libros que pasaban a Indias

Una vez revisados los textos que sirven de base para este estudio, trataremos ahora de establecer la influencia que tuvieron estos manuales en los autores que describieron las realidades americanas. Para ello, lo primero que debemos ver es la difusión que estos mismos textos tuvieron en Europa y si pasaron al Nuevo Mundo. Partimos de la base de que se trata de textos muy difundidos, si nos atenemos a los datos editoriales. La *Instrucción para la mujer cristiana* es quizá, de todas las obras mencionadas, la más divulgada y citada por sus sucesores. Bonilla y San Martín (1929) recogió hasta cuarenta ediciones, de las cuales ocho correspondían a la traducción castellana de Juan Justiniano.

El caso de la obra de Juan de la Cerda es singular, puesto que existe un manuscrito de la *Vida política* en la Biblioteca Nacional de España, bajo la signatura Mss/19212, que había sido datado en 1501, es decir, casi un siglo antes de su aparición como impreso en 1599. Ya González Heras (2011: 12) puso en duda la fecha de este texto y es evidente que no pudo haber sido redactado a comienzos del siglo XVI, puesto que cita a autores como Juan Luis Vives, cuyas obras son posteriores. Sin embargo, la dificultad de datación nos da pie a pensar en una difusión del texto manuscrito paralela a la del impreso y quizá algunos años previa a su impresión.

De los *Coloquios matrimoniales*, de Pedro de Luján, hay traducción al italiano en 1575 y en 1568 el propio autor había aparecido como interlocutor en *Flower of Friendschippe*, del inglés Edmund Tilney (Rallo Gruss 2010). Cabe señalar además que, a pesar del éxito que vivieron los libros de caballería en el siglo XVI, su obra *Don Silves de la Selva* solo tuvo dos ediciones en castellano, mientras que sus *Coloquios matrimoniales* se editaron "hasta catorce veces durante la segunda mitad del siglo XVI" (Millán González 2017: 129). Por su parte, tal y como ha estudiado Alfieri (2007), también las *Disputationes* de Tomás Sánchez se reimprimieron de manera sistemática hasta el siglo XVIII. *La perfecta casada* se publicó por primera vez en Salamanca en 1584, junto a las dos primeras partes del tratado *De los nombres de Cristo*; ese mismo año se reimprimió dos veces en Zaragoza, y en 1586 apareció una nueva edición en Salamanca revisada por su autor. Otras ediciones vieron la luz en 1595, 1603 y, en el año 1632, se publica por primera vez como una obra independiente (Rivera 2006; San José Lera 2002). Curiosamente, este texto se editó también numerosísimas veces a lo largo de todo el siglo XX en España.

En el caso del *Examen de ingenios*, de Huarte de San Juan, se trata de una obra que tuvo una gran repercusión en toda Europa. Como afirma Burke (2000: 149), hacia 1628 "había sido traducido al latín, francés, inglés y dos veces al italiano". Tras cinco ediciones españolas, en 1581 fue incluido en el catálogo de libros prohibidos de la Inquisición, lo cual no impidió que se siguiera imprimiendo con partes expurgadas (García García 2003). Se trataba de una lectura obligatoria para los intelectuales humanistas e incluso está presente en muchos de los listados de libros enviados a América estudiados por Candau:

> Entre aquellos libros de educación de estados y mujeres, un título se repetía en todos los registros y listados analizados, desde 1583 hasta 1671. Un título que pretendía demostrar, entre otras cosas, y por la vía de la ciencia, la inferioridad natural y física de las mujeres y sus destinos útiles consecuentes: el *Examen de ingenios* de Juan Huarte de San Juan. (Candau Chacón 2007: 288)

En efecto, estos libros dedicados a la educación de las mujeres viajaron a América sin restricciones. Aunque es difícil establecer con exactitud si todos los autores mencionados fueron leídos en las colonias hispanas, es evidente, como demostró Irving Leonard (1996), que el comercio de libros con el Nuevo Mundo fue muy precoz, provechoso y mucho más amplio de lo que cabría imaginar. María Luisa Candau ha estudiado los inventarios de libros que fueron a las Indias en los años 1583, 1584 y 1605, para ofrecer una "aproximación al discurso ideológico que desde la metrópoli se consideraba adecuado remitir a las Indias" (Candau Chacón 2007: 275). Según este estudio, de los enviados a América entre 1583 y 1584, un 3,27% eran libros destinados a la educación y modelación de mujeres (es decir, veintisiete en total), de los cuales veinte eran de Juan Luis Vives (Candau Chacón 2007: 279). En su clásico estudio sobre los libros que pasaban a Indias, Leonard (1996) destaca que tenemos registros marítimos de los enviados solo desde el año 1583. En estos inventarios encontramos continuamente los *Coloquios matrimoniales* de Luján, las obras de Vives, Astete y Huarte de San Juan, el *Relox de príncipes*, de Guevara, *De los nombres de Cristo*, de Fray Luis, etc.

Nos interesa revisar también la biblioteca del Inca Garcilaso de la Vega. Como es sabido, su inventario se encuentra en el Archivo Provincial de Córdoba, donde el autor murió en 1616. Se nos podría decir que, al encontrarse esta biblioteca en la península ibérica, no podemos pensar en ella como relevante en la difusión del pensamiento humanista cristiano sobre las mujeres en el Nuevo Mundo. Sin embargo, el Inca Garcilaso, aunque vivió en España desde los veinte años, dedicó gran parte de su obra a la narración de la gesta americana, tanto de La Florida como del Perú, antes y después de la llegada de los españoles. Más adelante veremos la importancia que tuvieron estas ideas sobre la educación femenina en el modo como narra algunos encuentros entre españoles y mujeres indígenas. Pero de momento cabe afirmar que, si bien el Inca produjo su obra empapado del pensamiento humanista que lo rodeaba en Córdoba, sus crónicas históricas fueron ampliamente difundidas y leídas en toda América a lo largo de los siglos y participaron así de la formación de una identidad americana impregnada de la moral cristiana humanista y androcéntrica.

En el inventario de su biblioteca encontramos varias obras relevantes al respecto. De Juan Luis Vives aparecen varias menciones, una a la *Introducción a la sabiduría* (n. 94)[1] y otra sin título (n. 34), que

---

1   Todas las referencias al inventario del Inca se harán mediante la numeración establecida por Durand en 1948. Se puede consultar el facsímil y transcripción paleográfica del inventario realizada por Rosario Navarro en López Parada, Ortiz Canseco y Firbas (2016: 183-197).

bien podría ser la *Instrucción para la mujer cristiana*. En la entrada número 91, encontramos una referencia al *Examen de ingenios*, de Huarte de San Juan, y aparecen también las *Epístolas familiares* de Antonio de Guevara (n. 85 y 87), así como unas *Cartas familiares* (n. 163) sin identificar.

Por último, la biblioteca del sacerdote Francisco de Ávila funciona también como un referente imprescindible a la hora de revisar la llegada y difusión de estas obras en América. Como es sabido, este sacerdote poseyó una de las bibliotecas más nutridas de la época colonial americana. En ella se albergaban más de tres mil volúmenes, relativos a temas religiosos, científicos, americanos, de humanidades y jurisprudencia. El inventario, fechado en Lima en 1648, muestra a Ávila como "el representante por antonomasia de la cultura urbana hispanizada —de peninsulares, criollos y mestizos— que existió en el Perú durante la fase intermedia o 'madura' del coloniaje" (Hampe Martínez 1996: 34).[2] En él encontramos las siguientes obras que nos interesan: de Vives, un texto sin identificar (n. 1507); de Fray Luis, *De los nombres de Cristo* (n. 1811), obra que incluía *La perfecta casada*; de Antonio de Guevara, el *Relox de príncipes* (n. 414) y *Epístolas familiares* (n. 796); de Gaspar de Astete, el *Tratado del gobierno de la familia* (n. 1024), y, de Tomás Sánchez, las *Disputationes de sancto matrimonii sacramento* (n. 383).

No hay duda de que estas obras circularon por el Nuevo Mundo con normalidad y que moldearon el pensamiento de la cultura letrada de época colonial. Si revisamos las actas del III Concilio Limense (1582-1583), fundamental para establecer los parámetros de evangelización de la población indígena y la función de la Iglesia en la organización de la sociedad civil, veremos que la actitud de control con respecto a la mujer y el matrimonio se relaciona directamente con lo expuesto por muchos de estos intelectuales. La mujer constituía un sujeto sobre el que había que legislar, y en este concilio se hace alusión explícita tanto a los atuendos de las mujeres como a dónde, cuándo y cómo debían asistir a los oficios. Durante las procesiones, las mujeres no podían pasearse por la calle ni asomarse a la ventana; además, se establecían las virtudes de la modestia, el silencio y la sobriedad en la vestimenta como necesarias para las mismas (Lisi 1990: 141 y 193).

---

2   Para la cita de los volúmenes mencionaré entre paréntesis únicamente el número que ofrece Hampe Martínez (1996) en su transcripción del inventario.

Tres miradas a las mujeres en América

Una vez revisada la literatura hispana dedicada a la formación de las mujeres y comprobado que estos libros viajaron con libertad a las Indias, vamos a repasar los textos de tres autores americanos con el fin de detectar en ellos las ideas que venimos analizando sobre las mujeres. Primero nos detendremos en Diego Dávalos, un autor de origen hispano que emigró a Bolivia, donde se estableció y se casó. Seguiremos con los textos del Inca Garcilaso de la Vega, el célebre mestizo peruano que emigró a la península ibérica, donde vivió hasta su muerte. Y por último ofreceremos algunas claves de lectura de un texto poco conocido del franciscano criollo Bernardino de Cárdenas, nacido en La Paz y que llegó a ser obispo del Paraguay.

El autor Diego Dávalos y Figueroa, nacido en Écija en 1552, es célebre por su obra *Miscelánea austral*, publicada en Lima por Antonio Ricardo en 1602 y seguida de la *Defensa de damas*, de 1603. Dávalos había llegado a la Ciudad de los Reyes en 1574 y poco después se había establecido en los Charcas. En 1589 se casó con Francisca de Briviesca, la primera mujer poeta del Perú, según Alicia Colombí-Monguió (2003), poseedora de "un extraordinario refinamiento que incluía dotes poéticas" (Barrera 2008: 71), a la que incluso se le ha atribuido la autoría de algunas partes de la *Miscelánea austral* (Barrera 2010). Quizá por vivir junto a esta poderosa mujer, la obra de Dávalos se caracteriza por insertarse en la tradición de los elogios a las mujeres, entroncando con la *querelle des femmes* y en una estela erasmista. Entre sus lecturas o posibles influencias, Barrera (2008) destaca la *Silva de varia lección*, de Pedro Mexía, el *Jardín de flores curiosas*, de Antonio de Torquemada, el *Laberinto de fortuna*, de Juan de Mena, o *El cortesano*, de Castiglione. Por su parte, Colombí-Monguió (2003: 144-149) menciona a Paolo Giovio, Ovidio, Garcilaso y Boscán, entre otros.

Es evidente que tanto Dávalos como Briviesca habían conocido la España de los debates en torno a la educación de las mujeres. Hemos visto también que autores como Vives, Fray Luis, Luján o De la Cerda llegaron a América y fueron bien difundidos allá. Del mismo modo, la corriente de defensa de las mujeres no es ajena a este debate, sino que se inserta en la misma preocupación, tal y como comprobamos al hablar de los diferentes argumentos entre Erasmo y Vives. Al fin y al cabo, ambos defienden el sometimiento de la mujer al varón, si bien unos son más favorables que otros a exigir de los hombres un compromiso similar al de las mujeres. En el caso de Dávalos, podemos afirmar que su posicionamiento, como el de Luján, se acerca más a actitudes erasmistas, ya que "se desinteresaba de los consejos de Juan Luis Vives para inscribirse en la estela menos religiosa y más liberal del erasmismo: las elecciones afectivas y un mismo *status* social en ambos cónyuges como fundamento de la institución matrimonial" (Barrera 2008: 80).

La *Miscelánea austral* presenta un clásico diálogo humanista entre Delio y Cilena sobre temas como el amor, los celos, la amistad y la poesía, pero añade mucha información sobre la naturaleza y las costumbres americanas. El prejuicio sobre la inutilidad de los indios le permite a Delio afirmar que los grandiosos edificios del reino del Perú no pudieron ser construidos por ellos, dada su "poca capacidad" (Dávalos y Figueroa 1602: 145r). Según Dávalos, las construcciones andinas debieron de ser realizadas en tiempos de los orígenes de los incas, pues no ve a sus contemporáneos capaces de tales maravillas. Del mismo modo, denuncia la costumbre que tenían los indios de no casarse antes de "probar" a la mujer:

> Tienen otro error digno de sus limitados talentos y es que nunca se casan sin hacer en algún tiempo prueba de la mujer, que es si sabe servir y regalar y, si acaso la halla doncella, la aborrecen diciendo no vale nada pues nadie la ha querido. Y así por huir de este defecto y porque las mozas son menos serviciales, vemos muchos mozos casados con viejas. (Dávalos y Figueroa 1602: 149r)

Vemos aquí la diferencia de criterios entre las costumbres matrimoniales europeas y las que, según Dávalos, tenían los nativos del Perú. Este fragmento muestra que esas comunidades indígenas no valoraban la virginidad como se hacía en Europa, del mismo modo que se consideraban normales las relaciones entre hombres jóvenes y mujeres mayores, costumbre que sin embargo era duramente castigada en Europa (Thompson y Davis 2018). La sociedad andina le sirve a Dávalos como contrapunto para demostrar las bondades de la civilización occidental y el salvajismo en que vivían los indígenas, quienes, según el autor, ni siquiera eran capaces de amar (Dávalos y Figueroa 1602: 154v). Curiosamente, la construcción de la figura del indígena como un animal bruto e incapaz recuerda a lo visto sobre la descripción de las mujeres según los humanistas cristianos. En otro lugar he trabajado la relación entre la descripción del otro-indio y la del otro-mujer, así como la manera en que la otredad femenina permitía un punto de partida para el intento de asimilación del otro-indio a la cultura occidental (Ortiz Canseco 2018). Pero Dávalos, en su *Miscelánea*, trata de dignificar a las mujeres (europeas, cabe decir, siempre y cuando estas fueran virtuosas y acataran su rol de género) a partir de ejemplos de mujeres insignes. La *Defensa de damas*, por su parte, constituye un largo poema en octavas reales dividido en seis cantos, y en él seguirá el intento por rebatir la misoginia:

> Jamás de sí confiesa el hombre culpa,
> aunque en mucha se halle convencido
> y si alguna conoce se disculpa
> con que al género suyo es permitido.
> Y como para sí nada le culpa,
> nunca del todo tiene conocido
> cuanto debe dolerse el que ha pecado
> de quien en culpa tal es acusado.

(Dávalos y Figueroa 1603, canto VI, estrofa 59)

Como vemos, la defensa de las mujeres en Dávalos responde a una visión plenamente erasmista sobre el matrimonio como un contrato en el que ambos miembros deben cumplir una serie de obligaciones. El hombre no queda exento de culpa y no debe actuar con impunidad, si bien, como señala Barrera, esta defensa se lleva a cabo "con ganas pero sin fuerza", ya que utiliza argumentos y ejemplos de esa misma tradición misógina "que inundan reiteradamente los versos de corte heroico y lo reducen" (Barrera 2008: 81). Cabe señalar, de nuevo, que las mujeres a las que defiende Dávalos son solo las blancas herederas de la tradición cultural occidental, totalmente ajenas a la población de indígenas que vivían a su alrededor en la región andina.

Esta mirada de las mujeres como perfectas damas cortesanas también la encontramos en la obra del Inca Garcilaso de la Vega, quien a su vez pretende que el ideal de mujer virtuosa europea sea un referente en la descripción de las indígenas americanas. Si bien a lo largo de los *Comentarios reales* el Inca describe las costumbres matrimoniales de los incas, sus atuendos, etc., por motivos de espacio nos centraremos solo en un episodio narrado en *La Florida del Inca*, que nos servirá para enlazar con algunos de los temas vistos hasta ahora.

En esta obra, que narra la expedición que realizó Hernando de Soto a la Florida, encontramos la exótica descripción del episodio de una cacica, la señora de Cofachiqui, que se embarcó en una canoa junto con ocho mujeres más para recibir a Hernando de Soto y sus hombres. Una vez ante ellos, "ella sola habló al gobernador, sin que indio ni india de las suyas hablase palabra" (Garcilaso de la Vega 2003, III, 10). Esta india de la Florida ni está escondida en el espacio privado ni guarda silencio, como debían hacerlo las mujeres occidentales. De hecho, habló de tal manera "que los españoles se admiraban de oír tan buenas palabras, tan bien concertadas que mostraban la discreción de una bárbara nacida y criada lejos de toda buena enseñanza y policía" (Garcilaso de la Vega 2003, III, 10). Quizá fuera esta misma peculiaridad la que llevó al Inca Garcilaso a narrar en detalle este encuentro con una sociedad aparentemente matriarcal. Es probable que su confidente, Gonzalo Silvestre, junto con sus compañeros de fatigas, creyeran haber encontrado por fin a las amazonas, tan deseadas y presentes en el imaginario de los españoles. Pero estas amazonas, lideradas por la señora de Cofachiqui, venían en son de paz y pronto vamos a ver en la narración del Inca una asimilación absoluta de los valores europeos en relación a la mirada del hombre sobre la mujer.

A lo largo de la conversación entre la señora de Cofachiqui y Hernando de Soto, el Inca narra cómo ella, mientras habla con el gobernador, se va "quitando poco a poco una gran sarta de perlas gruesas como avellanas, que le daban tres vueltas al cuello y descendían hasta los muslos" (Garcilaso de la Vega 2003, III, 11). La carga erótica de este episodio es notable y el punto de vista evidencia toda una larga cadena de narraciones masculinas, primero desde la visión del episodio por parte del grupo de españoles, contado después por Gonzalo Silvestre al Inca Garcilaso y, por último, escrito por este para la posteridad a través del filtro de todas sus lecturas occidentales. La cacica quiere ofrecer a Hernando de Soto dicho collar, pero no se atreve a dárselo de su propia mano "por no ir contra la honestidad que las mujeres debían tener" (Garcilaso de la Vega 2003, III, 11). Sin embargo, el gobernador, a través de su intérprete, le dice que valorará más el regalo si se lo da con su mano y que esto no iría contra su honestidad:

> La señora, habiendo oído a Juan Ortiz, se levantó en pie para dar las perlas de su mano al gobernador, el cual hizo lo mismo para recibirlas y, habiéndose quitado del dedo una sortija de oro con un muy hermoso rubí que traía, se lo dio a la señora en señal de la paz y amistad que entre ellos se trataba. La india le recibió con mucho comedimiento y lo puso en un dedo de sus manos. Pasado este auto, habiendo pedido licencia, se volvió a su pueblo dejando a nuestros castellanos muy satisfechos y enamorados así de su buena discreción como de su mucha hermosura, que la tenía muy en extremo perfecta, y tan embelesados se quedaron con ella que entonces ni después no fueron para saber cómo se llamaba, sino que se contentaron con llamarla señora, y tuvieron razón, porque lo era en toda cosa. Y como ellos no supieron el nombre, no pude yo ponerlo aquí, que muchos descuidos de estos y otros semejantes hubo en este descubrimiento. (Garcilaso de la Vega 2003, III, 11)

Hay varios elementos aquí que merecen nuestra atención. El primero y más importante es, evidentemente, el anonimato en que queda la cacica, cuyo nombre no importó a los españoles, contentos con la simple vista de su belleza y discreción. Pero tenemos también un episodio que asemeja a la narración de un matrimonio, en el que hay un intercambio de objetos y, sobre todo, en el que la mujer muestra su docilidad, discreción, encanto, hermosura y honestidad. Esta es la base para la paz y la concordia entre los dos pueblos. El Inca cumple aquí una función muy clara: la del narrador que inserta en los cánones descriptivos occidentales la visión de sociedades completamente ajenas. Cabe notar, además, la molestia del autor por no poder cumplir con el dato del nombre de la cacica. Esta carencia no parece molestarle tanto por el anonimato de la mujer como por la falta de rigor que esto otorga a su propia crónica, es decir, a su reputación como historiador.

La descripción de la señora de Cofachiqui, su disposición como perfecta cortesana con todos los atributos necesarios (belleza, humildad, sumisión), contrasta pocos párrafos más adelante con la aparición de su madre, una mujer viuda que vivía retirada a escasas leguas de su hija. Cuando Hernando de Soto supo de la existencia de esta mujer, mandó a su hija que la fuera a buscar. Ella, obedientemente, como correspondía al modelo de mujer perfecta, envió una comisión de doce indios para que trajeran a su madre, quien no solo no quiso saber nada, sino que los riñó cuando se enteró de "la liviandad de la hija, que tan presto y con tanta facilidad hubiese querido mostrarse a los españoles". Además de ello, la mujer "dijo e hizo otros grandes extremos cuales los suelen hacer las viudas melindrosas" (Garcilaso de la Vega 2003, III, 11). Como vemos, no faltan en el Inca Garcilaso los juicios en primera persona, que nos ofrecen mucha información sobre la mirada del hombre a la mujer. En este caso, de un mestizo hacia las indígenas, con el afán de redefinirlas para que encajen dentro del canon europeo que tan bien manejaba. Aquí incluso vemos claramente la asunción de esos *estados de mujeres* que mencionábamos al comienzo: la viuda melindrosa, frente a la hermosa y discreta doncella cortesana, que se entrega con confianza y fe ciega en la superioridad del hombre blanco. Una de las pocas cacicas poderosas que aparecen en las narraciones del Inca se convierte, así, en una mujer dócil ajustada a la perfección al modelo de mujer ideal.

Frente a estas exquisitas narraciones del Inca, realizadas al calor de lecturas de Castiglione o León Hebreo, más inclinadas a una concepción espiritual y filosófica del amor, encontramos a un sacerdote criollo llamado Bernardino de Cárdenas que nos ofrecerá un contrapunto interesante. Si bien de este autor no quedan claras muchas lecturas fuera de la Biblia, cuyo Antiguo y Nuevo Testamento cita continuamente, así como otras fuentes religiosas como Alonso Fernández de Madrigal, quien fuera obispo de Ávila y conocido como el Tostado, sin embargo, es evidente que debía conocer la literatura didáctica dirigida a las mujeres, como iremos viendo a continuación.

El texto en el que vamos a centrarnos es un manuscrito autógrafo que se encuentra en la Biblioteca Nacional de España, bajo la signatura Mss/3198, escrito por Cárdenas en Cochabamba cerca de 1632. En este texto, el franciscano da cuenta de la desastrosa situación en que se encontraba el virreinato del Perú y va analizando, punto por punto, todos los elementos problemáticos que necesitaban solución. Entre ellos, menciona la alta corrupción de los gobernadores, encomenderos e incluso curas españoles, así como las consecuencias nefastas que acarreaba la venta de alcohol a los indios. Sin embargo, nos interesa detenernos en las alusiones a las mujeres. Para Cárdenas, constituía un problema muy grave la imparable expansión de los mestizos, una raza mezclada que no ofrecía ningún bien al virreinato. La culpa del mestizaje la tenían los españoles lujuriosos, pero sobre todo las indias, que se ofrecían con facilidad a los españoles. Fruto de estas uniones surgían los mestizos, pero, según Cárdenas, eran todavía peores las mestizas, porque "como nacen blancas por lo que tienen de españolas y hermosas, con el hábito de indias lascivo de suyo y libre, son el incentivo de la deshonestidad y aun de las hechicerías que podía probar con algunas que actualmente cuando esto escribo tengo presas" (Cárdenas ca. 1632: 67r).

La solución que Cárdenas ofrece para controlar esta situación (además de encerrarlas) es la de dejar a las hijas de las mestizas en casas de señoras principales o incluso en casas de recogimiento para que fueran adoctrinadas y solo saliesen para casarse. Recordemos que autores hispanos como Luján ya habían defendido que "no hay virtud en que una mujer alcance tanta reputación en la república como es con verla estar en su casa retraída" (Luján 1550: 62r). En efecto, tal y como afirma Mannarelli (2004: 150), mantener a las mujeres encerradas constituía "una señal de poder masculino. Controlarlas en casa era una expresión de la capacidad de dominio". A ello responde el encierro que el mismo Cárdenas ejerce con las mestizas *hechiceras* y que propone llevar a cabo con las mesticillas que estaban sueltas por ahí. Como afirma Hampe Martínez (2002), siguiendo a Van Deusen (1987), en el virreinato del Perú existieron desde muy temprano las casas de acogida para mujeres mestizas, huérfanas, separadas, etc., como la de recogimiento de San Juan de la Penitencia, que fue la primera en abrirse en la capital del virreinato. Ya para el siglo XVII funcionaban los colegios de la Caridad, Santa Cruz de Atocha y Nuestra Señora del Carmen para niñas expósitas. En estos, la enseñanza de las mujeres no se relacionaba solo con el plano intelectual, sino que evidentemente se las instruía en "labores domésticas, comportamiento en sociedad y prácticas cristianas" (Hampe Martínez 2002: 142).

En relación a los atavíos de las mujeres, también Cárdenas quiere establecer un reglamento, sobre todo para poder distinguir las diferentes razas del Perú. El problema de los hombres mestizos era que se vestían con hábito de españoles, por lo que aparentaban una posición social más alta de la que les correspondía. En el caso de las mestizas, se vestían de indias, por lo que su apariencia era demasiado *lasciva y libre*, como hemos visto. Así como lo habían hecho tantos intelectuales hispanos en la península ibérica, Cárdenas también opina sobre el hábito de las mujeres indígenas,

> que es deshonestísimo de suyo y más añadiéndole galas e incentivos de damascos, tamenetes y pantuf[l]os de plata y otras invenciones inventadas por el demonio, con las cuales y con la libertad que tienen sin honra ni obligación, traen los hombres locos y causan innumerables pecados y las hijas que nacen de estas mestizas van causando otros muchos. (Cárdenas ca. 1632: 82v-83r)

Como hemos visto, era común en la época revisar el atuendo de las mujeres, estableciendo lo que debían y no debían vestir. Cárdenas propone que las mestizas lleven hábito de españolas, que es más honesto, mientras que los mestizos debían llevarlo de indios, para que no se creyeran más de lo que eran. Recordemos que en el III Concilio Limense hay también alusiones a los hábitos apropiados para las mujeres. Antonio de Espinosa advertía que el marido debía quitarle a la mujer todas las ocasiones en que esta podía "ser mala, como son demasiados y curiosos vestidos y galas y afeites, salidas, libertades, compañías no honestas, el mucho ventanear ni pararse a la puerta" (Espinosa 1552: 6r), al igual que Luján ponía en boca de mujeres estas palabras: "Somos todas tan curiosas y amigas de vestirnos, que de buena gana ayunaremos un año, no por amor de Dios ni de los santos, sino por sacar una ropa nueva un día de fiesta" (Luján 1550: 61r-61v).

A juzgar por las palabras de Cárdenas, estas ideas sobre la vestimenta femenina estaban verdaderamente extendidas en América. Recordemos que ya en las Leyes de Valladolid, aparecidas un año después de las Leyes de Burgos (1512), los monarcas hispanos se vieron obligados a legislar sobre el trato que debían recibir las mujeres y niños en las Indias, así como la necesidad de que "andasen vestidos". Existía una relación directa entre ese *andar vestido* y *ser político y entendido*, es decir, ser civilizado. En la medida en que las mujeres eran más salvajes e imperfectas que los hombres, se puso especial atención a cubrir sus cuerpos, a mantenerlas en casa y a tomar medidas con respecto a su comportamiento. Es así como la apropiación de los cuerpos de las mujeres a partir de un discurso denigratorio contra su inteligencia, su carácter y su físico ocupa, desde la llegada de los europeos, un lugar importante en los textos producidos en o sobre el Nuevo Mundo.

Conclusiones

Si bien la vinculación de las mujeres con el espacio doméstico fue resultado de una imposición masculina y de un plan intelectual por repartir los espacios sociales para mejorar el rendimiento y la producción del incipiente sistema capitalista, se podría rescatar la idea desarrollada por Simmel (1941) y comentada por Mannarelli (2004: 144) sobre "la acción de las mujeres como creadoras de la intimidad". En efecto, si el peligro de la calle conseguía mantener a las mujeres en el hogar, estas hicieron de la casa un espacio donde ejercer su propio poder. En el espacio privado se establece una jerarquía condicionada por la existencia de las relaciones serviles, de la mujer hacia el hombre, pero también, en el caso del Perú, relacionadas con factores étnico-raciales y servicios personales diversos dentro del hogar. Esta "moral de la servidumbre" (Nugent, cit. por Mannarelli 2004: 147) erosiona el poder público, en la medida en que este delega la gestión de los conflictos a cada hogar, donde es el hombre quien impone las formas de dominación dentro de la casa.

La llegada de los españoles impone dos elementos importantes en la sociedad colonial peruana: la idea de que la casa es del marido y la imposición de que la mujer debe permanecer en ella, realizando las labores domésticas y gestionando su economía. El hombre en la sociedad peruana se identificó con

> una casa de la que él es señor, en donde como pequeño soberano ejerce un poder sin la injerencia pública, pero de la que solo es parte de cierta manera. Eso va acompañado por un tipo de masculinidad, donde el ejercicio del poder y la sexualidad tienen sus propios rasgos. Allí lo obedecen y él protege. Es un hombre que no ha delegado el ejercicio de autoridad a una instancia pública. No existe un control sobre él, ni una definición exterior de sus dominios. (Mannarelli 2004: 148)

En este estudio hemos querido demostrar cómo esta dinámica es trasladada a América a partir de los manuales de educación de mujeres. Cabría preguntarse, sin embargo, hasta qué punto estos manuales fueron leídos o incluso estaban dirigidos a las propias mujeres, o eran más bien lecturas necesarias para los hombres, que establecían las directrices sobre cómo dominar a la mujer y qué medidas debían tomar estos para evitar la deshonra, la vergüenza y la humillación públicas. Lo que sí es evidente, y nos viene confirmado por la ingente cantidad de textos escritos por hombres, es que las mujeres no estaban acatando completamente las órdenes que ellos establecían. Si hubiera sido así, no habría existido la necesidad de estos manuales. Si las mestizas de Cárdenas se hubieran comportado de manera *adecuada*, este no habría tenido que encerrarlas.

Como ha sido largamente discutido y como demostraron Davis y E. P. Thompson y N. Z. Davis (2018) en sus estudios sobre los charivaris en Francia y la *rough music* en Inglaterra, la mujer con demasiado carácter en la Europa moderna era castigada; como vemos, también lo fue en el Nuevo Mundo. Existían incluso rutinas de castigos públicos contra las mujeres que se atrevían a pegar a sus maridos o se salían de cualquier forma del modelo patriarcal (Federici 2010). Sin embargo, los textos que hemos analizado son en realidad "constructores de modelos" que, más que dar cuenta de la realidad, "tenían como objetivo declarado producir *efectos* sobre el sexo femenino, modificando, si cabía, sus valores y conductas" (Morant 2002: 74). De hecho, la misma existencia de estos manuales nos ofrece "información valiosa, implícita o explícita, sobre las desviaciones que se producían en la práctica" (Millán González 2017: 124). Las mujeres, en su vida cotidiana, se resistían a la dominación masculina, de ahí la necesidad que hubo en los siglos XVI y XVII de publicar y difundir este tipo de textos, cuyo objetivo principal era establecer las pautas de las relaciones de poder, pero que dejan entrever los conflictos que derivaban de esta imposición.

Bibliografía

ALFIERI, Fernanda (2007): "La *mulier praefocata* desde Galeno a Tomás Sánchez: la patología de la feminidad entre medicina y teología en la moralística española de la Edad Moderna". En: López Beltrán, María Teresa y Reder Gadow, Marion (coords.): *Historia y género. Imágenes y vivencias de mujeres en España y América (siglos XV-XVIII)*. Málaga: Universidad de Málaga, 125-148.

ARISTÓTELES (2015): *Política*. Madrid: Alianza. Trad. C. García Gual y A. Pérez Jiménez.

ASTETE, Gaspar de (1603[1597]): *Tratado del gobierno de la familia y estado de las viudas y doncellas*. Burgos: Juan Baptista Varesio.

BARRERA, Beatriz (2008): "Una *Defensa de damas* (1603) en la Academia Antártica. Diego Dávalos y el debate sobre el matrimonio". En: Barrera, Trinidad (coord.): *Herencia cultural de España en América. Siglos XVII y XVIII*. Madrid/Frankfurt: Iberoamericana/Vervuert, 69-84.

— (2010). "Misoginia y defensa de las damas en el virreinato peruano: los coloquios entre Delio y Cilena en la *Miscelánea austral* (1602) de Diego Dávalos". En: *América sin nombre* 15, 39-48.

BONILLA Y SAN MARTÍN, Adolfo (1929): *Luis Vives y la filosofía del Renacimiento*. Madrid: Espasa-Calpe.

BURKE, Peter (2000): *El Renacimiento europeo. Centros y periferias*. Barcelona: Crítica.

CANDAU CHACÓN, María Luisa (2007): "La mujer imaginada. El modelo femenino en los libros que embarcan a Indias". En: López Beltrán, María Teresa y Reder Gadow, Marion (coords.): *Historia y género. Imágenes y vivencias de mujeres en España y América (siglos XV-XVIII)*. Málaga: Universidad de Málaga, 267-310.

CÁRDENAS, Bernardino de (ca. 1632): *Memorial y relación de cosas muy graves y muy importantes al remedio y aumento de el reino del Perú y al consuelo de la conciencia del Rey nuestro señor y descargo de ella, y a la multiplicación de su hacienda real y prosperidad de su corona*. BNE, Mss/3198.

CERDA, Juan de la (1599): *Libro intitulado vida política de todos los estados de mujeres*. Alcalá de Henares: Juan Gracián.

COLOMBÍ-MONGUIÓ, Alicia (2003): *Del Exe Antiguo a Nuestro Nuevo Polo: una década de lírica virreinal (Charcas, 1602-1612)*. Ann Arbor, MI: CELACP/Latinoamericana Editores.

DÁVALOS Y FIGUEROA, Diego (1602): *Miscelánea Austral*. Lima: Antonio Ricardo.

DÁVALOS Y FIGUEROA, Diego (1603): *Defensa de damas*. Lima: Antonio Ricardo.

DURAND, José (1948): "La biblioteca del Inca". En: *Nueva Revista de Filología Hispánica* 2/3, 239-264.

ESPINOSA, Antonio de (1552): *Reglas de bien vivir muy provechosas (y aun necesarias) a la república cristiana*. Burgos: Juan de Junta.

FEDERICI, Silvia (2010): *Calibán y la bruja. Mujeres, cuerpo y acumulación originaria*. Madrid: Traficantes de Sueños.

GARCILASO DE LA VEGA, Inca (2003[1605]): *La Florida del Inca*. Ed. Mercedes López-Baralt. Madrid: Espasa.

GARCÍA GARCÍA, Emilio (2003): "Huarte de San Juan. Un adelantado a la teoría modular de la mente". En: *Revista de Historia de la Psicología* XXIV/1, 9-25.

GONZÁLEZ HERAS, Natalia (2011): "Introducción". En: Cerda, Juan de la: *La Querella de las mujeres,VIII.Vida política de todos los estados de mujeres. Libro quinto.* Madrid: Almudayna.

GUEVARA, Antonio de (1532[1529]): *Relox de príncipes.* Sevilla: Juan Cromberger.

HAMPE MARTÍNEZ, Teodoro (1996): *Cultura barroca y extirpación de idolatrías. La biblioteca de Francisco de Ávila – 1648.* Cuzco: Centro Bartolomé de las Casas.

— (2002). "Imagen y participación de las mujeres en la cultura del Perú virreinal: una aproximación bibliográfica". En: Andreo, Juan y Guardia, Sara Beatriz (eds.): *Historia de las mujeres en América Latina.* Murcia: Universidad de Murcia, 137-158.

HUARTE DE SAN JUAN, Juan (1575): *Examen de ingenios para las ciencias.* Baeza: Juan Bautista de Montoya.

LEÓN, Fray Luis de (1583): *La perfecta casada.* Salamanca: Juan Fernández [colofón 1584].

LEONARD, Irving (1996[1949]): *Los libros del conquistador.* México D.F.: Fondo de Cultura Económica. Trad. Mario Monteforte Toledo.

LISI, Francesco Leonardo (1990): *El tercer Concilio Limense y la aculturación de los indígenas sudamericanos.* Salamanca: Universidad de Salamanca.

LÓPEZ PARADA, Esperanza, ORTIZ CANSECO, Marta y FIRBAS, Paul (2016): *La biblioteca del Inca Garcilaso de la Vega (1616-2016).* Madrid: Biblioteca Nacional de España.

LUJÁN, Pedro de (1550): *Coloquios matrimoniales.* [Sevilla]: Dominico de Robertis.

MANNARELLI, María Emma (2004): "Sobre la historia de lo público y lo privado en el Perú desde una perspectiva feminista". En: *Revista Iberoamericana* LXX/206, 141-156.

MILLÁN GONZÁLEZ, Silvia C. (2017): "Amazonas y lecturas de mujeres, entre la ficción y la moralidad: de la *Silva* de Mexía al *Silves de la Selva* y los *Coloquios matrimoniales* de Luján". En: *Tirant* 20, 119-146.

MORANT, Isabel (2002): *Discursos de la vida buena. Matrimonio, mujer y sexualidad en la literatura humanista.* Madrid: Cátedra.

ORTIZ CANSECO, Marta (2018): "Mujeres, indios y mestizos: la construcción del otro en *La Florida del Inca*". En: *Philologia Hispalensis* 32/2, 89-102.

RALLO GRUSS, Asunción (2010): "Cómo y para qué casarse en el Siglo de Oro. Los *Coloquios matrimoniales* de Pedro de Luján". En: *Biblioteca Virtual Andalucía*. <http://www.bibliotecavirtualdeandalucia.es/opencms/lecturas-pendientes/007-coloquios_matrimoniales.html> (20/11/2018).

RIVERA, Olga (2002): "La 'natural condición de la mujer' en la retórica de *Deberes del marido*". En: *Hispanic Journal* 23/2, 9-19.

— (2006). *La mujer y el cuerpo femenino en* La perfecta casada *de Fray Luis de León*. Newark, DE: Juan de la Cuesta.

ROMERO TABARES, María Isabel (1998): *La mujer casada y la amazona. Un modelo femenino renacentista en la obra de Pedro de Luján*. Sevilla: Universidad de Sevilla.

SAN JOSÉ LERA, Javier (2002): "Introducción". En: León, Fray Luis de: *La perfecta casada*. Madrid: Austral.

SÁNCHEZ, Tomás (1887[1605]): *Moral jesuítica, o sea, Controversias del santo sacramento del matrimonio*. Madrid: Imprenta Popular Tomás Rey.

SANYAL, Mithu M. (2018[2012]: *Vulva. La revelación del sexo invisible*. Barcelona: Anagrama. Trad. Patricio Pron.

SIMMEL, Georg (1941). *Cultura femenina y otros ensayos*. Buenos Aires: Espasa-Calpe.

THOMPSON, Edward Palmer y DAVIS, Natalie Zemon (2018[1970-1972]): *La formación histórica de la cacerolada: charivari y rough music. Correspondencia y textos afines, 1970-1972*. Madrid: Libros Corrientes.

VAN DEUSEN, Nancy E. (1987). *Dentro del cerco de los muros: el recogimiento en la época colonial*. Lima: Centro de Documentación sobre la Mujer.

VIVES, Juan Luis (1994[1523]): *La formación de la mujer cristiana*. València: Ajuntament de València.

3. El *Quijote* en dos cuentos del modernismo peruano

Moisés Sánchez Franco
Universidad Nacional Mayor de San Marcos

En 1905, en su *Carácter de literatura del Perú independiente*, un Riva-Agüero suscrito a las ideas positivistas de Taine afirma que en nuestra literatura conviven las letras indígenas y la española. Sobre esta última, a quien le otorga más importancia y presencia, resalta, curiosamente, la figura del héroe cervantino: "Mucho de D. Quijote, constituye el alma de la raza, pero bien distinta de la francesa o de la germana. En el castellano (genuino representante del carácter castizo) aparece tal cual es: seria adusta, ajena a sensiblerías y ternezas, más próxima a la acción práctica de lo que generalmente se cree (Riva Agüero, 1962: 66)".

Para el estudioso, la literatura peruana es literatura castellana provincial: "La literatura peruana forma parte de la castellana", debido a que la "lengua es el único criterio" (Riva Agüero, 1962: 261) para constituir un sistema literario. Así, el castellano prima en el Perú y, para que nuestras letras dejaran de ser propias del castellano, la lengua española debía corromperse en nuestra patria. Además, para el estudioso de la generación del novecientos, a diferencia de México, Argentina y Brasil, nuestro país no ha recibido corrientes tan poderosas de emigración europea, por lo que nuestro ambiente "está todavía impregnado de *españolismo*" (Riva Agüero 1962: 263). Por último, afirma que nuestra "literatura es incipiente" (Riva Agüero 1962: 264), debido a la azarosa y paupérrima vida política, económica y artística de nuestros países. Prácticamente, dicha situación nos coloca en el terreno de ser una literatura propia de una colonia española heredera de Cervantes.

¿Por qué es importante esta opinión de Riva-Agüero? Como bien lo afirma Carlos García-Bedoya M. en su artículo "El canon literario peruano", publicado en *Indagaciones heterogéneas: Estudios sobre literatura y cultura* (2012), este texto es el primer intento de periodizar nuestra literatura peruana, desde un punto de vista conservador. Asimismo, nos recuerda las observaciones de Antonio Cornejo Polar, quien advirtió "que es recién bajo el régimen de la llamada República Aristocrática,[1] a comienzos del siglo xx, que cabe hablar de la configuración de un canon literario nacional: 'Se denominará canon oligárquico a esta primera versión del canon literario'" (García-Bedoya 2012: 151). Riva-Agüero apuesta por un canon, hispanista a todas luces, que se ajuste a las exigencias de este tipo de sociedad y de orden republicano.

Otro texto fundamental de la época es *Del romanticismo al modernismo: prosistas y poetas peruanos*, de Ventura García Calderón, publicado en 1910, en el que el autor de "La venganza del cóndor" afirma que nuestra literatura no se encuentra en una situación incipiente como afirmaba Riva-Agüero, pues cuenta con los géneros que reclama la modernidad (el teatro, la sátira, la poesía lírica y filosófica, la novela, el ensayo, entre otros). Aunque, como señala García-Bedoya M., no se incluye al cuento en esta extensa lista de géneros modernos.[2] Para

---

1   Para los historiadores Burga y Flores Galindo, "entre 1895 y 1919 transcurren los años del apogeo de la oligarquía a los que, retomando a Jorge Basadre, denominamos la época de la República Aristocrática. El Estado, durante esos años, fue solo nominalmente liberal y burgués. Para pertenecer a la clase dominante al lado del poder económico se exigía la asunción de un cierto estilo de vida y formar parte de una determinada estructura de parentesco. La oligarquía se sustentaba en el respaldo que podía recibir del imperialismo y en la violencia que los gamonales imponían en el interior del país" (Burga y Flores Galindo 1979: 7-8).

2   Gabriela Mora, en su texto divulgativo y pedagógico *El cuento modernista hispanoamericano: Manuel Gutiérrez Nájera, Rubén Darío, Leopoldo Lugones. Manuel Díaz Rodríguez y*

García Calderón, todos estos géneros tienen procedencia española. Aun cuando discrepe con Riva-Agüero en el estado de nuestra literatura, es curioso que junto con este diseñen un canon nacional de filiación hispanista, culturalmente criollo y socialmente oligárquico.

No obstante, García-Bedoya M., al reseñar a Washington Delgado, afirma, a su vez, que en este periodo de fines del siglo XIX e inicios del siglo XX se funda nuestra autonomía literaria, esfera que se apoya "en diversas instituciones (Academia de la Lengua, Universidad, revistas y periódicos)" (García-Bedoya 2012: 153). De esta forma, el investigador avizora las primeras señas del modernismo en una época de aparente quietud intelectual y deja en evidencia las tensiones de un mundo literario peruano aparentemente conservador pero, en el fondo, cambiante.

En ese contexto de aparente estirpe hispana y leve debate, el modernismo peruano surgirá para dinamitar uno de los grandes parangones de las letras españolas: el *Quijote*, como veremos a continuación.

La quema quijotesca del modernismo peruano

El modernismo peruano surge como un plan bien trazado por sus autores. Muchos de ellos no solo fueron cuentistas, sino también ensayistas y cronistas. Al respecto, en su investigación *Fuegos fatuos, las crónicas de Abraham Valdelomar* (2012), Esther Espinoza Espinoza nos sugiere que el autor de "Los ojos Judas" buscaba vivir de la escritura, recomponer el canon literario, instalar el discurso de la modernidad, romper el círculo de las castas, entre otros. Es decir, los escritos de Valdelomar y de otros representantes del grupo Colónida respondían a un plan que les ayudara a cambiar el *establishment* y posicionarse en el espectro literario para romper ese sistema de castas que el modelo republicano de la época parecía imponer. Por su parte, en *Excursión literaria* (1895) y en *Filosofía y arte* (1897), ya se puede advertir el proyecto literario que Clemente Palma luego concretaría en sus novelas y relatos: su conocimiento y tendencia

---

Clemente Palma (1996), ha llamado la atención sobre la carencia de estudios en torno al cuento modernista, aun cuando este género haya cumplido un carácter fundacional en las letras latinoamericanas.

hacia un nuevo arte que rompa con el vínculo hispánico y su en-
carnizado ánimo secularizador apoyado en su gusto por la literatura
francesa contemporánea y por la filosofía del escepticismo. Contra-
diciendo en parte a Espinoza, Pupo-Walker afirma, apelando a un
criterio evolucionista, que el relato modernista se destaca como un
estado "primordial en el desarrollo de nuestra narrativa de ficción"
(Pupo-Walker 1993: 515). El crítico parece suponer una inocencia
adánica inicial. Sin embargo, los modernistas fueron escritores que
a finales del siglo XIX e inicios del siglo XX ya no deben ser apreciados
como parte de una Edad de Piedra literaria, sino como autores cuyas
obras abrieron el camino a una auténtica emancipación artística con
relatos de calidad estética y de complejidad ideológica, gracias a un
diseño iconoclasta, a una estrategia bien configurada en sus ensayos,
la que intentaba y lograba plasmar en sus escritos para derribar el
canon y la crítica literaria nacional imperante. Al fin de cuentas, en
Latinoamérica, fueron unos de los primeros que buscaron adaptarse
a los cambios de la modernidad, como bien lo ha señalado Gabriela
Mora en *Clemente Palma, el modernismo en su versión decadente y gótica* (2000).
Y uno de esos cambios significativos fue romper con lo que Riva-Agüero y García Calderón daban por sentado: el hispanismo de
nuestras letras. Por eso, se relacionaron con paradigmas de autores
europeos que representaban la secularización[3] y permitían cuestionar el orden ético de nuestra sociedad. En ese camino, hallaron a los
franceses decadentistas: Jules Barbey d'Aurevilly, Auguste Villiers de
L'Isle-Adam, Joris-Karl Huysmans, etc., quienes se vanagloriaban en
la fascinación por autores proscritos como el marqués de Sade y en
ese espíritu vivo de corromper, mediante la literatura, el orden social burgués, como afirma Claudio Iglesias en su *Antología del decadentismo: perversión, neurastenia y anarquía en Francia (1880-1900)* (2017). Este
hecho ya lo había escrito el mismo Rubén Darío en *Los raros*, texto
en el que rinde homenaje a Leconte de Lisle, Villliers de L'Isle-Adam
y el conde de Lautréamont, entre otros. En esta curiosa colección de

---

3   Susana Rotker, en *La invención de la crónica* (2005), cita a Max Weber para explicar
el proceso de la modernización: "Uno de los motores del proceso de modernización fue el reemplazo de un sistema de vida sin parámetros fijos y preestable-
cidos por otro donde el destino del hombre está desacralizado y la sociedad se
organiza a partir de un concepto [...]. Es la racionalización: el dominio sobre
la materia, la sistematización de los modos de vida, la secularización" (Rotker
2005: 40).

ensayos, defiende la tarea ingrata del hombre de letras, al punto que expresa que "creo en el individualismo artístico y social" (Darío 1952: 11). En general, en nuestros escritores modernistas, también se puede advertir un gusto por los autores rusos, noruegos, alemanes, etc., preferencia que permitía desafiliarse del lazo hispánico. De esta forma, se puede apreciar que los modernistas ampliaron sus horizontes literarios con el fin de romper con el canon hispanista imperante.[4] A su vez, con el trabajo como periodistas y cronistas, intentaron deshacer el perfil del escritor sujeto a los beneficios estatales. Estamos en los estadios previos de la profesionalización del artista de las letras.

Impulsados por esa afición por quebrar los paradigmas hispanistas, don Quijote aparece en dos relatos modernistas.[5] El primero de ellos es "Don Quijote", de Carlos E. B. Ledgard (1877-1953), texto recogido en la antología realizada por Ricardo González Vigil *El cuento peruano hasta 1919* (vol. 2) (1992) y que figura en el único libro del autor, *Ensueños* (1899). El antologador define a Ledgard como modernista y lo califica como uno de sus mejores exponentes, pues "supo acoger la paleta íntegra del espectro modernista (sensualidad, ironía, morbidez, cosmopolitismo, idealismo, fantasía, etc.)" (González Vigil 1992: 687). Además, deja constancia de la poca o nula atención que la crítica ha reparado en este autor.

Un estudioso que, años después, sí reseña el relato es Carlos Eduardo Zavaleta, en su comprimido estudio "Cervantes en el Perú",[6] quien se equivoca al calificar al personaje principal como

---

4 Aunque su distancia con los escritores españoles es clara, curiosamente, eso no resta que muchos autores modernistas, como Palma, hayan buscado congraciarse, por cuestiones comerciales o de difusión o por pura provocación juvenil, con autores hispanos. Es el caso de Palma, cuyas dedicatorias están destinadas a autores como Miguel de Unamuno (autor del prólogo de su primer libro de cuentos, *Cuentos malévolos*) o Juan Valera.

5 Es de notar que se obvie la presencia de los cuentos modernistas en la antología preparada por Eva M.ª Valero *El Quijote en el Perú*. Creemos que esta ausencia se debe a que los antologados (Aurelio Miró Quesada, Augusto Tamayo Vargas, Ricardo Palma, Javier Prado, Luis Alberto Sánchez, entre otros) no habían podido medir, por cuestiones cronológicas, o, en algunos casos, por desconocimiento y subestimación, el impacto del relato modernista aún en nuestras letras.

6 Curiosamente, el autor de *Los aprendices* obvia incluir el texto de Palma "El quinto Evangelio".

latinoamericano.[7] Sus comentarios son breves y se pueden prestar
a la confusión, pues la sumilla parece presentar un personaje que
defiende la honra de una dama digna de un respeto supremo:

> Así, por ejemplo, el primer cuentista del país, cronológicamente
> hablando, Carlos E. B. Ledgard, publicó en 1899, el libro de cuentos
> Ensueños, donde aparece el titulado "El Quijote", en un curioso am-
> biente universitario de Heidelberg, nada menos, en que un personaje
> latinoamericano defiende la honra de una muchacha y muere por su
> causa quijotesca. (Zavaleta 2009: 111)

Habiendo repasado los breves análisis precedentes, estudiemos
este curioso pero significativo relato. El breve cuento está situado en
los alrededores de la Universidad de Heidelberg y enfrenta a Diego
Javier Fernández y Pelayo, que, por su aspecto físico, por su origen
español y de Castilla era llamado, en son de clara burla, don Quijote
por un grupo de contemporáneos representados por Müller y un
narrador homodiegético que no se identifica. Sus peculiares ideas
sobre el honor y su idealización de la casquivana Graetchen,[8] hija
del propietario de la cervecería el León de Oro, azuzaban las burlas
de los compañeros del anacrónico y pintoresco Quijote.

El honor de Quijote reposaba en su noción sobre la castidad del
amor por Graetchen y en ideales extemporáneos sobre economía
agrícola, la castidad, la honra medieval y la vida campestre y retirada:

> No: su amor era casto, ideal, la adoraba de lejos, en silencio, y se
> avergonzaba ante la idea de que ella pudiera adivinar su pasión. Encon-
> traba que no era digno de ella, y soñaba con el día, aún lejano en que
> recibiría la anhelada borla de doctor para ir a ofrecerla humildemente
> y pedirle su mano. Y si ella era tan bondadosa que le concediera su
> amor, se irían a España a trabajar para reconstituir su hacienda, para en
> seguida vivir tranquilos y dichosos, en el viejo solar de sus antepasa-
> dos, allá en el fondo de Castilla, donde hay gente que sabe comprender
> el honor y la hidalguía. (Ledgard, en González Vigil 1992: 688)

---

7   El protagonista, Diego Javier Fernández y Pelayo, como veremos más adelante,
    es español y de Castilla propiamente.
8   Graetchen es un nombre que nos refiere, irrefutablemente, al personaje feme-
    nino (Gretchen) que representa la inocencia terrenal en *Fausto*, de Goethe. El
    término no es casual. Su nombre, en este contexto de informalidad en sus re-
    laciones amorosas, representa un cambio nominal, una inversión de los valores
    predominantes con respecto al romanticismo.

Tal como confiesa el narrador, la universidad los había formado en el positivismo del sistema sajón, por lo que sus compañeros lo tenían por loco: don Quijote defendía a los débiles, recibía poco dinero y aun así lo ponía a disposición de sus amigos, a pesar de que estos abusaban cruelmente de su generosidad. Este sufrido personaje era el hazmerreír del grupo a pesar de su bonhomía.

Un día Müller, un estudiante obeso, perezoso y colorado, lanzó una broma sobre el honor de Graetchen: confesó, sin tapujos, que la había visto en pláticas amorosas, en altas horas de la noche, con Fritz, un borrachín incurable y de mala fama. El chisme fue escuchado por Quijote, quien no dudó en defender el honor de su dama y en acordar batirse a duelo con el deslenguado Müller.

Los estudiantes apostaron por jugarle una mala pasada a Quijote en pleno duelo: colocarían balas de algodón en la contienda. Cuando esta ocurrió, don Quijote cayó desplomado por la impresión o el miedo. El doctor declaró que un infarto al corazón lo había fulminado. Al día siguiente, Graetchen se escapó con el inefable Fritz. El relato acaba con la sugerente frase "¡Pobre Don Quijote!" (Ledgard, en González Vigil 1992: 690).

El relato contrapone dos estilos de vida: el positivismo de los avispados estudiantes de Heidelberg y el modo medieval de don Quijote. Los estudiantes que se burlan de don Quijote se autoidentifican como sajones, mientras que el burlado es español y, propiamente, de Castilla. Por otro lado, en la época del relato, el amor ha perdido ese carácter puritano, para convertirse en un deleite para el placer ocasional y sensual. Graetchen, quien no tiene diálogo propio en el cuento, representa la única mujer configurada y es observada como libertina. Esta se mueve en un mundo claramente masculino, donde priman dos espacios: la universidad y la taberna. Al parecer, en ambos, es calificada como mujer de cascos ligeros y solo para el cegado don Quijote es una dama honorable. El episodio se puede identificar con el capítulo II del clásico cervantino, en el cual Quijote se encuentra con "dos mujeres mozas, de estas que llaman del partido".[9] No obstante, en dicho capítulo, la sátira está presente para enfatizar la idealización y locura de Quijote en un mundo prosaico. En el caso del relato de Ledgard, todo el texto tiene un tinte de burla lacerante y de tragedia irremediable.

---

9   Según Francisco Rico, esta expresión se utilizaba para señalar a las prostitutas (Cervantes 2008: 36).

No es casualidad que el rival de don Quijote sea Müller, un gordo, perezoso y deslenguado, mientras que nuestro atribulado personaje "sea flaco, de pelo negro e hirsuto" (Ledgard, en González Vigil 1992: 687). Esta antítesis refuerza el vigor sajón contra la debilidad española. Además, don Quijote tiene ideas retardatarias: en una era industrial, cree en el sistema de haciendas, pues busca casarse con Graetchen cuando tenga el título de doctor para regresar a su pueblo y reconstituir su propiedad agrícola. Estas aspiraciones colisionan con el espíritu positivista que inculca la universidad, el cual aspira a un progreso técnico y científico y, por deducción, citadino. Por eso, la muerte de don Quijote representa el fin de una época y de una forma de pensar. Es un final que representa un repentino apocamiento: a don Quijote no lo matan, lo liquida su propio ser. Cae debilitado por sus ideas pasatistas, por su incapacidad para adaptarse a un mundo que exigía nuevas actitudes y nuevos valores. Lo mata el algodón, curiosa metáfora de la hacienda, antítesis sugerente del proceso de industrialización.

Ledgard utiliza un *modus operandi*[10] de los narradores modernistas: el exotismo. En este caso, ubica su historia en la Universidad de Heidelberg, en Alemania, a fines del siglo XIX, aparentemente, aun cuando no precise el tiempo de la historia. Esta institución se caracterizaba, desde la Reforma, por su espíritu especulativo y, sobre todo, por su escepticismo calvinista, y a fines del siglo decimonónico por su inclinación por el liberalismo, la tendencia a la investigación científica y la ligazón con la democracia. Todos estos aspectos no son parte de la axiología de don Quijote, quien figura como un marginal, una figura lastimera, absolutamente inapropiada para el espacio, el grupo humano que lo rodeaba y la época.

¿Por qué se utiliza una figura icónica de la literatura española para satirizarla hasta el punto de liquidarla de puro miedo? Juzgamos que el narrador homodiegético busca distanciarse del máximo representante de la literatura española en favor de la prédica ale-

---

10 Mucha tinta se ha gastado sobre el cosmopolitismo de los modernistas. Desde nuestro juicio, estos escritores buscaron insertarse en el concierto universal de las letras a partir de ubicar sus historias en lugares ajenos a sus ciudades subdesarrolladas. Por ello, preferentemente, eligieron Europa o, en algunos casos, lugares inciertos que permitían la ambigüedad de la lectura. Como se puede apreciar, hay toda una estrategia en la confección del texto y en la intención pragmática del mismo.

mana positivista. No hay duda de que Ledgard busca renovar los paradigmas literarios y para ello cancela, de forma humillante, al parangón cervantino. El modernismo busca crear un nuevo canon, uno que se distancie de los héroes, de las leyendas, de la literatura hispánica que nos convertía en una colonia.

Si, en el relato de Ledgard, Quijote figura como un personaje satirizado, en "El quinto Evangelio", de Clemente Palma (1872-1946), texto que integra *Cuentos malévolos* (1904) y que está dedicado a Juan Valera, figura pálidamente y se cita, en forma burlesca, el inicio del *Don Quijote de la Mancha*. En este relato herético, Cristo está muriendo en la cruz. De pronto, Satán se encarama en la parte superior del madero para explicarle que él es todo lo que invita al hombre y a la naturaleza a la vida: "Yo soy la Carne, que yo soy el Deseo, que yo soy la pasión, que yo soy la curiosidad, que yo soy todas las energías y estímulos de la naturaleza viva" (Palma 2006: 235)

Luego le explica que la doctrina cristiana es de muerte. En el momento en el que Cristo rememora su pacto con Dios, a la vez el maligno le muestra las consecuencias sangrientas del cristianismo:

> Seguían después infinidad de perfidias, de luchas, de persecuciones y controversias entre los que creían entender su hermosa doctrina y los que no la entendían. Y vio transportarse a Roma, la Eterna Ciudad, el núcleo de los adeptos a la Buena Nueva. Y vio una larga serie de ciudades irredentas, las que, a pesar de que ostentaban elevadas al cielo las agujas de mil catedrales, eran hervidero de los vicios más infames y de las pasiones más bajas. [...] Y vio abadías que parecían colonias de Gomorra y vio fiestas religiosas que parecían saturnales. Y guerras, matanzas y asesinatos que se hacían en su nombre, en nombre de la paz, del amor al prójimo, de la piedad, de esa piedad infinita, que le llevó al sacrificio. (Palma 2006: 237)

Cuando Jesús ve despedir el siglo XIX, observa a Quijote; no obstante, la visión es confusa: "Vio la silueta extraña de un individuo escuálido, armado de lanza y escudo y cabalgando en macilento caballo... ¿Era el ángel de la muerte que describiría Juan en el Apocalipsis?" (Palma 2006: 238).

Luego Satán, burlonamente, pronuncia:

> He aquí, Maestro, que además de los Evangelios que escribirán Mateo, Marcos, Lucas y Juan, se escribirá dentro de diez y seis siglos otro que comenzará así: "En un lugar de la Mancha, de cuyo nombre

no quiero acordarme, no ha mucho tiempo que vivía un hidalgo de los de lanza en astillero, adarga antigua, rocín flaco y galgo corredor"... Pero Jesús ya había muerto. (Palma 2006: 238)

Existen dos textos que analizan con suficiencia este relato palmeano. El primero es el de Nancy Kason, quien, en *Breaking Traditions, The Fictions of Clemente Palma* (1988), califica el relato como herético y muy propio de los cambios dramáticos que vive el mundo occidental debido a los avances científicos y tecnológicos, así como a las nuevas doctrinas filosóficas que apuestan por el escepticismo. Para la estudiosa norteamericana, el narrador heterodiegético, al comparar los evangelios con el inicio de *Don Quijote de la Mancha*, reduce la Biblia a literatura, aunque, claro está, el texto sagrado cristiano es observado como un texto literario magistral, tal como lo es la obra cervantina por antonomasia.

Gabriela Mora, en su estudio ya citado sobre Palma, juzga que el texto es una "especie de parábola que enseña la inerradicable existencia del mal" (Mora 2000: 70). Mientras el diablo es fuerte y dinámico, Cristo es sufriente y agonizante. El diablo, de acuerdo a la estudiosa chilena, enuncia varios principios decadentistas y algunas ideas de Nietzsche y Huysmans.

Sobre la presencia de Quijote en el relato, Mora señala que "El quinto Evangelio" se refiere a una de las últimas escenas del relato, en que Cristo ve la silueta de don Quijote. El diablo insinúa que "el libro de Cervantes será otro evangelio junto a los de Mateo, Marcos, Lucas y Juan" (Mora 2000: 70) Mora indica que esta escena es innecesaria porque disminuye el efecto de la atmósfera creada. Discrepa de Kason, pues cree que "la herejía de poner en un mismo plano de ficción a los textos bíblicos [...] a mi juicio es de menor peso que las diatribas dirigidas a Jesús" (Mora 2000: 70).

Mora y Kason están de acuerdo en que Palma, llevado por el espíritu decadentista, juzga que la presencia de la figura de Quijote y la cita del inicio de la novela guardan una intención clara: declarar la Biblia como un texto literario. No obstante, el narrador heterodiegético no toma un personaje de un texto de Virgilio, de Shakespeare, de Flaubert o de Tolstoi, sino uno de Cervantes para enunciar su socarrón quinto Evangelio. ¿Es esto un hecho casual? Desde nuestra perspectiva, esto ocurre por dos razones claras: primero, porque España siempre ha estado relacionada con la defensa del cristianismo y en el cuento esta religión es una causa perdida, un motor de violencia y sangre, un ideal de un loco visionario: Jesús y sus discípulos son tristes símiles de Quijote, una parodia de la debilidad y la demencia. El personaje cervantino actúa como analogía del hijo de Dios, un personaje extravagante, ciego y loco, aunque más propio de la literatura que de la vida misma. En segundo lugar, Palma logra de esta forma resemantizar el texto cervantino al colocarlo como una novela que expresa el idealismo ingenuo y está inmersa en la decadencia occidental, en los desfasados textos bíblicos, que el diablo le presenta al Cristo agonizante en la cruz. Con ambas operaciones, el texto hispanista clásico pierde legitimidad y suficiencia como paradigma literario. Expuesta esta estrategia, el modernismo palmeano busca distanciarse del hispanismo para abrirse un nuevo camino, crear un nuevo tipo de lector, buscar una relación tensa y dialéctica con la burguesía, abrir nuevos vínculos morales y proponer la secularización como uno de los caminos propios de la modernidad literaria peruana.

Bibliografía

Burga, Manuel y Flores Galindo, Alberto (1979): *Apogeo y crisis de la república aristocrática*. Lima: Rikchay Perú.

Cervantes, Miguel de (2008): *Don Quijote de la Mancha*. Edición de Francisco Rico. Lima: Punto de Lectura.

Cornejo Polar, Antonio (1983): "La literatura peruana: Totalidad contradictoria". En: *Revista de Crítica Literaria Latinoamericana* 18. Lima/Berkeley: Centro de Estudios Literarios Antonio Cornejo Polar.

Darío, Rubén (1952): *Los raros*. Buenos Aires: Espasa-Calpe.

Delgado, Washington (1980): *Historia de la literatura republicana*. Lima: Rikchay Perú.

Espinoza Espinoza, Esther (2012): *Fuegos fatuos. Las crónicas de Abraham Valdelomar*. Lima: CEP.

García-Bedoya Maguiña, Carlos (2012): *Indagaciones heterogéneas: estudios sobre literatura y cultura*. Lima: Pakarina Ediciones.

García Calderón, Ventura (1910): *Del romanticismo al modernismo: prosistas y poetas peruanos*. Paris: Ollendorff.

González Vigil, Ricardo (1992): *El cuento peruano hasta 1919*, vol. 2. Lima: Ediciones Copé.

IGLESIAS, Claudio (2007): *Antología del decadentismo, perversión, neurastenia y anarquía en Francia 1880-1900*. Buenos Aires: Caja Negra Editora.

KASON, Nancy M. (1988): *Breaking Traditions. The Fictions of Clemente Palma*. Lewisburg: Bucknell University Press.

MORA, Gabriela (1996): *El cuento modernista hispanoamericano: Manuel Gutiérrez Nájera, Rubén Darío, Leopoldo Lugones, Manuel Díaz Rodríguez y Clemente Palma*. Lima/Berkeley: Ann Arbor y Latinoamericana Editores.

—— (2000): *Clemente Palma, el modernismo en su versión decadente y gótica*. Lima: IEP.

PALMA, Clemente (1895): *Excursión literaria*. Lima: Imprenta de El Comercio.

—— (1897): *Filosofía y arte*. Tesis de doctorado en la Facultad de Letras. Lima: Imp. Torres Aguirre.

—— (2006): *Narrativa Completa* (2 tomos). Edición de Ricardo Sumalavia. Lima: PUCP.

PUPO-WALKER, Enrique (1993): "El cuento modernista: Su evolución y características". En: Iñigo Madrigal, Luis (coord.): *Historia de la literatura hispanoamericana* (Tomo II). *Del Neoclasicismo al modernismo*. Madrid: Cátedra.

RIVA-AGÜERO, José de la (1962): *Carácter de la literatura del Perú independiente*. Lima: PUCP.

ROTKER, Susana (2005): *La invención de la crónica*. Ciudad de México: Fondo de Cultura Económica.

VALERO, Eva M.ª (ed.) (s. f.): *El Quijote en el Perú*. En: <http://www.cvc.cervantes.es/Literatura/quijote_america/peru/default.htm> (28/12/2015).

ZAVALETA, Carlos Eduardo (2009): "Cervantes en el Perú". En: *Boletín de la Academia Peruana de la Lengua 47*, 111-124.

4. Pasión por la influencia. El Siglo de Oro en la poesía de la generación del 50

Nazaret Solís Mendoza
Universidad de Navarra

El retorno voluntario a la estética del Siglo de Oro español fue un fenómeno que desbordó los intereses literarios y socioculturales del Perú, ubicándose en el seno mismo de los debates alrededor de la heteróclita y compleja identidad nacional. Además, los desequilibrios sociales y económicos, principalmente, la migración del campo a la ciudad, trajeron consigo extremados conflictos entre los componentes de la sociedad peruana —formación de barriadas, delincuencia, discriminación...— y una febril añoranza por el pasado colonial, asumido como un momento maravilloso que contrastaba frente a lo horrible del estado actual. Este renovado espíritu criollista de mediados del siglo xx promovió, a su vez, la predilección por la cultura y la literatura hispanas,[1] consideradas superiores, signo de educación

---

[1] La guerra civil española también favoreció la empatía hacia España. La labor poética de los peruanos durante estos años se reunió en dos antologías: *Presencia y actitud de nuestros poetas* (1950) y *¡España inmortal! (Homenaje de los poetas peruanos al pueblo español)* (1961).

e inteligencia (Dijk 2003: 186-187); imagen contrapuesta a la de los indios, considerados borrachos, perezosos, ladrones y mentirosos, ajenos al progreso económico, cultural y social (Nagy 1989: 61).

En este contexto, los integrantes de la generación del 50 discutieron alrededor de la instrumentalización o no de la poesía —lo que la crítica ha dividido entre poesía social y poesía pura— y de la forma de lograr una literatura de calidad universal y, a la vez, que mostrara al Perú en toda su complejidad y heterogeneidad, así como los conflictos sociales y las propuestas de solución. En esta generación, la cultura hispánica no fue la respuesta definitiva sobre la identidad; con mejor fortuna, se convirtió en una de las líneas de pensamiento complementaria en favor del renovado vigor que tuvo la concepción del Perú como un país multicultural y multiétnico. Lo hispano, lo indígena/andino y lo negro fueron adquiriendo un papel predominante en esta cosmopolita identidad peruana. Ya no se trataba de mostrar y demostrar cuál de estos elementos era superior o auténticamente peruano, sino de buscar una postura que conciliara y, al mismo tiempo, que superara cualquier visión parcial, segmentaria o maniquea.

Como parte de esta aceptación, la generación del 50 refuerza[2] la idea de ser heredera de una brillante tradición literaria que se cimienta tanto en la poética española como en la peruana: Quevedo, Cervantes, Góngora, Lope... por un lado; el Inca Garcilaso, Vallejo, Valdelomar, Eguren... por el otro, son los maestros a seguir. La pluralidad de estéticas y la excelencia literaria sobre las que toman sus referencias los obligó a indagar constantemente nuevos y plurales caminos de excelsitud poética, no con afán iconoclasta o juvenil rebeldía, sino como un "continuismo renovador" (Payán 2007: 50), actitud que se convirtió en un homenaje de gratitud y respeto hacia los grandes maestros de las letras hispanoamericanas.

---

2   La fascinación por la poesía áurea no estaba del todo extinta. Dos hechos así lo confirman: primero, el casi exclusivo tratamiento que los profesores de colegio y universidad le otorgaban a la poesía áurea, puesto que se consideraba como el periodo más clásico de las letras hispanoamericanas (Moraña 1994: 51). Segundo, José Carlos Mariátegui negaba la existencia de una literatura peruana, pues esta no había logrado desligarse de la española y, por ende, seguía siendo su deudora: "En todo caso, si no española, hay que llamarla por luengos años, literatura colonial" (2007: 199). También, debemos dejar muy en claro que la generación del 27 fue un cauce relevante por el que se renovó y fortaleció el interés de los peruanos por los poetas barrocos.

Sin embargo, a través del examen de las confluencias intertextuales, temáticas, de pensamiento, etc., hemos constatado que, por encima de todos los diversos modos, la poética áurea fue integrada por la generación del cincuenta de tres formas principales: mediante una recreación amplificativa, una recreación completiva y una recreación exegética, cada una de ellas ejemplificada por los poetas aquí estudiados. Además, hemos corroborado que estas relaciones se amplían o desarrollan en la obra de otros autores, como Blanca Varela, Wáshington Delgado o Leopoldo Chariarse. Estamos seguros de que nuestra propuesta puede servir de punto de apoyo al momento de estudiar la influencia hispana en la poesía de otros miembros de esta generación.

San Juan de la Cruz en la poesía de Jorge Eduardo Eielson[3]

El poemario *Noche oscura del cuerpo* (1955), de Eielson, toma como base el título del conocido poema sanjuanista "Noche oscura del alma". La no tan pequeña diferencia, que radica en la sustitución del complemento *del alma* por *del cuerpo*, nos sugiere una relación intertextual de dirección y de contraste, que va más allá de la oposición entre inmaterialidad y materialidad. Asimismo, Eielson introduce como epígrafe unas coplas del santo español: "Era cosa tan secreta / que me quedé balbuciendo, / toda ciencia trascendiendo" (vv. 15-17). Estos versos articulan una doble relación, tanto de representatividad como de declaratoria de intenciones: se ubican como guía de lectura desde la cual comprender el poemario eielsoniano y, también, anticipan las acciones de una búsqueda trascendental.

Con el amparo de ambos elementos paratextuales, título y epígrafe, pretendemos identificar la dirección del encuentro con lo trascendental-oculto y la naturaleza del encuentro mismo, bajo las claves de la poesía sanjuanista. Asimismo, debemos dar noticias sobre la presencia de los elementos constitutivos de la poesía mística[4] y

---

3 Jorge Eduardo Eielson (Lima, 13 de abril de 1924-Milán, 8 de marzo de 2006). Algunos de sus poemarios son: *Poesía escrita* (1976, 1989 y 1998), *Noche oscura del cuerpo* (1955), *Sin título* (2000), *Celebración* (2001), *De materia verbalis* (2002) y *Nudos* (2002).

4 Estos elementos son: a) el amor abrasador del alma por Dios, b) los símbolos son la noche oscura y la unión matrimonial y c) el estilo paradójico-evocativo,

del camino místico (preparación, iluminación, unión)[5] de san Juan a lo largo de los catorce poemas que conformar *Noche oscura del cuerpo*. En caso contrario, verificar y resaltar las variantes introducidas por el poeta peruano.[6]

En el poema inaugural, "Cuerpo anterior", el ente luminoso-celestial se lleva a los padres y despoja al hijo de tres facultades: "El arco iris se los lleva nuevamente / como se lleva mi pensamiento / mi juventud y mis anteojos" (vv. 12-14). Con su acción violenta sobre la pasividad del hijo, este ha sido incluido en una primera noche, la física o corporal: "El cerebro en la sombra y riñones / Hígado intestinos y hasta los mismos labios / La nariz y las orejas se oscurecen" ("Cuerpo melancólico", vv. 4-6). Esta situación lo obliga a salir de sí mismo —acción similar a la salida de la amada desde la "casa sosegada", en san Juan— en busca de la claridad, de la luz que le permita ver. Para ello, realiza un viaje de introspección a través de su propio cuerpo —que se convierte en el mismo camino—, en busca de esa "cosa tan secreta" que se oculta en el centro corporal: "Tropezando con mis brazos / Mi nariz y mis orejas sigo adelante" ("Cuerpo en exilio", vv. 1-2). Previamente, el cuerpo debe purgarse de aquella "antigua enfermedad violeta / cuyo nombre es melancolía" ("Cuerpo melancólico", vv. 10-11). Es decir, el cuerpo debe satisfacer las ansias o la añoranza por la ausencia del ser o ente querido. Esta enfermedad violeta materializaría el estado de la amada sanjuanista, quien "con ansias, en amores inflamada" (v. 2) sale en busca de su Amado.

Mediante el doloroso autosacrificio en "Cuerpo mutilado", "como si fuera un ciervo / un animal acorralado y sin caricias" (vv. 11-12), y el abandono total que se realiza en "Cuerpo en exilio", "Vivo de

---

que emplea imágenes concretas, imitaciones rítmicas, musicales y sintácticas (Hatzfeld 1968: 349-373).

5   Las características generales de estas fases, que podemos observar también en los poemas de Eielson, son: inefabilidad, pues la experiencia no puede ser comunicada a los demás; dimensión noética, el sujeto experimenta la verdad o el conocimiento en sí mismo; transitoriedad, el estado místico no dura mucho tiempo; pasividad, o disposición de la voluntad del sujeto para ser sometido por la experiencia, y, finalmente, carácter holístico, por el que se obtiene conciencia de unidad de todo y la experiencia afecta a la totalidad del sujeto (Martín 1999: 319-356).

6   En otro ensayo, hemos profundizado en cinco claves para entender la poesía mística de Jorge Eduardo Eielson (Solís 2014).

espaldas a los astros" (v. 8), el cuerpo se despoja de cualquier impe-
dimento y se reconcilia consigo mismo. El hallazgo trascendental es,
en este punto, el reconocimiento de la corporalidad: "Miro mi sexo
con ternura / Toco la punta de mi cuerpo enamorado" ("Cuerpo enamorado", vv. 1-14).

Una vez que el camino preparatorio ha sido debidamente recorrido, la luz convierte al cuerpo en materia "que brilla brilla brilla"
("Cuerpo transparente", v. 14). Esta autoiluminación lo guiará en su
camino y búsqueda, situación similar a los versos de san Juan: "Sin
otra luz ni guía, / sino la que en el corazón ardía" (vv. 14-15). Para
este encuentro, el cuerpo se ha engalanado debidamente, vistiendo
"saco y pantalón planchado", y se halla buscando a alguien en los
"hoteles amarillos" ("Cuerpo transparente", vv. 10 y 11), versos que
parecen ampliar el estado de disponibilidad en san Juan de la Cruz,
momentos en que la amada se emperifolla espiritualmente para el
encuentro en aquel lugar "adonde me esperaba / quien yo bien me
sabía" (vv. 18-19).

A continuación, en el poema central, "Cuerpo secreto", hace su
aparición un elemento de vital importancia: las luces. En este punto
estamos casi a la misma altura del encuentro del alma de Juan de la
Cruz con su Amado: los hablantes líricos —femenino en san Juan,
masculino en Eielson— aceptan el conocimiento y la verdad y se
dejan invadir totalmente por ellos; se transita de la oscuridad a la iluminación, del descenso por la noche corporal al ascenso iluminativo,
de los bordes materiales al desbordamiento o unión con el todo. La
epifanía concluye con la visión de la muchacha dormida en el vientre
animal: "Todo está lleno de luces el laberinto / Es una construcción
de carne y hueso / un animal amurallado bajo el cielo / En cuyo
vientre duerme una muchacha[7] / Con una flecha de oro / En el ombligo" (vv. 10-15).[8]

---

7   Franz explica que en los sueños más profundos del varón suele aparecer una
    imagen femenina, que personifica las tendencias proféticas, la felicidad, el
    amor personal, lo irracional, etc. (1969: 177). Por su lado, Jaffé afirma que
    el motivo del animal suele simbolizar la naturaleza primitiva e instintiva del
    hombre, naturaleza que, en algunas culturas, ha de sacrificarse en aras de la
    fertilidad o incluso de la creación (1969: 237).
8   El encuentro con esta curiosa imagen femenina también está rodeado de claros
    elementos sanjuanistas: las flechas se hallan en "Cántico espiritual": "Las fle-
    chas que recibes / de lo que del Amado en ti concibes" (vv. 39-40). El centro

Como imagen metapoética, el cuerpo mismo es esa "cosa tan secreta" que se anunciaba en el epígrafe sanjuanista. Es un mágico misterio que se revela ya no como una posibilidad de unidad e iluminación, sino como una actualidad. En el primer movimiento de descenso corporal, el cuerpo eielsoniano se ha encontrado, inmerso en las sombras de un fondo visceral en calma, consigo mismo. Esta imagen femenina ha conducido hacia el más profundo autoconocimiento (dimensión noética del encuentro). A partir de ahí, el cuerpo realiza un movimiento ascendente que le permite entrar en comunicación con el todo, con los demás, con el universo: "No tengo límites / Mi piel es una puerta abierta / Y mi cerebro una casa vacía" ("Cuerpo multiplicado", vv. 1-3). En estos últimos instantes del camino unitivo, el cuerpo adquiere un carácter holístico: "Soy uno solo como todos y como todos / Soy uno solo" ("Cuerpo multiplicado", vv. 23-24), un único ente brillante preparado para regresar a la primera fuente: "Los intestinos vuelven al abismo azul / En donde yacen los caballos / Y el tambor de nuestra infancia" ("Último cuerpo", vv. 11-13).

En "Último cuerpo" se nos revela el verdadero matrimonio cósmico y universal en sentido eielsoniano, un abrazo más amplio que el de la unión con Dios en san Juan. El momento del reposo y de la seguridad total llega de la mano de ese encuentro unitivo: "Cuando el momento llega y llega / Cada día el momento de sentarse humildemente / A defecar y una parte inútil de nosotros / Vuelve a la tierra / Todo parece más sencillo y más cercano" (vv. 1-5). El éxtasis final es del cuerpo y de los cuerpos que en él se multiplican. No se trata de una experiencia en solitario, al contrario, es un fraternal hallazgo que deriva en un final feliz para todos —nótese el uso del pronombre *nosotros*— que se condensa en un solo verso: "Y ya no duelen sino brillan simplemente" (v. 10). Además, en el aprovechamiento del espacio en blanco justo antes de rematar la defecación, Eielson ha dado cumplimiento a lo que en el epígrafe se nos anticipaba. En efecto, estas pausas intraversales del primer y tercer verso parecen haber sido elaboradas con la sugerente sonoridad de un balbuceo (estilo paradójico-evocativo), que se asemeja

---

como lugar de la unión —en Eielson, el ombligo— aparece en "Llama de amor viva": "¡Oh llama de amor viva, / que tiernamente hieres / de mi alma en el más profundo centro!" (vv. 1-3).

a la retención en el esfínter y que demora en la palabra —inefabilidad— la expresión de aquella síntesis del encuentro que significa la materia fecal.

En *Noche oscura del cuerpo*, la anagnórisis final se otorga por gracia de un acto aparentemente intrascendental, pero que nos purifica y nos une con la tierra: la defecación. El hablante lírico eielsoniano ha encontrado un punto de apoyo y de trascendencia sin necesidad de despojarse del cuerpo, antes bien, este elemento material le ha permitido acercarse un poco más al secreto del ser, logrando enlazar todo ello con el universo a través de una transformadora conjunción, cuya comprensión —al igual que el epígrafe de san Juan— trasciende toda ciencia.

Este recorrido y puesta en consonancia con el poema sanjuanista nos ha develado lo que el título y el epígrafe anticipaban: "Noche oscura del alma" es el hipotexto, la base estructural y simbólica de *Noche oscura del cuerpo*. Ambos poemarios conformarían un *continuum*, complementos de un mismo proceso indagatorio: la noche oscura del alma, en el carmelita, es una noche oscura del cuerpo, en Eielson; la amada y el Amado en san Juan son el cuerpo y el universo en el peruano; el viaje del alma se transforma en un viaje del cuerpo, donde cada etapa —preparación, iluminación y unión— está delimitada por tres poemas centrales: "Cuerpo anterior", "Cuerpo secreto" y "Último cuerpo".

Luis de Góngora en la poesía de Carlos Germán Belli[9]

En *Soledades* (1613), el peregrino de Góngora se enrumba en un viaje de redención personal. Sin embargo, sus deseos se modifican a causa de un violento naufragio. De la seguridad de un viaje planificado, sobre las aguas, se ha pasado bruscamente a la inseguridad de un terrenal y poco conocido mundo que, bajo la mirada cortesana, le hará reconsiderar toda la anterior vida de la ciudad y la verdad

---

9   Carlos Germán Belli de la Torre (Lima, 15 de setiembre de 1927). Algunos de
    sus poemarios son: *Poemas* (1959), *¡Oh Hada Cibernética!* (1961), *El pie sobre el cuello*
    (1964), *Sextinas y otros poemas* (1970), *En alabanza del bolo alimenticio* (1979), *¡Salve,*
    Spes! (2000) y *Los dioses domésticos y otras páginas* (2012).

oculta detrás de la gloria de la Corte. Este cambio de orden espacial conlleva también un cambio de orden personal: el inicial peregrino de amor sufre una crisis moral y se transforma en una persona melancólica y nostálgica. Todos estos cambios físicos y espirituales también reflejan la complejidad de matices y sentidos de la palabra *soledad* en Góngora, término extensamente debatido que debe entenderse, primeramente, en sentido geográfico y, secundariamente, como el momento personal del poeta-peregrino, que sufre de melancolía ante la ausencia de la persona amada (Jammes 1994: 59-65). Nosotros estimamos conveniente añadir el carácter metaliterario de la soledad, o sea, como metáfora del difícil y, por entonces, único estilo poético de Góngora.

Esta interpretación tripartita se correspondería con los tres tipos de soledad que hemos identificado en *¡Oh Hada Cibernética!* (1961), de Belli: la primera es una *soledad topográfica*, magistralmente representada por la Bética no bella, un claustrofóbico valle que aísla y desprecia al hombre-poeta hasta degradarlo en un flamante ser fetal que vive constantemente una compleja *soledad existencial* y que anhela la presencia liberadora del Hada Cibernética, símbolo de una tercera soledad, la de la *creación poética belliana*, que se presenta ante nuestra mirada como híbrida, confusa, única.

Desde una perspectiva simbólico-cristiana, podemos interpretar el naufragio gongorino como parte de un ritual de renacimiento, donde el mar se consagra como el espacio o claustro materno —*mater genitrix*— de cuyo vientre nace dolorosamente un nuevo ser. Esta redención personal conllevará un proceso de cambio sicológico, cuyo principal efecto será la adquisición de una *nueva mirada* sobre la conducta social. Esta renovada visión favorece el descubrimiento de los *otros*, de una forma de vida ignota y sencilla, alejada de la historia oficial y de los centros de poder —*beatus ille*—. Esta soledad geográfica se va descubriendo ante su trastocada mirada con mejores cualidades —*locus amoenus*— de las que observaba en aquella civilización ya fagocitada por la ambición, la adulación, la mentira y la soberbia ("Soledad primera", vv. 108-116).

En sentido contrario, *¡Oh Hada Cibernética!* se inaugura con "Por qué me han mudado", un poema que condensa *ab ovo* el ritmo doloroso y las intenciones redentoristas de todo el poemario; una interrogación personal que anhela desesperadamente una respuesta ante lo absurdo y lo confuso del estado actual —*non beatus ille*— hacia donde el hablante lírico nunca pidió que lo trajeran —*locus horri-dus*—. Desde los primeros momentos, el poema se revela como un mísero gemido afín al lamento del náufrago de Góngora, con una diferencia importante: si en *Soledades* es el mar, las ondas y el viento quienes reciben el lamento, en el poemario de Belli, el primer llanto se pierde en el vacío generado por el rechazo y desdén de los seres dominantes. El trauma del nacimiento convierte el peregrino acto de vivir en una intensa y solitaria angustia vital: "¿Por qué me han mudado / del claustro materno / al claustro terreno, / en vez de desovarme / en agua o aire o fuego?" (vv. 1-5). Como es posible observar, en este primer poema aparecen definidos los dos espacios físicos que, en todo el poemario, serán sometidos a una incesante y lastimera comparación: la soledad del luminoso claustro materno, en cuyo interior vivía seguro y feliz, será dolorosamente reempla-zada —sin justificante alguno— por la soledad del albergue arisco, una *realidad espantosa* más amplia, una distopía donde lo irracional y el sinsentido se unen al reinado de la injusticia sobre los otros, los desiguales. En esta *soledad confusa*, la voz lírica afrontará un ascético camino para descubrir un sentido a su mudanza, que dé respuesta a ese "¿por qué?", y, así, sobrellevar la agobiante *soledad existencial*.

El principal nexo de ambos poemarios es lo que hemos deno-minado *nostalgia de espacio*, desde la visión de los desplazados: en opo-sición a la esperanzadora soledad del campo gongorina, el espacio físico sobre el que ha sido arrojado el peregrino belliano es la so-ledad de una Bética carente de belleza; un valle de heces que reúne seres tan disímiles como zagales, ciervos, vientos y, también, bajos salarios del Perú, bolos alimenticios, crudos negocios... Dentro de este funesto panorama, la vida del peregrino de Belli se desenvolve-rá de manera trágica, en un autosacrificio perenne que alimentará la añoranza de la seguridad materna y que le arrojará suplicantemente a los brazos de la diosa máquina en pos de su acción milagrosa. De esta suerte, la *soledad topográfica* se constituirá en el vehículo adecuado para la materialización de la *soledad existencial*, unidad indisoluble que llevará al sufrido peregrino a autoproclamarse el jefe principal o, usando el estilo gongorino, el "gerifalte del yermo" ("Del azar", v. 6). Esta inseparabilidad entre la estructura social y el fondo anímico personal convierte los versos de ¡*Oh Hada Cibernética*! en los pasos do-lientes de un hombre sumido en la más absoluta soledad confusa, tanto física como espiritual: "Bien que para muchos es tanto cielo,

/ cuanto para mí infierno, / quedo allí y a cada paso dejando, / por quítame esas pajas, / mi piel sí y aun mis huesos y aun mis tuétanos." ("Bien que para muchos", vv. 1-5).

En este *valle de heces*, el Hada Cibernética prefigura el simbolismo de un mundo mágico, de existencia irreal donde todo es posible. Por lo tanto, en sus manos se halla la salvación o, cuanto menos, la anestesia ante el dolor vital. La *máquina diosa* es la transfiguración de aquella felicidad prenatal, el símbolo religioso que ayudará al retorno de los orígenes y a la utopía del *locus amoenus*, a la seguridad y al amor del vientre materno. Ella también es la respuesta al mísero pedido de libertad de un hombre que jamás ha dejado de ser un niño asustado ante el difícil e incomprensible mundo: "¡Oh Hada Cibernética!, ya líbranos / con tu eléctrico seso y casto antídoto, / de los oficios hórridos humanos" ("¡Oh Hada Cibernética!", vv. 1-3). Sin embargo, esta diosa es cibernética, mecánica y, por ende, sin emociones que le susciten la piedad ante el clamoroso ruego. Al final del poemario, la salvación y el consuelo nunca llegan. La diosa creada por Belli lo único que logra es intensificar la soledad vital del peregrino hasta alcanzar límites existenciales. Al confirmarse el sinsentido de la vida, el mísero lamento de Belli se torna aún más infinito que el del peregrino de Góngora, hasta perderse en medio de esta hondísima soledad. El peregrino de Belli se consagra como la imagen por excelencia del desgarro y la desdicha.

Ante este feroz panorama, *¡Oh Hada Cibernética!* se hace responsable del lenguaje anticuado y amanerado y de la métrica dudosa que reflejan, a simple vista, una crisis de la forma que está buscando su forma, una sed poética que se transforma en un *sediento plagio* como recurso de autosatisfacción en medio de una modernidad que exige al poeta una creación casi *ex nihilo* y una constante renovación estética. El estilo de Belli ha sido calificado como híbrido, extraño, disonante, y se le ha criticado la recurrencia a los mismos símbolos, temas, etc., y el poco carácter innovador de su obra.[10] Estos *defectos* nosotros los interpretamos, a la luz del examen del poemario en cuestión, como una profundísima resistencia y una solitaria rebelión desde el acto creador y liberador de la palabra hacia la incom-

---

10 Olga Espejo ha elaborado un breve inventario de las variadas opiniones especializadas, tanto del Perú como del ámbito internacional, acerca de la obra poética de Belli (1996: 545-548).

prensión de los "oficios hórridos humanos" y el absurdo mandato "de los amos no ingas", representantes de un *establishment* —social y poético— que se atribuye el suficiente poder para seleccionar a unos y segregar a otros. A su vez, creemos que el lenguaje poético barroco y mixto de Belli también funciona como una máscara estética que le ayuda a enfrentarse en el contemporáneo sistema bético.

En efecto, en cuanto a la forma y la estructura, el poemario se convierte en punto de tensión entre la arcádica tradición y la modernidad envilecida. Ese estilo híbrido es una vuelta al pasado áureo, el mismo que se vislumbra con fuerza desde el léxico hasta completarse con la sintaxis embebida, sobre todo, de hipérboles.[11] La métrica, que parece estar sometida dentro de los límites del heptasílabo y el endecasílabo, repentinamente se libera al hacer acto de presencia versos de ocho y doce sílabas, como en el poema "Ni por una sola vez", elaborado según el estilo de Pedro de Quirós, o balbuceantes líneas de dos o tres sílabas, como en "Qué hago con este aposento". Ambos poemas se tornan breves, carentes de un número preciso de versos, sin rima aparente, con ritmo cambiante… una lucha íntima por asir esa forma exclusivamente belliana, como lo fue el estilo de Góngora. Empero, a pesar de sentirse "hidrópico de todo", la dificultad por hallar la palabra y la expresión adecuadas no encuentra rival ante su disminuida inteligencia y el tamaño de su seso, que, como él mismo lo confiesa, es un grano de arena. En consecuencia, la *retórica del plagio* no debe entenderse separada de esa desconfianza en su capacidad escritural, puesto que la poética de Belli no se comprende separada de la existencia en el negativo *claustro terreno*. El estilo belliano nace y se alimenta de la Bética no bella. En ese sentido, todo el poemario es, *mutatis mutandis*, la expresión trunca de una vida desestructurada, la voz y el pensamiento oculto de los sin voz.

Belli, el más áureo de los poetas peruanos, ha sabido aprovechar el espíritu de *Soledades* para expresar las desdichas de un hombre y la crítica a una sociedad alienante, pero, por sobre todo ello, para reclamar por el sentido de la existencia, por el hombre particular, por la humanidad en general y por un peregrinaje que debe acabar.

---

11 En otro ensayo, hemos analizado el lenguaje poético de Carlos Germán Belli (Solís 2012).

Francisco de Quevedo en la poesía de Javier Sologuren[12]

En *Vida continua* (1999), de Sologuren, la voz poética no dudó en autodefinirse como "soy un devenir" ("Sol blanco", v. 34) y aceptó ser un "rostro hecho de claridad y de tristeza" ("Las hojas entreabiertas", v. 10). No obstante, también reclamó para el *homo viator* la existencia misma como remedio capaz de calmar esa angustia metafísica. Frente a la tenebrosa afirmación quevediana de nuestra muerte continua, *quotidie morimur*, cual "presentes sucesiones de difunto" ("¡Ah de la vida!", v. 14), Sologuren enarboló el infatigable aliento de la vida continua. El peruano dio a conocer al mundo el íntimo y universal hallazgo de lo que hemos denominado *quotidie vivimur*: "Sepan que estoy viviendo" ("Árbol que eres...", v. 10). A su vez, el poeta hizo partícipe a su propia estética, convirtiéndola en un *continuum* expresivo de ese *continuum* vital. Aquí, el influjo de la poética de Quevedo se revela, sobre todo, en la primacía de la vivencia del tiempo, donde la identificación de la vida con la muerte conllevará la dolencia del vivir. Si bien, en el fondo, la poesía quevediana es un canto a la vida y a su mejor disfrute, tanto el oxímoron "estar muriendo" como la angustia vital se erigen en centros críticos desde donde se irradiarán las consecuencias éticas de sus poemas: "Vivir es caminar breve jornada, / y muerte viva es, Lico, nuestra vida" ("Vivir es caminar breve jornada", vv. 1-2). Asimismo, al considerar el cuerpo como sepulcro o cárcel del alma y, *post mortem*, la corrupción del primero y la supervivencia de la segunda, él aconsejaba no desaprovechar nuestros días en ambicionar las materialidades propias del cuerpo. En cambio, el ser humano debía preocuparse por alcanzar bienes provechosos para el alma, que, según el vate español, era lo auténticamente valioso en el transcurso del oxímoron vida-muerte (Quevedo 1969: 32).

---

12 Javier Sologuren Román (Lima, 19 de enero de 1921-Lima, 21 de mayo de 2004). Su concepción del arte poético como un ente en movimiento ha provocado que *Vida continua* sea varias veces reeditado (1966, 1971 y 1989). Este mismo poemario dio forma a las selecciones antológicas de 1979, 1981, 1992 y 1999. Otras obras poéticas suyas son: *Folios del enamorado y la muerte* (1988), *Un trino en la ventana vacía* (1992) y *Hojas del herbolario* (1992). Su labor ensayística y de traducción ha sido reunida en: *Gravitaciones & Tangencias* (1988), *Las uvas del racimo* (1975 y 1989) y *El rumor del origen* (1993).

En los versos de Sologuren también se trasluce esta actitud neo-platónica hacia la existencia, un "estar viviendo" del alma en el cuerpo, cuya relación es signada por la positiva esperanza de que algo, el alma o la conciencia, pueda sobrevivir ante la sombra de la muerte. Efectivamente, el cuerpo se percibe como centro principal del paso del tiempo. Este es el "cuerpo que huye" ("La visita del mar", v. 1), que pareciera haber reescrito el "Huye sin percibirse, lento, el día" (v. 1) de Quevedo. Sologuren escribió una poética del cuerpo como alguna vez lo hizo el afamado poeta español, puesto que ambos aman la vida no como un ente abstracto, sino, al contrario, en su más dolorosa y exaltante concreción. A modo de ejemplo, los versos de "Sol blanco" plantean una doble imagen funcional del cuerpo que lo asemeja tanto a una limitante cárcel, por el verbo *cercar*, como a una amenaza, por el verbo *asediar*; ambos sentidos acarrean la huella de una culpa y un reproche a causa de la misma materialidad: "Me cerca mi cuerpo / me asedia mi cuerpo / estoy aquí y lejos por mi cuerpo" (vv. 40-42). Al final del poema se deja percibir un ligero tono de alivio ante la liberación que supone la muerte, perfecta en cuanto que iguala a los dos elementos continentes: "Mi cuerpo y el mundo / habrán de coincidir / en la perfección de la muerte" (vv. 65-67).

La aspiración por la no total extinción dará lugar a una incipiente esperanza, la misma que se distancia con aquel trágico nihilismo rezumante en la poética quevediana, ya que para el peruano "todo no ha de ser ceniza" ni "todo no ha de ser un viaje sin destino" ("No, todo no ha de ser", vv. 1 y 14). En esta actitud también se advierte cierto malestar hacia un entorno que se aparece confuso, multidimensional y desequilibrante ante su mirada, pero que justamente en medio de esa oscuridad se logra distinguir la futura claridad cognoscitiva a la que se llegará mediante un proceso con marcados ribetes místicos: "A poco oscuro mundo se esclarece / a extremo del misterio de este paso / y en esponjada luz pupila crece" ("Paso", vv. 9-11). Con estas pretensiones de asirse a un punto de apoyo en medio de la transitoriedad, la existencia se cristaliza con inabarcable vitalidad delante de su sosegada mirada y atenta sensibilidad: "Sepan que estoy viviendo, nubes, sepan que canto, / bajo la gloria confusa de la tarde, solitario" ("Árbol que eres…", vv. 10-11). Esta personalísima anagnórisis se comunica en un primer instante a un interlocutor no personal —las nubes y, en general, la naturaleza— que, al mismo tiempo, se convierte en el espejo de la misma conciencia descubridora, en una especie de eterno y universal reflejo.

Así, pues, tanto Quevedo como Sologuren poetizaron sus hallazgos vitales y sus respectivas actitudes sobre la cantera infinita que es la existencia terrena, con la ya anotada diferencia en la elección por la vida que hizo el peruano y la elección por la muerte que subrayó el español. Dentro de este principal eje, Sologuren discurrió sus reflexiones y su poética en torno a tres componentes esenciales: el tiempo, la transitoriedad de la vida y la inminencia de la muerte. Consecuentemente, el autor cultivará dos tipos de poesía: una *poética del movimiento*, en donde el verso quebrado y la palabra disgregada en el espacio del papel son la expresión de ese tiempo exterior que lo invade absolutamente todo; y el segundo tipo lo nombramos *poética del instante* o expresión de la vivencia del tiempo interior, donde las pretensiones de capturar el acontecer convierten la voz del poema en testigo de excepción del maravilloso "instante con su sabor sin tiempo" ("Oh amor asombroso", v. 12), le potencializan los sentidos y lo detienen para contemplar aquellos momentos en que el "espacio y tiempo apretaron sus mandíbulas" ("Recintos", Sologuren 1999: v. 15). En el siguiente texto, la instantánea de la sonrisa y de la flor acumula y materializa lo vaporoso del aire y la luz y lo incansable de sus movimientos: "Hallo la transparencia del aire en la sonrisa; hallo la flor que se desprende de la luz, que cae, que va cayendo, envolviéndose, cayendo por las rápidas pendientes del cielo al lado del blanco y agudo grito de los pájaros marinos" ("Hallo la transparencia...", Sologuren 1999: 37).

En la confluencia de ambas miradas, la ralentización del discurrir temporal pone en evidencia la realidad del oxímoron vida-muerte y la posibilidad de un nuevo sentido a la presencia final de la muerte, en cuanto que esta no se entiende sin su par o, en verso de Sologuren: "La muerte cada día comulga con la vida" ("Extremo", v. 13). La muerte está ahí, merodeando cada rincón de la existencia, en el día a día, volviéndonos siempre la mirada tensionada hacia el vacío: "El día es una / mecha humeante" ("Dos o tres experiencias de vacío", vv. 18-19). Ante la inevitabilidad de la confrontación entre los dos tiempos, Sologuren no acepta la angustia en el corazón o ese quevediano "recuerdo de la muerte" ("Miré los muros...", v. 14); lo que sí acepta es ejercer un último acto libérrimo, el acto de decidirse por la ilusión y el optimismo: "Qué batalla / entre el tiempo / y nuestro / oscuro / minuto / esperanzado" ("Frente a los dioses", vv. 1-6).

En esta doble consideración, la de la vida y la de la muerte, la poética de Sologuren se vuelve a unir a la de Quevedo, quien también alcanzó a vislumbrar la admirable conjunción del tiempo exterior y su presente tan lleno de pasado y de futuro. En medio de este *instante poético*, las horas van anunciando la llegada de la muerte, vencedora ante cualquier sujeto y objeto que pretenda oponérsele. Por ende, el hombre no es más que "presentes sucesiones de difunto", una larga acumulación de amargos instantes que avizoran esa última hora.

Si bien Sologuren no hace gala de evidentes confluencias intertextuales, sí supo insertar y desarrollar en su poesía los intereses centrales del Barroco español y se adhirió al magisterio de Quevedo. Ambos son un canto a la vida, una defensa a veces serena y otras veces desesperada de la existencia, pero siempre valiente, en cuanto que ella es aceptada con sus penas y glorias y en cuanto que a ellos les resulta impensable o indeseable tratar de huir. La misma actitud la hemos constatado en la placidez del "ya no duelen sino brillan simplemente" ("Último cuerpo", v. 10) de Eielson y en lo inquebrantable del "no cejaré, no, aunque no escriba / ni copule ni baile" ("En Bética no bella", vv. 13-14) de Belli. No sería arriesgado si la extendiéramos como una de las actitudes centrales de esta generación.

Eielson, Belli, Sologuren: tres poetas, tres vías

Eielson, Belli y Sologuren, miembros de la generación del 50, trabajaron inteligentemente el valioso material estético y espiritual de san Juan de la Cruz, Góngora y Quevedo —influencia nunca interrumpida en la historia literaria peruana— y lo refundieron en la nueva vida de sus poemarios. Según hemos observado, esta refundición se plasmó dentro de dos extremos posibles, en medio de los cuales las intertextualidades y otras confluencias se entrecruzan en tres grados distintos. En un extremo, el hipotexto áureo fue acogido casi literalmente por el hipertexto peruano, con ligeras variaciones que permitieron introducir el nuevo material y, con ello, mantener la tensión entre lo dicho por el texto base y el parentesco con el nuevo. Así lo hemos constatado al explicar los títulos de "Noche oscura del alma" con *Noche oscura del cuerpo*. También vale para explicar, por ejemplo, la presencia áurea en *Canto villano* (1972-1978), de Blanca Varela: "Porque ácido ribonucleico somos / pero ácido ribonucleico enamorado siempre" ("Monsieur Monod no sabe cantar", vv. 114-115).

En el otro extremo, el hipotexto tomado del Siglo de Oro fue totalmente recreado por la generación del 50, aunque estos mantuvieron algunos elementos centrales de la obra original (estructura, símbolos, léxico, sintaxis o temas), lo que nos ha permitido sostener la paternidad del texto áureo. En el caso de *Noche oscura del cuerpo*, estaríamos frente a una recreación amplificativa, es decir, el poemario de Eielson puede considerarse como un ensanchamiento del tema, la estructura y los símbolos del poema de san Juan de la Cruz, o, en todo caso, su par complementario. Siguiendo esta línea, *Ejercicios materiales* (1978), de Blanca Varela, bien podría estudiarse en comparación con los ejercicios espirituales propuestos por santa Teresa de Jesús o san Ignacio de Loyola.

La crítica de ¡*Oh Hada Cibernética!* no fallaría en interpretarlo como una recreación completiva de las inacabadas *Soledades* de Góngora: sobre la base de aspectos en común (principalmente, personaje, espacio y lenguaje), el poemario de Belli reescribe una *soledad horrible*, opuesta a las intenciones laudatorias de la soledad gongorina. Esta visión negativa de Belli completaría la visión positiva de Góngora, otorgándonos una mirada global, compleja y mucho más enriquecedora sobre la realidad. Con esa misma mirada de peregrinaje y de aceptación de la existencia, podríamos acercarnos a *Para vivir mañana* (1959) o a *Un mundo dividido* (1970), de Wáshington Delgado, libros donde la palabra culta y clásica se resigna ante la desazón vital: "Mi casa está llena de muertos / es decir, mi familia, mi país, / mi habitación en otra tierra, / el mundo que a escondidas miro" ("Para vivir mañana", vv. 1-4).

En cuanto al texto de Sologuren, *Vida continua*, un buen punto de partida sería considerarlo como una recreación exegética de la poesía de Francisco de Quevedo, en el sentido de que el peruano se apropió de los principios constitutivos, de la lógica argumental y del pensamiento del poeta conceptista, para luego enunciarlos con distinta voluntad expresiva o como variaciones discursivas de un mismo eje temático, en este caso, el de la vida, de la muerte y del tiempo. En este mismo sentido, podría examinarse *Los sonetos de Spoleto* (1973), de Leopoldo Chariarse, poemas donde la presencia de Quevedo reluce por encima de otras influencias áureas: "La mirada de amor con que te mira / la luz del mundo que habitó en mis ojos / brillará más allá de la mentira / de la muerte y del tiempo y sus enojos" ("La poesía", vv. 1-4).

No debemos olvidar que estas relaciones intertextuales se circunscriben en el marco de los acontecimientos sociales y literarios. Los del cincuenta no reaccionaron en contra ni buscaron la sustitución del discurso áureo en busca de otras vías de originalidad, quizás más peruanas, en el sentido de autóctonas. La valía de esta actitud consistió en observar con claridad y en estudiar metódicamente el hilo fundamental de lo hispano en la conformación de lo peruano, en el nuevo sentido de todas las sangres. El sentirse herederos y usuarios de una tradición de extraordinaria maleabilidad, a causa de su universalidad para adaptarse a nuevos contextos, les permitió dar el salto hacia la renovación poética que ya había sido tempranamente augurada en la estética de César Vallejo.

Así, a juzgar por los tres poetas aquí examinados, hemos visto que el Siglo de Oro ha nutrido la poesía peruana del cincuenta en todos los niveles posibles; niveles que no solo abarcan los formales, los temáticos o los simbólicos, sino también los de inspiración y expiración, los de presencias y ausencias, los del cuerpo y el alma, los de identidad, tradición y renovación; una influencia que facultó a los poetas del Perú a seguir cultivando una poesía exquisita, rebelde, profunda y muy humana; una poesía que se invoca a sí misma y que convoca a las demás en un solo canto, en un solo diálogo universal.

Bibliografía

Armisén, Antonio (1985): "Intensidad y altura: Lope de Vega, César Vallejo y los problemas de la escritura poética". En: *Bulletin Hispanique* 87, 277-303.

Belli, Carlos Germán (1969): *¡Oh Hada Cibernética!* Caracas: Monte Ávila.

Chariarse, Leopoldo (1975): *La cena en el jardín*. Lima: Instituto Nacional de Cultura.

CRUZ, San Juan de la (1996): *Poesía completa y comentarios en prosa.* Barcelona: Planeta.

DELGADO, Wáshington (1959): *Para vivir mañana.* Lima: Edición del Autor (Librería e Imprenta Minerva).

— (1970): *Un mundo dividido.* Lima: Casa de la Cultura del Perú.

DIJK, Teun A. van (2003): *Dominación étnica y racismo discursivo en España y América Latina.* Barcelona: Gedisa.

EIELSON, Jorge Eduardo (1989): *Noche oscura del cuerpo.* Lima: Jaime Campodónico.

ESPEJO, Olga (1996): "Un poeta peruano contemporáneo: Belli ensayo bibliográfico (1958-1995)". En: *Revista Iberoamericana,* vol. LXII, n.° 175, 545-575.

FRANZ, Marie-Louise von (1969): "El proceso de la individuación". En: Jung, Carl G. et al: *El hombre y sus símbolos.* Madrid: Aguilar, 158-229.

HATZFELD, Helmut (1968): *Estudios literarios sobre mística española.* Madrid: Gredos.

JAFFÉ, Aniela (1969): "El simbolismo en las artes visuales". En: Jung, Carl G. et al.: *El hombre y sus símbolos.* Madrid: Aguilar, 230-271.

JAMMES, Robert (1994): *Soledades. Luis de Góngora.* Madrid: Castalia.

MARIÁTEGUI, José Carlos (2007): *Siete ensayos de interpretación de la realidad peruana.* Venezuela: Biblioteca Ayacucho.

MARTÍN VELASCO, Juan (1999): *El fenómeno místico: estudio comparado.* Madrid: Trotta.

MORAÑA, Mabel (ed.) (1994): *Relecturas del Barroco de Indias.* Hannover: Ediciones del Norte.

MOVIMIENTO UNIVERSITARIO REVOLUCIONARIO (1961): *¡España inmortal! (Homenaje de los poetas peruanos al pueblo español).* Perú: Ediciones Libertad.

NAGY, Silvia (1989): *Historia de la canción folklórica en los Andes.* New York/Bern: Peter Lang.

PAYÁN MARTÍN, Juan Jesús (2007): *Wáshington Delgado: un poeta peruano de la generación del 50.* Tesis doctoral inédita. Cádiz: Universidad de Cádiz-Departamento de Filología.

QUEVEDO, Francisco de (1963): *Obras completas I. Poesía original.* Barcelona: Planeta.

— (1969): *La cuna y la sepultura para el conocimiento propio y desengaño de las cosas agenas.* Madrid: Real Academia Española.

Rouillón, Guillermo (1950): *Presencia y actitud de nuestros poetas*. Lima: Iris.

Solís Mendoza, Nazaret (2012): "La elegante letra áurea codiciada. Carlos Germán Belli, poeta áurero del siglo xx". En: Mata, Carlos y Sáez, Adrián (eds.): Scripta manent. *Actas del I Congreso Internacional Jóvenes Investigadores Siglo de Oro (JISO 2011)*. Pamplona: Servicio de Publicaciones de la Universidad de Navarra, 413-422.

— (2014): "La poesía mística de san Juan de la Cruz en *Noche oscura del cuerpo* de Jorge Eduardo Eielson". En: Mata, Carlos; Sáez, Adrián y Zúñiga, Ana (eds.): Sapere aude. *Actas del III Congreso Internacional Jóvenes Investigadores Siglo de Oro (JISO 2013)*. Pamplona: Servicio de Publicaciones de la Universidad de Navarra, 353-362.

Sologuren, Javier (1999): *Vida continua. Nueva antología*. Madrid/Buenos Aires/Valencia: Pre-Textos.

Varela, Blanca (2007): *Aunque cueste la noche*. Salamanca: Universidad de Salamanca.

II
Poesía contemporánea entre las vanguardias y fin de siglo

1. Particularidad y universalidad del arte en Federico García Lorca y en José María Arguedas[1]

CARMEN MARÍA PINILLA
Pontificia Universidad Católica del Perú

> *Los versos de* Poeta en New York *en cierto sentido*
> *tienen la universalidad de la poesía, la raíz del mundo,*
> *de lo bello infinito y de lo infinito humano.*
> (José María Arguedas)

Quisiéramos destacar la forma como la obra del poeta español Federico García Lorca impactó en José María Arguedas a lo largo de su vida, distinguir los momentos en que el poeta andaluz fue especialmente apreciado por Arguedas y los motivos por los cuales esto sucedió. Señalamos como elemento esencial detrás de lo ofrecido una común concepción del arte —y del hombre— en tanto expresión simultánea de lo individual radical y de la máxima universalidad.

---

1 Conferencia impartida en la Biblioteca Nacional el 12 de marzo de 2014.

Un criterio cronológico guiará esta exposición considerando el itinerario biográfico de Arguedas. El primer testimonio de nuestro escritor sobre García Lorca se remonta a 1936, cuando publica, en octubre de ese año —dos meses después de la muerte del poeta andaluz—, un artículo muy sentido. Tenía veinticinco años y era alumno de Letras en la Universidad Nacional Mayor de San Marcos, también delegado estudiantil. Había fundado la revista *Palabra*. En *Defensa de la Cultura* e integraba el Comité de Defensa de la República Española, causa esta abrazada con pasión por gran número de jóvenes peruanos vinculados a la izquierda.

Sostiene Arguedas desde el inicio del artículo que García Lorca encarna la voz de su pueblo, su "corazón, su sangre misma", y que precisamente por ser así conmueve al mundo, pues canta con "voz universal". Alude enseguida a la identificación de los mestizos de América con su obra, a la simpatía y el cariño que despertó en estas latitudes. "Nosotros le queríamos —dice el peruano—. Todos los españoles y todos los mestizos de América le queríamos. Era pues nuestra sangre; era pues la voz ardiente de nuestro corazón" (Arguedas 1936: 13).[2]

La universalidad fue entendida por Arguedas del mismo modo que por los románticos alemanes (Pinilla 2004: 100).[3] Para Herder y para Dilthey —filósofo este último conocido y citado por nuestro escritor—, una común estructura humana posibilitaba la comprensión, la equivalencia de sentidos. Esa universalidad estaba ligada al particularismo, pues se asumían como comprensibles las peculiaridades de las personas y grupos sociales. De ahí también su cuidado por la autenticidad, por buscar honestamente en sí mismo esas especificidades. Sostenía Arguedas, por ejemplo, que, mientras más se adentraba un autor en sí mismo y expresaba su alma, mayor valor universal adquiría dicha expresión.[4]

Al año siguiente de publicado este primer artículo dedicado a García Lorca, a mediados de 1937, Arguedas cae preso por parti-

---

2   Ver también: Arguedas (2012, t. I: 134).
3   Desarrollamos este tema en *Arguedas: conocimiento y vida* (Pinilla 1993).
4   Y precisamente esto vieron en la obra de Arguedas muchos escritores y artistas, como Fernando de Szyszlo, quien expresó en un homenaje a su memoria: "Arguedas era un creador, un artista que trataba de sacar lo más profundo de sus vivencias y que lograba, al plasmarla, que fuesen válidas para todos…" (2013: 464).

cipar en una protesta contra la visita a la universidad San Marcos de un general fascista, Camarotta, emisario de Mussolini, enemigo, por tanto, de la España republicana. Asumimos que estando en la cárcel habría leído con detenimiento la poesía de García Lorca. Habría tenido asimismo la oportunidad de meditar sobre su proyecto de vida y decidido entonces comenzar a escribir, de memoria, su primer libro de recopilaciones de canciones andinas, de aquellas escuchadas durante su infancia, que llegó a convertir en inspiradoras melodías internas.

Tan pronto sale de prisión, publica con ese material *Canto quechua* (1938). Nos dice en la introducción que su libro responde a la necesidad de demostrar la capacidad artística y poética del pueblo quechua, de cumplir la promesa que se había hecho a sí mismo de "demostrar que el indio sabe expresar sus sentimientos en lenguaje poético, demostrar su capacidad de creación artística y hacer ver que lo que el pueblo crea para su propia expresión es arte esencial" (Arguedas 1938: 13).[5]

Consideramos absolutamente natural la identificación de Arguedas con el García Lorca de los años 1920 que había leído, pues existía en ambos el ferviente anhelo de ponderar las creaciones populares poco conocidas y cambiar el desinterés hacia ellas en admiración.

En realidad, Arguedas había emprendido esta tarea cinco años atrás, desde que comenzó a publicar sus cuentos, dando a conocer el mundo andino, trabajando sobre el lenguaje para impregnarlo del espíritu del quechua. Ellos obedecen a sus aptitudes para la narración y a la imperiosa necesidad que sentía de hacer visible al pueblo andino.

Admiraba y *quería* a García Lorca, pues no solo valoraba este poeta las creaciones de su pueblo, sino que luchaba por conservarlas y difundirlas. Lucha que el granadino estimaba patriótica; de ahí su intenso trabajo etnológico y de difusión a través de escritos, conferencias, concursos, etc. "Ha llegado, pues, la hora —sostiene el poeta en 1922, refiriéndose a *Poema del cante jondo*— en que las voces de músicos, poetas y artistas españoles, se unan, por instinto de conservación, para definir y exaltar las cla-

---

5   Ver también: Pinilla (2004: 100).

ras bellezas y sugestiones de estos cantos" (García Lorca 1994a: 208).[6] García Lorca pondera con énfasis el talento de los autores populares para expresar en tres o cuatro versos la complejidad de "los más altos momentos sentimentales en la vida del hombre" (1994a: 216). También debió apreciar Arguedas en García Lorca la deuda que este denunciaba tenía España con las criadas y nodrizas "que bajan de los montes o vienen a lo largo de nuestros ríos" por haber transmitido el sentimiento trágico de la soledad y la finitud humanas, "sello áspero de la divisa ibérica", a través de las "nanas" o canciones con las que arrullaban a los niños (García Lorca 1994b: 297).

Nuestro Arguedas, aquel que tuvo siempre a la muerte por compañía y que terminó su vida buscándola, tenía que apreciar la crítica de García Lorca no solo a quienes hacen arte puro, sin anclaje en el pueblo, sino a quienes viven en la superficialidad de la existencia, ignorando la trágica temporalidad del ser humano. En la célebre conferencia titulada "Teoría y juego del duende", impartida en octubre de 1933 en Buenos Aires, sostenía el andaluz que los grandes artistas del sur de España saben que sin el duende no es posible emoción alguna. La diferencia que para García Lorca existe entre el duende, la musa y el ángel, en tanto elementos ligados a la inspiración, está en que el duende aparece directamente vinculado a la muerte. "El duende no llega —asevera el poeta— si no ve posibilidad de muerte, si no sabe que ha de rondar su casa, si no tiene seguridad de que ha de mecer esas ramas que todos llevamos y que no tienen, que no tendrán, consuelo" (García Lorca 1994c).

En 1939 Arguedas es nombrado profesor en Sicuani, población situada entre Cuzco y Puno, y desde que asume el cargo pide se le asignen las aulas con mayor número de alumnos quechuahablantes. Ensaya con ellos novedosos métodos de enseñanza del castellano y aplica su concepción de la universalidad al leerles en esta lengua creaciones poéticas nacionales y extranjeras, entre ellas las de García Lorca, apostando que serán no solo entendidas por sus alumnos, sino también asumidas como propias.

---

6   Estamos citando estas fuentes de internet, pero, en realidad, empezamos a conocer y apreciar al poeta español en el libro de José Luis Cano *Biografía ilustrada* (1969).

Le escribe entonces desde Sicuani una carta a su amigo poeta Emilio Adolfo Westphalen el 16 de julio de 1939, donde le cuenta que está leyendo a García Lorca con sus alumnos y que "ellos entienden y repiten los poemas cuatro y cinco veces…" (Westphalen 2011: 54).[7]

Pero estas lecturas no le bastaban a Arguedas. Simultáneamente, pedía a sus alumnos recoger los cuentos, mitos o leyendas de su entorno, asegurándoles su profundo valor. Les pedía también que ensayasen volcar en composiciones su propia subjetividad, sus íntimos sentimientos. De esta manera nuestro escritor logró sacar a luz la vena poética de la mayoría.[8] Tan lo siente así que copiaba esas composiciones y las enviaba a sus amigos poetas de Lima, las publicaba en un diario local y las incluyó en una revista —*Pumaccahua*— creada por él con el fin de difundir estos trabajos en la capital y en diversos países de América.

Arguedas inicia en esta misma época su labor etnológica. Los fines de semana visita los pueblos quechuas aledaños y escribe artículos registrando sus costumbres, fiestas, tradiciones y creaciones. Ellos son publicados regularmente en *La Prensa* de Buenos Aires. Reconociendo esta labor de Arguedas, el antropólogo andaluz Fermín del Pino (2004) sostuvo recientemente que la primera vocación de Arguedas fue la etnológica y que esta facilitó su producción literaria.[9]

A mediados de noviembre de 1940, el poeta Manuel Moreno Jimeno envía a Sicuani, como regalo para Arguedas, un ejemplar de *Poeta en Nueva York*, probablemente en la edición que ese mismo año publican en México José Bergamín y Antonio Machado, que incluye unas ilustraciones que impresionaron especialmente a nuestro escritor. En una primera carta de agradecimiento, Arguedas le dice a su amigo que ha revisado el libro y lo ha compartido con sus alum-

---

7   Es probable que la creciente admiración de Arguedas por García Lorca hubiese corrido paralela a la intensificación de sus actividades a favor de la República española, pues publica por entonces en el periódico de Sicuani dos notas editoriales a su favor e intenta formar en el Cuzco un comité de ayuda a los refugiados españoles en Francia.

8   Algunos de ellos ganaron luego concursos y publicaron poemarios.

9   "Yo postulo que también la formación literaria —e incluso su compromiso personal a favor de la cultura andina— es un elemento ordinario más —si bien notable— de su dedicación antropológica" (Pino 2004: 378).

nos, y le pregunta: "¿De quién es ese maravilloso cuadro en colores que aparece en las primeras hojas? Es lindísimo".[10]

Una semana después, el 22 de noviembre, ha conseguido tiempo para revisar el poemario con tranquilidad y le comenta a Moreno Jimeno:

> Ayer y antier he estado embebido con la lectura de *Poeta en New York*. Muchos poemas los he leído más de cinco veces. Los tres de "Los negros", casi todos los de "Calles y sueños", "Cielo vivo", "El nocturno del hueco", "Paisaje con dos tumbas y un perro asirio", "Vuelta a la ciudad", y esa oda maravillosa a Whitman. Todo el libro es de una infinita hermosura. Es un García Lorca completamente nuevo para mí y acaso más profundo y más poeta; estos deben ser *sus versos*, me parecen más legítimos; los otros del *Romancero*, de *Cante jondo*, de sus dramas, son la expresión de cuando su vida se funde con la del pueblo; pero estos de *Poeta en New York*, en cierto sentido tienen la universalidad de la poesía, la raíz del mundo, de lo bello infinito y de lo infinito humano. Me has hecho un gran regalo, Enmanuel.[11]

Le dice enseguida que formará un grupo con sus mejores alumnos y les leerá en su casa el poemario. Comentaremos el contenido de este poemario cuando expongamos las impresiones de Arguedas luego de su visita a Norteamérica.

Arguedas admiró también otros aspectos de la obra de García Lorca, como su producción teatral. La había leído y asimismo había asistido en Lima a las representaciones de varias de sus obras de teatro gracias a las dos visitas que nos hizo la compañía de Margarita Xirgú. Por la admiración que despiertan tales obras, la Xirgú fue invitada varias veces a la peña Pancho Fierro, fundada por la esposa y por la cuñada de Arguedas, donde había una muestra permanente de arte popular andino y donde Arguedas —en tanto animador principal— llevaba a músicos de la misma procedencia. Nuestro escritor admiraba en el teatro de García Lorca la profunda crítica que contenía a las desigualdades sociales y a los prejuicios de la sociedad de su tiempo. Apreciaba además que hubiesen sido llevadas por La Barraca a los sectores populares, presenciadas por

---

10 Carta de José María Arguedas a Manuel Moreno Jimeno, 15 de noviembre de 1940 (Forgues 1993: 99).
11 Carta de José María Arguedas a Manuel Moreno Jimeno, 22 de noviembre de 1940 (Forgues 1993: 98-99).

obreros, estudiantes, gente sencilla, incluso presos; algo que trataba de hacer Arguedas con el folclor andino desde su puesto en el Ministerio de Educación y luego en la dirección de la Casa de la Cultura del Perú.

Quisiera señalar, para terminar, el impacto de *Poeta en Nueva York* sobre Arguedas y las coincidencias entre las impresiones que a lo largo de este poemario expresa García Lorca sobre la ciudad y su gente y aquellas que de igual modo expresó el peruano luego de su visita a Norteamérica (García Lorca 1994d).

El tema que estructura el poemario es la tenaz crítica de García Lorca a los valores de la civilización industrial: su pragmatismo y su materialismo. Acusa la falta de respeto a las raíces, la ausencia de espiritualidad. Nos dice que los dos elementos que sacuden al viajero en Nueva York son una arquitectura extrahumana y el ritmo furioso de la vida. Además de la esclavitud dolorosa que significa el binomio hombre-máquina torpemente exhibido.

Las torres y aristas de Nueva York "suben al cielo sin voluntad de nube, ni voluntad de gloria […] ascienden frías con una belleza sin raíces, ni ansia final, torpemente seguras […] expresan su intención fría enemiga del misterio", a diferencia de "las aristas góticas que manan del corazón de los viejos muertos enterrados" (García Lorca 1994d).

García Lorca criticaba la soberbia o excesiva seguridad del modelo de bienestar de esta sociedad, su ceguera frente al *crack* económico de 1929, que presenció. A raíz de esa contradictoria experiencia, compone imágenes poéticas con ambulancias llevándose constantemente a miles de suicidas llenos de anillos de oro en los dedos.

Refiriéndose a Wall Street, decía el poeta: "En ningún sitio se siente como allí la ausencia de espíritu […]. Y lo terrible es que toda la multitud que lo llena cree que el mundo será siempre igual y que su deber consiste en mover aquella gran máquina noche y día y siempre" (García Lorca 1994d).

En *Poeta en Nueva York*, García Lorca simpatiza con los negros marginados, porque en ellos encontraba la espiritualidad y religiosidad carentes en otros grupos sociales. Critica duramente el racismo y los prejuicios causantes de que "los negros no quieran ser negros, de que inventen pomadas para quitar el delicioso rizado del cabello" (García Lorca 1994d).

Años más tarde, cuando Arguedas regresa de su única visita a Norteamérica, publica un artículo titulado "Estados Unidos: ¿Un gigante de qué?" (1966).[12] Nos dice ahí que en este país el hombre oscila entre dos extremos diametralmente opuestos: la aurora y la pestilencia, la grandeza y la miseria. Critica, como García Lorca, el binomio hombre-máquina, la ingenuidad de las masas dominadas por una maquinaria que las trasciende y de la que no son conscientes. Hay también una crítica a la falta de espiritualidad.

Vimos que Arguedas había sentido especial interés por los versos de "Cielo vivo" de *Poeta en Nueva York*, que leyó a sus alumnos de Sicuani, pues está lleno de hermosas metáforas sobre la naturaleza, animada e inanimada, algo que distinguió siempre el fino lirismo de nuestro escritor. Y algo que el poeta español considera despreciado por los moradores de la gran urbe.

Es comprensible entonces que en un cuento que Arguedas escribió, aún impactado por su visita a Estados Unidos, "El puente de hierro", denuncie el bloqueo en esa sociedad de la armoniosa relación hombre-naturaleza. Uno de los personajes norteamericanos sostiene: "No tenemos sentimentalismo de la naturaleza. Los norteamericanos solo amamos la naturaleza que hemos domesticado y aprovechado, las flores que hemos plantado y obligado a adornar nuestros parques" (Arguedas 1983, t. II: 52).[13]

La prosperidad económica y el materialismo fueron factores que, tanto para García Lorca como para Arguedas, obstaculizaban el desarrollo espiritual y cultural de los pueblos, les impedían educar la sensibilidad hacia el arte, hacia "lo bello infinito y lo infinito humano" (Forgues 1993: 98-99), algo que precisamente nuestro escritor atribuyó a los versos del poeta andaluz.

Bibliografía

ARGUEDAS, José María (1936): "Federico García Lorca". En: *Revista Palabra*, año 1, n.° 2, 13.

— (1938): "Canto kechwa con un ensayo sobre la capacidad de creación del pueblo indio y mestizo". En: *Canto kechwa*. Lima:

---

12 Ver también: Arguedas (2012, t. VII: 222).

13 Este cuento se publicó después de la muerte de Arguedas.

Compañía de Impresiones y Publicidad.

— (1966): "Estados Unidos: ¿Un gigante de qué?". En: *Marcha*, año XXVII, n.° 1299, 31.

— (1983): "El puente de hierro". En: *Obras completas*, t. II. Lima: Editorial Horizonte, 52.

— (2012): *Obra antropológica*. Lima: Editorial Horizonte y Comisión Centenario del Natalicio de José María Arguedas.

Cano, José Luis (1969): *Biografía ilustrada*. Barcelona: Ediciones Destino, 1969.

Forgues, Roland (ed.) (1993): *José María Arguedas. La letra inmortal: correspondencia con Manuel Moreno Jimeno*. Lima: Ediciones de los Ríos Profundos.

García Lorca, Federico (1994a): "Importancia histórica y artística del primitivo canto andaluz llamado 'cante jondo'". En: García-Posada, Miguel (ed.): *F. García Lorca. Prosa, 1. Primeras prosas, conferencias, alocuciones, homenajes, varia vida, poética, antecríticas, entrevistas y declaraciones, obras VI*, volumen 2. Madrid: Akal. Recuperado de <https://www.books.google.com.pe/books?isbn=8446001098> (enero de 2018).

— (1994b): "Canciones de cuna españolas". En: García-Posada, Miguel (ed.): *F. García Lorca. Prosa, 1. Primeras prosas, conferencias, alocuciones, homenajes, varia vida, poética, antecríticas, entrevistas y declaraciones, obras VI*, volumen 2. Madrid: Akal. Recuperado de <https://www.books.google.com.pe/books?isbn=8446001098> (enero de 2018).

— (1994c): "Teoría y juego del duende". En: García-Posada, Miguel (ed.): *F. García Lorca. Prosa, 1. Primeras prosas, conferencias, alocuciones, homenajes, varia vida, poética, antecríticas, entrevistas y declaraciones, obras VI*, volumen 2. Madrid: Akal. Recuperado de <https://www.books.google.com.pe/books?isbn=8446001098> (enero de 2018).

— (1994d): "Un poeta en Nueva York". En: García-Posada, Miguel (ed.): *F. García Lorca. Prosa, 1. Primeras prosas, conferencias, alocuciones, homenajes, varia vida, poética, antecríticas, entrevistas y declaraciones, obras VI*, volumen 2. Madrid: Akal. Recuperado de <https://www.books.google.com.pe/books?isbn=8446001098> (enero de 2018).

Pinilla, Carmen María (1993): *Arguedas: conocimiento y vida*. Lima: PUCP.

— (comp.) (2004): *¡Kachkaniraqmi! ¡Sigo siendo! Arguedas. Textos esenciales*. Lima: Fondo Editorial del Congreso del Perú.

Pino, Fermín del (2004): "Arguedas como escritor y antropólogo". En: Portocarrero, Gonzalo *et al.* (eds.): *Arguedas y el Perú de hoy*. Lima: Sur.

SZYSZLO, Fernando de (2013): "Con José María descubrí el Perú que-chua actual". En: Esparza, Cecilia *et al.* (eds.): *Arguedas: la dinámica de los encuentros culturales*, t. I. Lima: PUCP.

WESTPHALEN ORTIZ, Inés (comp.) (2011): *El río y el mar. Correspondencia José María Arguedas/Emilio Adolfo Westphalen* (1939-1969). Ciudad de México: FCE.

2. César Vallejo y el heroísmo socialista

Enrique E. Cortez
Portland State University

> *Fui a Rusia antes que nadie.*
> (César Vallejo)

Las relaciones entre marxismo y literatura, poesía y militancia, por mencionar algunos de los ejes que constituyen el aspecto político de la escritura del peruano César Vallejo, son un espacio conocido y explorado por la crítica vallejiana. La cuestión del heroísmo, en cambio, es una ausencia notable que el presente artículo espera visibilizar. Para ello, analizaré la propuesta heroica de Vallejo tanto en su coordenada política como intelectual, esferas para nada escindidas en la época en que el poeta escribía. En términos políticos, su noción de heroísmo se perfila haciendo eco de la polémica que se desarrolló en la antigua Unión Soviética, entre 1917 y 1930, acerca de la construcción de una cultura proletaria de orden utopista, frente a posiciones más pragmáticas como las de León Trotsky. Desde una perspectiva de historia intelectual, esta noción de heroísmo, afinada gracias a la discusión anterior —y que Vallejo especifica mejor a propósito de su experiencia de la guerra civil española— expresa una lectura del todo productiva que el poeta hizo de El nacimiento de la tragedia, de Friedrich Nietzsche. Esta lectura, como mostraré en mi análisis de España, aparta de mí este cáliz, se muestra del todo activa tanto en sus poemas como en sus artículos periodísticos sobre lo heroico.

El heroísmo, una discusión soviética

Las discusiones sobre la posibilidad de una cultura de orden proletario, después del triunfo de la revolución bolchevique en 1917, tuvieron un lugar central tanto entre la intelligentsia del soviet como en las altas esferas de la dirección política, incluyendo al propio Vladimir Ilich Ulianov, Lenin. James C. McClelland ha categorizado esta discusión como los polos de un dualismo utopista, por un lado, y heroico revolucionario, por el otro, lo bastante amplio para integrar grupos y propuestas individuales. Como utopismo, McClelland entiende al grupo de idealistas, liderados por Alexander Bogdanov, quienes justificaban sus políticas bajo el argumento de que una transformación cultural y social era prerrequisito para un posterior desarrollo económico. Estaban en contra del terror y la coerción como mecanismos de gobierno y creían, más bien, en la posibilidad de crear una consciencia proletaria de clase entre la población, que generara la posibilidad de consenso y eliminara la necesidad de la dictadura y la fuerza (McClelland 1980: 406). Por el contrario, la tradición heroica revolucionaria, representada de manera relativa por la NEP (Nueva Política Económica) de Lenin y de manera mucho más directa por las posiciones de León Trotsky, ponía el énfasis en que el desarrollo económico debía preceder —no seguir o acompañar— a un cambio social y cultural. Para ese efecto, Trotsky fue lo suficientemente pragmático para impulsar el uso tanto de expertos burgueses como de las técnicas capitalistas en el ejército y la industria (McClelland 1980: 406).

Las implicaciones en torno a la lectura de Karl Marx que se expresa en este debate son de lo más interesante y expresan el grado de heterodoxia que reinaba en los primeros años de la antigua Unión Soviética. Por ejemplo, la lectura de Bogdanov sobre la distinción, aunque en su caso indistinción, entre base y superestructura —

central para el marxismo ortodoxo— es reveladora, ya que, para este, según McClelland, "social existance and social consciousness in the exact meaning of this words are identical" (1980: 408). Y si, al final, las posiciones pragmáticas de Joseph Stalin derivaron en una aplicación de la urgencia económica sobre el desarrollo de una cultura proletaria, la cuestión de la consciencia proletaria no fue para nada dejada de lado, por lo menos en términos de su política cultural, y de allí deriva para las artes, que es lo que interesa en este artículo, la noción de un arte militante y de propaganda que Vallejo rechazará en su propio trabajo. En este punto, como ha mostrado George Lambie, el poeta peruano está más cerca de las posiciones de Trotsky.[1] La prioridad de lo económico sobre lo cultural en este se expresa de manera elocuente en su libro *Literatura y revolución*, donde apunta que "la cultura vive de la savia de la economía [...]. El proletariado será capaz de preparar la formación de una cultura y una literatura nuevas, es decir, socialistas, no por métodos de laboratorio, basándose en nuestra pobreza, necesidad e ignorancia actuales, sino partiendo de vastos medios sociales, económicos y culturales. El arte tiene necesidad del bienestar material, incluso de la abundancia" (1969: 3). Antes de hacerse con el poder político, dice Trotsky de la burguesía, esta tuvo en la cultura y en la economía su campo de batalla, y desde el Renacimiento fue definiendo sus formas y temas hasta lograr una preminencia política frente al régimen aristócrata después de la Revolución francesa (1969: 126-127). Pero la comparación con la cultura burguesa es para Trotsky solo operativa, una manera de establecer un análisis histórico del tiempo que se vivía. Al contrario, para él no podía existir una cultura proletaria como algo estático y definido por su oposición a la burguesía, en los términos en que esta última se había opuesto a la aristocracia. En rigor, en sus escritos, la revolución proletaria se piensa exclusivamente como un momento de transición del capitalismo al socialismo: "[A]l revés que el régimen de los propietarios

---

1   Greg Dawes, al contrario, señala que Vallejo arremete contra todo, incluyendo el trotskismo, dado que estamos ante un poeta que practica el realismo dialéctico (2006: 68); Stephen Hart señala, por su parte, que el poeta renegó de Trotsky y se volvió estalinista (1987: 24-26). La lectura de Lambie me sigue pareciendo la más convincente: al respecto, ver su artículo "Intellectuals, Ideology and Revolution: The Political Ideas of César Vallejo" (2000).

de esclavos y que el de los señores feudales y el de la burguesía, el proletariado considera su dictadura como *breve periodo de transición* (1969: 125, énfasis del autor). Sin tiempo para formarse una base cultural y económica, el proletariado había tomado el poder a través de la fuerza, pero esta vez para "acabar para siempre con la cultura de clase y para abrir paso a una cultura humana. Muchas veces parece que olvidamos esto" (1969: 126). El modo literario que será privilegiado en este contexto es lo que se ha denominado "realismo heroico" y básicamente estará encargado de representar la realidad de la época de la revolución. El poeta en este tiempo de transición, dirá Trotsky, "no puede convertirse en un *mujik*, pero puede cantar al *mujik*" (1969: 5). De alguna manera, Trotsky está diciendo que había que dar una oportunidad a los artistas para ajustarse a los nuevos tiempos: "[N]uestra política respecto al arte, durante el periodo de transición, puede y debe consistir en ayudar a los diferentes grupos y escuelas artísticos surgidos de la revolución a comprender correctamente el significado histórico de nuestra época y, después de haberles colocado ante la prueba decisiva —en favor o en contra de la revolución—, concederles una libertad total de autodeterminación en el terreno artístico" (1969: 7). La revisión de tal ajuste con un realismo heroico, que emprende el camino hacia una literatura socialista, será sancionada no por comisarios de la cultura, sino por el propio espíritu de la época, que según Trotsky tenía la necesidad de una nueva conciencia, totalmente marcada por el signo de la revolución. Se trataba de una producción cultural ya no marcada por el misticismo, escepticismo y pesimismo del Romanticismo, sino de un arte "en realidad activo, vitalmente colectivista y [...] lleno de una confianza ilimitada en el porvenir" (1969: 7).

En sus artículos, escritos en Europa, por lo menos a partir de 1927, Vallejo aborda varios de los temas tratados anteriormente con un punto de vista que siempre estará más cerca del lado de Trotsky. De este año también data su primera incursión en el tema del heroísmo, que hace pensar en los argumentos que, tres años después, el filósofo español José Ortega y Gasset expondrá en *La rebelión de las masas*. En un artículo titulado "En torno al heroísmo" y publicado por la revista *Mundial* de Lima el 19 de agosto de 1927, Vallejo alerta sobre el prestigio que los deportes tienen en ese momento, cuestionando la facilidad de que en ese contexto se llame héroe a un deportista. Por el contrario, abogará por otro heroísmo: "Y este heroísmo", dirá, "diverso y superior al sportivo [sic], es el del pensamiento" (2002: 452). Este elogio de la inteligencia, con su correlativo desprecio de una cultura del espectáculo, definirá su idea de héroe. El año siguiente, después de su primer viaje a Rusia, su noción de heroísmo tendrá un aspecto más político, pero mantiene su elogio de la creatividad y la inteligencia. Precisamente, discutiendo sobre cultura proletaria, afirmará: "La filosofía marxista, interpretada y aplicada por Lenin, tiende una mano alimenticia al escritor mientras con la otra tarja y corrige, según las conveniencias políticas, toda la producción intelectual. Al menos, este es el resultado práctico en Rusia" (2002: 575). Este comentario sobre el estatuto económico del escritor destaca la indiferencia de la sociedad frente a las verdades que pueda lograr la creatividad del mismo. Su ejemplo encarnará en un escritor como Pierre Reverdy, quien, según Vallejo, se ganaba la vida corrigiendo pruebas en la redacción de L'Intran, con un salario miserable que solo le permitía vivir en una bohardilla. Vallejo calificará a Reverdy como un artista puro, "un héroe, acaso más noble y trascendental, que tantos aviadores ápteros. Reverdy querría de buena gana comer mejor, pero, a diferencia de sus contemporáneos, no puede hacer poemas comestibles" (2002: 578).

El elogio de la inteligencia en Vallejo nunca fue un cheque en blanco. Se trata, al contrario, de un elogio juicioso, capaz de diferenciar la paja del trigo. En "Obreros manuales y obreros intelectuales", expresa sus reservas al plantear la oposición entre la mano de obra y el trabajo intelectual, donde el último se revela tendenciosamente inclinado a la deshonestidad, porque el pensamiento es "la actividad que más se presta a los resortes del fraude y el tinterillaje. Tentados estamos a decir que por su naturaleza la inteligencia es maliciosa. Sin ella, el hombre sería el más noble y puro de los seres. [...] En el escritor, este escollo natural de la inteligencia [servir a una pasión o interés] es más grave porque el pensamiento se ejerce de modo profesional" (2002: 602). Es en contra de este modo profesional del escritor que Vallejo iniciará en 1927 una colección de reflexiones que se titulará *Contra el secreto profesional* y que su viuda, Georgette Philippart Travers, publicará como libro recién en 1973. Este título está en discusión con la propuesta del libro de Jean Cocteau *Le secret professionnel*, de 1922, una defensa en muchos sentidos de la *elitización* del trabajo intelectual frente al manual. Para Vallejo, al contrario, el tema central era fusionar la inteligencia y el músculo, y, en ese sentido, está muy cerca de otro debate ruso desarrollado en esos mismos años. Me refiero a la propuesta del perfecto bolchevique como un Nuevo Hombre: esto es, una criatura libre, fuerte y autoconsciente gracias a su emancipación de la mentalidad capitalista (Halfin 1997: 90). Tal formulación, como explica Igal Halfin, provendrá de un marxismo nietzscheano y aparecerá bajo la figura de una violación del proletario y revolucionario bolchevique (masculino) contra la inteligencia burguesa (femenino). Este marxismo nietzscheano, presente en la discusión sobre una cultura proletaria, especifica mejor los posicionamientos de Vallejo, como se verá en las siguientes páginas.

En efecto, en su artículo "The Rape of the Intelligentsia: A Proletarian Fundational Myth", Halfin analiza el trabajo teórico de Nicolai Gredeskul, que sirvió, en esos primeros años del sistema soviético, como un puente entre el liberalismo y el bolchevismo (1997: 92). Gredeskul, según Halfin, interpretará la revolución como una guerra entre la intelligentsia y el proletariado no solo en términos de clase, que era la tendencia marxista, sino fundamentalmente desde una perspectiva nietzscheana "as psychological archetypes":

> His pamphlet attest to the Nietzschean Marxist assumption that psychology, not economy, was the main factor that separating the proletariat from the intelligentsia. The latter was "individualistic" and "feminine", and therefore "selfish" and "evil"; the former was "collectivist" and "masculine", and as such "universal" and "good". The interrelation of the masculine and the feminine in Gredeskul's poetics underscores my overarching argument that that intelligentsia and the proletariat were inseparable Siamese twins in Nietzschean Marxist. (1997: 91)

Halfin, además, destaca que la llegada al poder de los bolcheviques coincide con la popularidad de Nietzsche en Rusia. Lo que ocurre es que, una vez puesta a operar la maquinaria cultural soviética, Nietzsche fue perdiendo lugar, considerándosele un filósofo decadente de la burguesía. Esto, por supuesto, no elimina el hecho de que la mayoría de los intelectuales bolcheviques hayan estado bajo su influencia (Halfin 1997: 91).

La lectura o familiaridad que Vallejo tenía con Nietzsche, a juzgar por sus citas, se reduce a *El origen de la tragedia*, el único texto que menciona en un artículo publicado en 1929 (2002: 735). Pero tal cita, lejos de ser una prueba en contra del trabajo de una lectura nietzscheana en la escritura de Vallejo, es un buen índice, ya que, como Halfin enfatiza siguiendo la lectura de L. Wessell,[2] el planteamiento nietzscheano es la lectura fundamental para la propuesta del nuevo hombre bolchevique: (aquí falta un espacio de separación entre el texto y la cita)

> The attitude of the New Man to the world would be Apollonian. An "Apollonian attitude" Wessell explains, is "an urge in the self for individuation, for self-creation". Instead of seeking power as that that dissolves the self —the Dionysian female/intelligentsia— "the Apollonian self seeks for power as a creative manifestation of its own selfhood as the self comes to control and form its environment". Instead of dissolving into nature, the New Man wants to conquer it and become God. In this vision, Wessell argues, New Man with his pride "creates his own world out of himself, not in harmony with the cosmic God (or the intelligentsia with its cosmic ethical imperatives), but in opposition to God (or the intelligentsia). In short, Man enlarges his Apollonian individuation until it becomes all". (Halfin 1997: 105)

A través de esta violación por parte del trabajador contra la inteligencia, la tensión entre individualidad y colectivismo se presenta resuelta, porque, si por un lado el proletariado necesita de la mente para su emancipación, la inteligencia necesita del cuerpo del proletariado para volverse real. En este contexto, nos recuerda Halfin, la revolución significa un retorno a la primaveral unidad entre cuerpo y mente, y solo esa unidad entre trabajo y pensamiento podrá generar una "proletarian class-conciousness" (1997: 94). De ahí que el verdadero trabajador para la intelectualidad bolchevique según Halfin será aquel que pueda pensar y actuar al mismo tiempo. Vallejo, como veremos más adelante, estará bastante de acuerdo con este último punto. Finalmente, el fruto de esta violación se inserta en el texto de Halfin en un discurso heroico:

> Every mythical rape gives birth to a future hero. A study of the treatment of rape in Greek mythology tells us that the rape motif, "the single violent encounter, bears political fruit when it produces off-

---

2   Ver su libro *Karl Marx, Romantic Irony, and the Proletariat: The Mythopoetic Origins of Marxism* (1979).

spring with impeccable pedigrees as founders of cities". Proletarian
brutality is indeed productive. Akin to Theseus, the founder of Ath-
ens, and Romulus, the founder of Rome —both fruits of rape— the
child of proletarian violence against the intelligentsia would serve as
the founder of the new society. This is the "New Man" of Bolshevik
dreams, a futuristic creature that combines the merits of the father (the
proletariat) and the mother (intelligentsia). (Halfin 1997: 103)

En sus artículos, Vallejo no usa la metaforización de género
ni la metáfora desafortunada de la violación, ejecutada por los
marxistas nietzscheanos rusos de la década de 1920, pero la cuestión de la fusión de la inteligencia con la mano del trabajador
se encuentra destacada. Digamos que Vallejo se salta la tropología
machista de la época, pero llega a conclusiones semejantes, sal-
vando así la tensión entre individualidad artística y colectividad
socialista. En su artículo "En torno al heroísmo", uno de los puntos de la crítica de Vallejo a la producción literaria de tema de-
portivo es el intento de los autores de esta literatura de enfrentar
músculo contra inteligencia, haciendo eco de cientos de años de
filosofía occidental, en lugar de concordarlos, en lugar de hacerlos
complementarios (2002: 450). En cuanto al bolchevique, en otro
artículo como "Filiación del bolchevique", Vallejo irá más lejos:
no solo lo presenta como el Nuevo Hombre, sino que además
lo hace participar de un heroísmo de tipo sacerdotal y artístico.
Después de afirmar que la conducta del bolchevique es nueva y
diversa de la norma capitalista y de la Rusia prerrevolucionaria,
Vallejo apunta que estamos frente "[a]l pionnier (sic) del socialismo.
Su conducta participa del heroísmo sacerdotal y artístico" (2002:
857). Ese heroísmo se expresa en una norma de conducta cotidiana, para Vallejo, ejemplar: "Las más complicadas acciones, las más
recargadas labores, él mismo las reclama espontáneamente para sí
y las desempeña con grandes sacrificios personales, pero con gran
satisfacción colectivista. El bolchevique hace, de esta manera, de
figura de mártir y de santo" (2002: 858). En la mirada de Vallejo,
el bolchevique es equivalente del hombre excelente planteado por
Ortega y Gasset, quien gracias al horizonte socialista viene a hacer
ejemplar una nota de conducta necesariamente correctiva de la
decadencia capitalista, frente a la cual surge también la noción de
hombre masa en el caso del filósofo español. Veamos lo que dice
Ortega y Gasset:

El hombre selecto o excelente está constituido por una íntima necesidad de apelar de sí mismo a una norma más allá de él, superior a él, a cuyo servicio libremente se pone. Recuérdese que, al comienzo, distinguíamos al hombre excelente del hombre vulgar diciendo: que aquel es el que se exige mucho a sí mismo, y éste, el que no se exige nada, y se contenta con lo que es y está encantado consigo mismo. Contra lo que suele creerse, es la criatura de selección, y no la masa, la que vive en esencial servidumbre. No le sabe su vida sino la hace consistir en servicio de algo trascendente. Por eso no estima como una opresión la necesidad de servir. Cuando esta, por azar, le falta, siente desasosiego e inventa nuevas normas más difíciles, más exigentes, que le opriman. Esto es la vida como disciplina —la vida noble—. (1984: 89-90)

El artículo de Vallejo "Filiación del bolchevique", citado arriba, abunda en ejemplos de autoexigencia personal, explicados para este por el trabajo de la historia en su carácter, esto es, la Revolución de Octubre de 1917: "Combativo y heroico, su ejecutoria revolucionaria de antes y después de 1917 ha fraguado en él hábitos permanentes de sacrificio y en su instinto cotidiano y orgánico de grandes acciones" (2002: 856).[3] Esta norma de conducta, como precisa Ortega y Gasset, es una disciplina de servicio para Vallejo que se expresa en la acción ejemplarizante: "Es el obrero que trabaja más que el obrero no bolchevique; que busca y desempeña los más peligrosos oficios y consignas; que no reclama nunca, que ayuda a sus compañeros, que suple las faltas ajenas, que gana menos, que cuida de la fábrica como cosa propia, que disfruta de menos derechos y, no obstante, está siempre contento y entusiasta" (2002: 858). Desde la acción heroica del bolchevique, el socialismo por el que lucha y ejemplariza se plantea como un humanismo. Pero lo que en Ortega y Gasset es un llamado a la refundación social de orden utópico, a través de su propuesta de hombre selecto, en Vallejo es una realidad en el bolchevique, y esta es la diferencia principal entre ambas

---

3 El término *orgánico*, que también proviene del vocabulario de Antonio Gramsci, evidencia la lectura heterodoxa del marxismo que Vallejo hace a través de José Carlos Mariátegui, como ha mostrado George Lambie en "Intellectuals". Por supuesto, podemos sostener también que en esta palabra ubicamos remanentes románticos, más aún si consideramos que la tesis de licenciatura de Vallejo se tituló "El romanticismo en la poesía castellana". Una publicación facsimilar de este documento la encontramos en el segundo tomo de los *Artículos* de Vallejo.

propuestas heroicas. Lo que en Ortega y Gasset es utopía en Vallejo se plantea como realidad. A esto, Vallejo agrega una nota estética al vincular la acción del bolchevique con la belleza: "La existencia en Rusia es, ciertamente, dura en lo que toca a holgura económica, a confort material y cotidiano. Sin embargo, el bolchevique la soporta y hasta la embellece a fuerza de idealismo y de acción creadora" (2002: 859).

De aquí a la cuestión del arte socialista estamos a un paso, y es un tema al que Vallejo volverá con frecuencia en esos años. En un artículo titulado "La obra de arte y la vida del artista", el poeta considerará que la producción artística es "una verdadera operación de alquimia", donde el artista absorbe "las inquietudes sociales ambientes y las suyas propias individuales, no para devolverlas tales como las absorbió sino para convertirlas en puras esencias revolucionarias de su espíritu, distintas en la forma e idénticas en el fondo a las materias primas absorbidas" (2002: 735). Además del uso del vocabulario del formalismo ruso, forma/fondo, Vallejo en este apunte especifica mejor su noción de arte socialista, si se quiere, en clave de realismo heroico. En un artículo ligeramente posterior, "Ejecutoria del arte socialista", su posicionamiento estará del todo claro: después de negar que una literatura socialista exista en ese momento, siguiendo en ese punto a Trotsky; después de negar que la estética socialista deba reducirse a los temas políticos (aquí su crítica a la literatura panfletaria) ni a introducir palabras a la moda sobre "economía, dialéctica o derecho marxista"; después de negar que un poema socialista se reduzca a una adjetivación con epítetos "traídos de los cabellos" de la revolución proletaria, Vallejo afirmará que una estética socialista debe arrancar "únicamente de una sensibilidad honda y tácitamente socialista" (2002: 652). Esta sensibilidad, como lo hemos visto líneas atrás, solo es equivalente a la conducta del bolchevique, lo cual quiere decir que el poeta no tiene que serlo (aunque podría), sino que debe seguir el recorrido espiritual del bolchevique en el mundo ruso. "Solo un hombre", dice Vallejo, "sanguíneamente socialista, aquel cuya conducta pública y privada, cuya manera de ver una estrella, de comprender la rotación de un carro, de sentir un dolor, de hacer una operación aritmética, de amar una mujer y de levantar una piedra, de callar o de llevar una migaja a la boca de un transeúnte, es orgánicamente socialista, sólo ése puede crear un poema auténticamente socialista" (2002: 652).

De esta manera, el socialismo se plantea como un humanismo y el poema socialista como la más alta expresión de lo humano. Para ello, el poema debe dejar de servir "a un interés de partido o a una contingencia política de la historia" (2002: 653); por el contrario, debe traducir una vida personal y cotidiana en clave socialista, es decir, de servicio a la humanidad. Vallejo concluye ese artículo con un apunte que vale del todo para revisar su poesía y para analizar cómo se ajustaba él mismo a su horizonte de escritura heroica: "En el poeta socialista, el poema socialista deja de ser un trance externo, provocado y pasajero de militante de un credo político, para convertirse en función natural, permanente y simplemente humana de la sensibilidad. El poeta socialista no ha de ser tal solamente al momento de escribir un poema, sino en todos sus actos, grandes o pequeños, internos o visibles, conscientes o subconscientes y hasta cuando duerme y cuando se equivoca y se traiciona" (2002: 653).

El viaje a España

El 21 de diciembre de 1936, unos meses después de iniciada la guerra civil española, Vallejo llegó a España como parte de una comitiva de observadores invitados por la embajada de España en París. Fue un viaje fugaz, solo duró diez días, pero del todo significativo si consideramos que de esa experiencia surgen los primeros poemas de *España, aparta de mí este cáliz*, así como la escritura de un artículo del todo central para analizar esta última etapa del poeta. El artículo al que me refiero, titulado "Los enunciados populares de la guerra española", redactado en París en marzo de 1937, no fue publicado en vida del poeta, quien murió al siguiente año, sino que apareció recién en 1957 en una colección de ensayos sobre Vallejo editada por Juan Larrea. Lo significativo de este texto, para efectos de lo argumentado hasta aquí, es la propuesta de heroísmo, que se diferencia de la anterior. Como habíamos anotado en la sección anterior, entre 1928 y 1930, años que coinciden con los tres viajes de Vallejo a la antigua Unión Soviética, el poeta había desarrollado una propuesta heroica que se ejemplificaba, al final, en su idealización del bolchevique. Esta propuesta está en diálogo con las discusiones sobre una cultura proletaria y una cultura socialista para el régimen soviético, desarrollada después del triunfo de la revolución bolchevique en 1917 y que se prolonga, también, hasta 1930. De esas discusiones, la más productiva en términos de un modelo de heroísmo fue la ejecutada por los marxistas nietzscheanos, una propuesta del todo apolínea, que en el discurso de Vallejo coincide también con el planteamiento que Ortega y Gasset hace esos mismos años, desde una orilla política contraria, sobre el hombre selecto. En 1937 algo cambia en la conceptualización de lo heroico en Vallejo. Su artículo "Los enunciados populares de la guerra civil española" muestra que su lectura apolínea de lo heroico construida en los años anteriores a su viaje a España deja entrar ahora a lo dionisiaco, actualizando la oposición nietzscheana. Lo nuevo de la guerra civil española para el poeta era el espectáculo de lo dionisiaco presente en un pueblo movilizado en defensa de la democracia; esta presencia es, por lo tanto, lo nuevo en la historia, porque, como el mismo Vallejo reconoce, desde una perspectiva estatal o de la administración de la república, "lo dionisiaco estuvo siempre desterrado de la república" (2002: 963). Veamos, en detalle, la argumentación de Vallejo.

El artículo comienza situando los hechos en perspectiva histórica y literaria: "¡Cuantos enunciados de grandeza humana y de videncia cívica van brotando del atroz barbecho operado por la guerra en el alma del pueblo español! Nunca viose en la historia guerra más entrañada a la agitada esencia popular y, jamás, por eso las formas conocidas de epopeya —cuando no sustituidas— por acciones más deslumbrantes y más inesperadas" (2002: 960). El argumento, como destacan los signos de admiración, es positivo. De la barbarie de la guerra, surge un movimiento de renovación. En términos históricos, según Vallejo, estamos ante un hecho absolutamente nuevo; en términos literarios presenciamos el remozamiento, o hasta la sustitución, de las viejas formas de la epopeya. En consecuencia, en su posterior poemario, *España, aparta de mí este cáliz*, el poeta será el narrador de esa epopeya, con sus héroes, sus hazañas, la crueldad de la guerra. Desde una perspectiva filosófica, en esas líneas iniciales para nada oscuras, Vallejo retoma el tema nietzscheano de que la vida tiende a reintegrarse, a salir de su dolor y sufrimiento a través de la muerte, como un proceso de desintegración de las individualidades, que supone, a su vez, la reintegración con el origen. De esta reintegración de la vida con la muerte, de ese movimiento designado por Nietzsche como el eterno retorno, surge algo nuevo, porque, como recuerda Gilles Deleuze, no se repite desde lo Mismo, sino desde lo Otro, desde la diferencia; la repetición ocurre en la alteridad (1988: 7). El siguiente párrafo del artículo de Vallejo especifica mejor la novedad histórica:

> Por primera vez, la razón de una guerra cesa de ser una razón de Estado, para ser la expresión, directa e inmediata, del interés del pueblo y de su instinto histórico, manifestados al aire libre y como a boca de jarro. Por primera vez se hace una guerra por voluntad espontánea del pueblo y, por primera vez, en fin, es el pueblo mismo, son los transeúntes y no ya los soldados, quienes, sin cohesión del Estado, sin capitanes, sin espíritu ni organización militar, sin armas ni kepís, corren al encuentro del enemigo y mueren por una causa clara, definida, despojada de nieblas oficiales más o menos inconfesables. Puesto así el pueblo a cargo de su propia lucha, se comprende de suyo que se sientan en esta lucha latidos humanos de una autenticidad popular y de un alcance germinal extraordinario, sin precedentes. (2002: 960)

La voluntad —una palabra también usada por Nietzsche— del pueblo, manifestada como a boca de jarro, es histórica para Vallejo porque no obedece a una razón de Estado y, a diferencia del heroísmo tradicional, que está militarizado o responde a la incitación de un líder, en este caso no hay líderes de ese tipo. Lo que tenemos, en consecuencia, serán "casos de heroísmo inauditos por su desinterés humano, señaladamente, consumados, individual o colectivamente, por los milicianos y milicianas de la República". La heroicidad, agregará Vallejo, no se encuentra ya en lo episódico, "sino en otras oscuras bregas tanto más fecundas cuanto que son más anónimas e impersonales" (2002: 960-961). Este "heroicidad inaudita" tiende por lo tanto a lo colectivo, a la Masa, como corrobora el tratamiento del poema homónimo de *España*. Ahora bien, tal "heroísmo inaudito" merece también una conceptualización que lo especifique y Vallejo hace su intento en el artículo que estoy comentando. Para ello, se vale de la figura heroica del soldado desconocido, tropo que le permite afinar su propuesta heroica:

> Se ha hablado, sin duda, del "soldado desconocido", del héroe anónimo de todas las guerras. Es otro tipo de heroísmo: heroísmo del deber, consistente, en general, en desafiar el peligro, por orden superior y, a lo sumo, porque esta orden aparece, a los ojos del que las ejecuta, investida de una autoridad en que se encarnan las razones técnicas de la victoria y un principio de fría, ineludible y fatal necesidad. (2002: 961)

El sentido del deber, en el caso del soldado desconocido, responde a criterios estratégicos, a una visión, si es posible plantearlo así, exclusivamente apolínea de la acción. Por el contrario, el miliciano está trabajado por lo dionisíaco y Vallejo lo reconoce al señalar que, como esta guerra no obedece a razones de Estado, Estado que siempre lo postergó de su organización ("lo dionisiaco", dice, "estuvo siempre desterrado de la república"), lo pasional y auténticamente humano dirige el heroísmo republicano:

> El heroísmo del soldado del pueblo español brota, por el contrario, de una impulsión espontánea, apasionada, directa, del ser humano. Es un acto reflejo, medular, comparable al que él mismo ejecutaría, defendiendo, en circunstancias corrientes, su vida individual. El que contrarresta un ataque a su persona, no lo hace, ciertamente, por mandato de un deber de conservación; lo hace por impulso irreflexivo y hasta al margen de toda ética consciente y razonada. (2002: 962)

Esta ética inconsciente e irracional tiene, para Vallejo, un valor poético sin precedentes. Pero el hecho de que sea, a pesar de su *inconsciencia e irracionalidad*, todavía una ética, es decir, un conjunto de normas morales que rigen la conducta del hombre, permite postular a Vallejo que estamos frente a una ética universal, profundamente humana. Esa ética universal tiene, entonces, como la obra de arte para Nietzsche, tanto de apolíneo como de dionisiaco, siendo la expresión de esto último lo nuevo en la historia para Vallejo.[4] Es la razón por la cual el poeta cita a André Malraux, quien, también en una misma línea dionisiaca, había afirmado de la guerra civil española: "En este instante al menos, una revolución ha sido pura para siempre" (2002: 962).

Asimismo, esta reflexión sobre el heroísmo, que aquí llamo inaudito, permitió a Vallejo tomar las distancias políticas necesarias para escribir sus poemas sobre la Guerra Civil despojados de tinte político, en la medida en que eso fuera posible tratándose de un tema político, sin incurrir para nada en los excesos de la literatura

---

4   Dice Nietzsche: "La difícil relación que entre lo apolíneo y lo dionisiaco se da en la tragedia se podría simbolizar realmente mediante una alianza fraternal de ambas divinidades: Dionisio habla el lenguaje de Apolo, pero al final Apolo habla el lenguaje de Dionisio: con lo cual se ha alcanzado la meta suprema de la tragedia y del arte en general" (2000: 182).

proselitista de la época. De hecho, la voluntad miliciana del pueblo español le interesa por esa ausencia de cálculo político, canalizado usualmente bajo la figura de un líder. Sin líderes, para Vallejo en 1937, los milicianos estaban ganando una guerra, que era un triunfo para la humanidad. Dice sobre los primeros, en términos retrospectivos: "En cuanto a la muchedumbre romana, la elocuencia de los tribunos populares la mantuvo siempre domesticada y con llave en la antesala del Foro [...]. Pasando, finalmente, a las guerras de Francia y de Rusia, baste recordar que ellas se hicieron al impelente grito de los Marat y de los Lenin y en el clima creado de antemano por jacobinos y bolcheviques" (2002: 963). Sean como hayan sido los hechos, realmente no importa la exactitud histórica de las opiniones de Vallejo, lo central de la cita anterior es la distancia que el poeta toma hacia los políticos. Ni tribunos ni Marats ni Lenins; ni centuriones ni jacobinos ni bolcheviques. El heroísmo de la Masa española hace pensar más en una sociedad de héroes que "se coloca a la vanguardia de la civilización, defendiendo con sangre jamás igualada en pureza y ardor generoso, la democracia universal en peligro. Y todo este milagro —hay que insistir— lo consuma por obra propia suya de masa soberana, que se basta a sí misma y a su incontrastable devenir" (2002: 964). Jean Franco, al comentar este aspecto, lo explica mejor: "Aquí encontraba lo que echaba de menos en el marxismo institucionalizado —la espontaneidad, el sacrificio no individual por una causa no egoísta y sobre todo la fundación de una ética colectiva que no se limitara a una sola clase de personas—" (1996: 594). Después de tamaño prolegómeno, el poeta entrará en acción.

"Poesía del pómulo morado"

Entre las diversas lecturas sobre Vallejo y la guerra civil española, destaca la interpretación de Stephen Hart, que vincula marxismo y cristianismo en su producción de esos años; también la lectura de Lambie sobre este mismo periodo, más afín con este trabajo, en la que discute medularmente cómo los posicionamientos de Vallejo sintonizaban mejor con los de Trotsky que los de Stalin. Personalmente, creo que Lambie ofrece un planteamiento bastante sólido, aunque no podemos tampoco desdeñar la potencia de la imaginería cristiana en el vocabulario poético de *España*.[5] Lo que no se ha visto claramente, sin embargo, es que, al lado de un marxismo heterodoxo que tiene en Vallejo tanto de Trotsky como de Mariátegui (Lambie) y tanto de cristianismo (Hart) como de nota existencial (Franco, Ferrari), podemos encontrar una lectura de *El nacimiento de la tragedia* de Nietzsche, organizando la significación de este conjunto de poemas.[6] Esta presencia de Nietzsche en la base de la poética de lo heroico de Vallejo, sea desde lo apolíneo-bolchevique o lo dionisíaco de sus últimos poemas, ha sido fundamental para su escritura. Para discutir una semántica de lo heroico en Vallejo, mi análisis se centra en algunas de las presentaciones que el hablante poético hace de los nuevos héroes de la epopeya popular española.

"El himno a los voluntarios de la República", como ha mostrado Lambie en su impecable análisis del poema (2000a: 190-204), es fundamental para la comprensión de los quince que conforman el

---

5   De hecho, esta tropología de origen cristiano sugiere pensar que el discurso heroico que Vallejo construye actualiza también un horizonte medieval. Como Bernard Huppé explica, el héroe medieval reúne, además de un discurso cristocéntrico, un discurso pagano; es una actualización en clave cristiana de algunos motivos paganos. Pero lo central, que no aparece de ninguna manera en los poemas de Vallejo, es que "there can be but one Christian hero, and that is Christ. Whatever is heroic is an imitation of him" (1975: 23). Sobre la función de la religión en la poesía de Vallejo, es fundamental el libro de Hart *Religión, política y ciencia* (1987).

6   Dice Franco: "Antes de establecer la contemporaneidad de Vallejo es quizás necesario hacer hincapié en la tradición intelectual a la cual pertenece, que incluye no solamente el cientificismo, sino también el pensamiento de Schopenhauer sobre el principio de individuación y más importante aún el de Nietzsche" (1996: 582). En esta última dirección destaca un artículo de Edwin Murillo, quien argumenta acerca de la vitalidad existencial en los poemas vallejianos desde las teorías de Nietzsche, como de las que se desprenden de *Del sentimiento trágico de la vida*, de Miguel de Unamuno. Dice Murillo: "Esa 'náusea de lo absurdo' que sufre el hombre es la existencia inauténtica que el arte empleando lo Apolíneo y lo Dionisíaco juntos puede contrarrestar. Esta hibridez nietzscheana en *Trilce* logra su más exaltada representación. *Trilce* es la reconciliación máxima entre estas dos fuerzas creadoras" (2008: 39). Lo nuevo en *España*, sin embargo, que Murillo no ve en su artículo, es la posición del poeta en términos de contemplación intelectual burguesa (Lambie 2000a: 191) o como un observador disminuido que destaca su pequeñez frente al sacrificio del voluntario miliciano (Franco 1996: 594); se trata, en otras palabras, de una renuncia a ser el sujeto heroico para enunciar la heroicidad de la Masa.

libro. Desde una perspectiva del discurso heroico, el poema es central por el carácter anónimo del héroe, que destaca desde el inicio mismo del texto:

> Voluntario de España, miliciano
> de huesos fidedignos, cuando marcha a morir tu corazón,
> cuando marcha a matar con su agonía
> mundial, no sé verdaderamente
> que hacer, dónde ponerme; corro, escribo, aplaudo
> lloro, atisbo, destrozo, apagan, digo
> a mi pecho que acabe, al bien, que venga,
> y quiero desgraciarme. (Vallejo 1996: 449)

La sola presencia del voluntario de España, su sola observación, enciende la máquina de escritura; frente a él y la significación de su acto heroico, la unidad de la voz poética se desestabiliza, se vuelve sensación. De alguna manera, la voz poética, frente a la fuerza del evento que líneas después se revelará dionisíaca, no puede permanecer incólume, menos apolínea. La escritura, en consecuencia, es excedida por el evento y, ante la "rapidez de doble filo" del miliciano, la voz poética reconoce quebrar su "pequeñez en traje de grandeza" (1996: 450). Esta voz quebrada, que no cabe en el traje de grandeza de la idea de poeta, históricamente también construido como un héroe cultural —según apunta el clásico estudio de Thomas Carlyle—,[7] observa el desplazamiento del miliciano. Pero esta observación no es contemplativa, en la lógica del intelectual burgués, como ha señalado Lambie (2000a: 191); en el poema, la voz poética es afectada por el evento; la escritura, que es lo que tenemos del hablante poético, nos lo revela participante. Después de unos versos sobre las elecciones que instauró la República, el hablante califica el conflicto que presencia: "¿Batallas?", pregunta. Su respuesta: "¡No! Pasiones. Y pasiones precedidas / de dolores con rejas de esperanzas / ¡de dolores de pueblos, con esperanzas de hombres!" (1996: 450). A la aparición del miliciano anónimo, prosigue un conjunto de nombres que van simbolizando la rica cultura

---

7   "The Poet is a heroic figure belonging to all ages; whom all ages possess, when once he is produced, whom the newest age as the oldest may produce; —and will produce, always when Nature pleases. Let Nature send a Hero-soul; in no age is it other than possible that he may be shaped into a Poet" (1840: 98).

española que se lleva a su encuentro la guerra; y entre esos nombres, entre Cervantes, Santa Teresa, Goya, Quevedo, Cajal, aparecen los de unos héroes sin importancia histórica para un discurso oficial o literario de élite, pero que en el poema son del todo centrales como contraparte de los nombres por todos conocidos: Antonio Coll, Lina Odena ("en pugna en más de un punto con Teresa" (1996: 451)), nombres de tempranos héroes republicanos. Y, otra vez, el héroe anónimo, el proletario, el campesino "caído con tu verde follaje por el hombre" (1996: 451). El poemario se proyecta en esa oscilación, entre una voz que colectiviza, que hace masa, y una dirección contraria, clarificadora, individualizante, que pone nombre propio a lo heroico. Del primer caso, será ejemplo el segundo poema de la colección, "Batallas"; del segundo caso, el tercer poema dedicado a Pedro Rojas: "Padre y hombre, / marido y hombre, ferroviario y hombre, / padre y más hombre, Pedro y sus dos muertes" (1996: 460). En el caso de este último poema, las dos muertes a las que se refiere el hablante poético serán primordiales en la estructuración del mismo. Entre la muerte colectiva y la individual, la voz poética puede distinguir esa doble instancia, el hecho de que nuestra existencia es doble: humana, en el sentido de colectiva, pero también personal. De allí la doble tragedia. La voz poética hace clara tal dualidad a partir de juegos sintácticos que desdoblan el "Pedro Rojas" en Pedro y Rojas: "¡Han matado, a la vez, a Pedro y a Rojas!"; o en la muerte de Pedro, o en la muerte de Rojas: "¡Viban los compañeros / a la cabecera de su aire escrito! ¡Viban con esta b del buitre en las entrañas / de Pedro / y de Rojas, del héroe y el mártir!" (1996: 460). El poema, por lo tanto, explora la posibilidad de ser héroe en la dimensión colectiva y la de ser mártir en la personal. En sus notas a la *Obra poética* de Vallejo, citada en este artículo, Américo Ferrari recuerda que este "viban", con be larga, remite a las noticias que Antonio Ruiz Vilaplana hiciera en su libro de testimonios *Doy Fe*. Para este Pedro Rojas, "Vallejo se ha inspirado en los testimonios de Ruiz Vilaplana, fundiendo en un solo personaje las señas, circunstancias y características que en los informes del autor de *Doy fe* corresponden a actores diversos del drama de la guerra civil" (1996: 485). Esto quiere decir que la operación individualista es en realidad colectivista, el héroe con nombre propio se vuelve así una metáfora de la pluralidad, un hombre que es todos los hombres que luchan en defensa de la República. A Pedro Rojas seguirán otros, en la misma dirección heroica en lo colectivo y de mártir en lo personal. Así, Juana Vázquez, la esposa de Pedro Rojas; así Ernesto Zúñiga, "herido y muerto, hermano" (1996: 465); así Ramón Collar, "¡tu suegro, el viejo, / te pierde a cada encuentro con su hija!" (1996: 469). Es, sin embargo, "Pequeño responso a un héroe de la República" el poema que mejor cifra la densidad del discurso heroico en *España*. Veámoslo en detalle:

> Un libro quedó al borde de su cintura muerta,
> un libro retoñaba de su cadáver muerto.
> Se llevaron al héroe,
> y corpórea y aciaga entró su boca en nuestro aliento;
> sudamos todos, el ombligo a cuestas;
> caminantes las lunas nos seguían;
> también sudaba de tristeza el muerto.
>
> Y un libro, en la batalla de Toledo,
> un libro, atrás un libro, arriba un libro, retoñaba del cadáver.
>
> Poesía del pómulo morado, entre el decirlo
> y el callarlo,
> poesía en la carta moral que acompañara
> a su corazón.
> Quedóse el libro y nada más, que no hay
> insectos en la tumba,
> y quedó al borde de su manga el aire remojándose
> y haciéndose gaseoso, infinito.
>
> Todos sudamos, el ombligo a cuestas,
> también sudaba de tristeza el muerto
> y un libro, yo lo vi sentidamente,
> un libro, atrás un libro, arriba un libro
> retoñó del cadáver ex abrupto. (1996: 470-71)

Lambie ha leído el retoño del libro como el encuentro de Vallejo con el intelectual orgánico de Gramsci, que se vuelve el autor de una nueva cultura (2000a: 206); Murillo, más cercano a este artículo, considera que del vientre del cadáver nace una propuesta vitalista, en sentido nietzscheano, de la creación literaria (2008: 45). Desde mi perspectiva, con este poema volvemos al tema del Nuevo Hombre, pensado por los marxistas nietzscheanos soviéticos, pero ya no en clave apolínea, sino en una dirección dionisiaca. El Nuevo

Hombre y su nueva cultura, la literatura socialista de la que hablaba Vallejo al comienzo de la década de 1930, surge de toda esta experiencia de sufrimiento, dolor y muerte. La voz poética, que nunca fue contemplativa en Vallejo, participa de ese parto. El *nosotros* del hablante lírico, que ha desplazado al *yo* de los primeros poemas, no solo está desestabilizado como yo, su marca de individualidad ha dado lugar a la posibilidad de una fusión con el cadáver del voluntario. Pero no solo es el hablante lírico, se trata de un *nosotros* plural que indica que "su boca entró en nuestro aliento". Como recuerda Nietzsche, "la excitación dionisiaca es capaz de comunicar a una masa entera ese don artístico de verse rodeada por semejante muchedumbre de espíritus, con la que ella se sabe íntimamente unida. Este proceso del coro trágico es el fenómeno *dramático* primordial: verse uno transformado a sí mismo delante de sí, y actuar uno como si realmente hubiese penetrado en otro cuerpo, en otro carácter" (2000: 86, énfasis del autor). Lo que me interesa de esta cita del filósofo prusiano es la descripción de lo dionisiaco como una pérdida de distancia individual y una paulatina formación de una masa. En el poemario de Vallejo, el héroe poco a poco se va haciendo masa, incluyendo a la propia voz poética que participa de esta fusión con un Uno primordial. En el poema sobre el héroe de la República, es claro cómo la muerte de este se va tornando en muerte de todos; de modo simétrico, su retoño, que puede ser la obra de arte socialista, la cultura socialista o el hombre socialista (ya no el bolchevique), es un retoño de todos. Como si de la muerte del pequeño héroe naciera otra vez la vida. Por supuesto, el poema que sigue en esta lectura heroica es el texto más conocido del poemario, "Masa", realización en un ámbito más alegórico que metafórico de lo planteado por el poema sobre el héroe republicano. Incluyo, también, este poema completo:

> Al fin de la batalla,
> y muerto ya el combatiente, vino hacia él un hombre
> y le dijo: "¡No mueras, te amo tanto!"
> Pero el cadáver ¡ay! siguió muriendo.
>
> Se le acercaron dos y repitiéronle:
> "No nos dejes! ¡Valor! ¡Vuelve a la vida!"
> Pero el cadáver ¡ay! siguió muriendo.
> Acudieron a él veinte, cien, mil, quinientos mil,

clamando: "¡Tanto amor y no poder nada contra la muerte!"
Pero el cadáver ¡ay! siguió muriendo.
Le rodearon millones de individuos,
con un ruego común: "¡Quédate, hermano!"
Pero el cadáver ¡ay! siguió muriendo.

Entonces, todos los hombres de la tierra
le rodearon; les vió el cadáver triste, emocionado;
incorporóse lentamente,
abrazó al primer hombre; echóse a andar... (1988: 475)

Con este poema, tenemos, me parece, el alcance completo de la propuesta heroica de Vallejo. Es como si desde lo apolíneo, primero, ejemplificado en el revolucionario bolchevique, una suerte de hombre selecto de Ortega y Gasset, pero en clave socialista, Vallejo hubiera llegado hasta la propuesta de una sociedad heroica, compuesta ya no tanto por individuos heroicos, sino por una Masa heroica. La condición de vida individual solo es posible si esta masa heroica, la humanidad, se reúne en su totalidad. La resurrección no se ofrece entonces como un eterno retorno. En este punto Vallejo está yendo más allá de la propuesta nietzscheana, porque el retorno es algo que se da de facto; la posibilidad del retoño vallejiano, en cambio, exige una ética de masa, ética que podríamos calificar como solidaria. Solo bajo esa condición, el retorno de la vida es posible; solo a través de lo solidario, la vida puede surgir de la muerte. Se trata, en consecuencia, de un heroísmo, al final difícil, pero que fue el motor de escritura de estos últimos poemas de Vallejo. En la guerra civil española, Vallejo creyó encontrar ejemplos adecuados. Con la distancia, es posible decir que su noción de heroísmo saltó del socialismo a la utopía.

Bibliografía

BIGGART, John (1987): "Bukharin and the Origins of the 'Proletarian Culture' Debate". En: *Soviet Studies* 39.2, 229-46.

CARLYLE, Thomas (1840): *On Heroes, Hero-Worship and the Heroic in History*. London: Chapman and Hall.

DAWES, Greg (2006): "Más allá de la vanguardia: la dialéctica y la teoría estética de César Vallejo". En: *Revista de Crítica Literaria Latinoamericana* 32.63-64, 67-85.

DELEUZE, Gilles (1988): *Diferencia y repetición*. Gijón: Júcar Universidad. Trad. Alberto Cardín.

FRANCO, Jean (1996): "La temática de los *Heraldos negros* a los poemas póstumos". En: Ferrari, Américo: *César Vallejo: obra poética completa*. Madrid: CEP de la Biblioteca Nacional/Colección Archivos, 575-605.

HALFIN, Igal (1997): "The Rape of the Intelligentsia: A Proletarian Foundational Myth". En: *Russian Review* 56.1, 90-109.

HART, Stephen (1987): *Religión, política y ciencia en la obra de César Vallejo*. London: Tamesis.

HUPPÉ, Bernard (1975): "The Concept of the Hero in the Early Middle Ages". En: T. Burns, Norman y Reagan, Christopher J. (eds.): *Concepts of Hero in the Middle Ages and the Renaissance*. Albany: SUNY, 1-26.

LAMBIE, George (2000a): "The Effect of the Spanish Civil War on the Politics and Poetry of César Vallejo". En: Domínguez, Francisco (ed.): *Identity and Discursive Practices: Spain and Latin America*. Bern: Peter Lang, 177-207.

— (2000b): "Intellectuals, Ideology and Revolution: The Political Ideas of César Vallejo". En: *Hispanic Research Journal: Iberian and Latin American Studies* 1.2, 139-169.

LARREA, Juan (1973): *César Vallejo: héroe y mártir indo-hispano*. Montevideo: Biblioteca Nacional.

McCLELLAND, James C. (1980): "Utopianism Versus Revolutionary Heroism in Bolshevik Policy: The Proletarian Culture Debate". En: *Slavic Review* 39.3, 403-425.

MURILLO, Edwin (2008). "El soliloquio sobre el cadáver: vitalidad existencial en 'Trilce LXXV' y *España, aparta de mí este cáliz IX*". En: *Divergencias. Revista de estudios lingüísticos y literarios* 6.1, 35-50.

NIETZSCHE, Friedrich (2000): *El nacimiento de la tragedia*. Madrid: Alianza Editorial. Trad. Andrés Pascual Sánchez.

ORTEGA Y GASSET, José (1984): *La rebelión de las masas*. Madrid: Alianza Editorial.

ROWLEY, David G. (1996): "Bogdanov and Lenin: Epistemology and Revolution". En: *Studies in East European Thought* 48.1, 1-19.

TROTSKY, León (1969): *Literatura y revolución. Otros escritos sobre la literatura y el arte*. Colombes: Ruedo Ibérico. Trad. Sara Alonso.

VALLEJO, César (1973a): *El arte y la revolución*. Lima: Mosca Azul Editores.

— (1973b): *Contra el secreto profesional.* Lima: Mosca Azul Editores.

— (1988): *César Vallejo: obra poética completa.* Américo Ferrari (ed.). Madrid: CEP de la Biblioteca Nacional/Colección Archivos.

— (2002): *Artículos y crónicas completas.* Tomos I y II. Jorge Puccinelli (ed.). Lima: PUCP.

WESSELL, Leonard (1979): *Karl Marx, Romantic Irony, and the Proletariat: The Mythopoetic Origins of Marxism.* Baton Rouge/London: Louisiana State University Press.

3. La misteriosa vida de los libros: El ejemplar número 125 de *Poemas humanos (1923-1938)*, de César Vallejo

JESÚS RUBIO JIMÉNEZ
Universidad de Zaragoza

> *Una obra, una misión, es un tirano que no admite ningún*
> *desfallecimiento en su servidor.*
> (Georgette de Vallejo)

Los libros entran y salen en las vidas de los lectores —al igual que las personas— por los caminos más inesperados. La mayor parte pasan por su lado unos instantes, invisibles, otros los acompañan un tiempo y una parte, en fin —habitualmente unos pocos—, llegan para quedarse para siempre. Aleatoriamente. A unos se les elige, otros te eligen. Como las personas, insisto. Misteriosamente.

Entre los libros que han llegado a mi vida sin esperarlos se cuenta un ejemplar de *Poemas humanos* (1923-1938), de César Vallejo, de la edición príncipe de 1939. Se ha instalado en mi desordenada biblioteca y reclama mi atención de cuando en cuando. Ha venido para quedarse para siempre. Ninguna otra edición del poeta peruano se ha metido en mi vida con tanta fuerza silenciosa. Ni siquiera la singular edición de *España, aparta de mí este cáliz. Poemas*, con toda su enérgica protesta contra el cainismo español, ha logrado hacerse un lugar similar. Después de todo, no es sino una parte de la colección anterior, aunque rodeada de unas circunstancias editoriales e históricas también excepcionales.[1]

Venero, eso sí, el retrato que preside este volumen y los otros dos que hizo del poeta peruano Pablo Picasso. Solamente su retrato de Antonio Machado, realizado para el cartel y para la cubierta del cataloguillo de la exposición parisiense de homenaje que le hicieron artistas españoles e hispanoamericanos en 1955, suscitan en mí emociones parecidas.[2] Desprenden todos ellos una fuerza interior enorme y son excepcionales ejemplos de la *melancolía moderna*: son retratos de hombres que empeñaron toda su vida en mejorar la condición del hombre, realizados por uno de nuestros grandes pintores, comprometido con su tiempo y sabedor de sus limitaciones. En sus cabezas inclinadas y en su ensimismamiento se muestra la distancia entre el ideal soñado y la realidad lograda. Son ejemplos de la tradición moderna en que la uno quisiera insertarse, incluyendo todas sus nostalgias junto a sus muchas aspiraciones.

Hurgo en mi memoria tratando de rescatar mis lecturas de Vallejo y solo *Los heraldos negros* (1918) y *Trilce* (1922) —buscados y leídos

---

1   Cesar Vallejo (1894-1938), *España, aparta de mí este cáliz. Poemas* (prólogo de Juan Larrea; dibujo de Pablo Picasso). Soldados de la República fabricaron el papel, compusieron el texto y movieron las máquinas. Ediciones Literarias del Comisariado. Ejército del Este. Guerra de Independencia. Año de 1939. En su colofón se indica: "De esta edición se han hecho 1.100 ejemplares. De estos se han numerado 250, y los restantes sin numerar. Se terminó su impresión el día 20 de enero de 1939". Mi ejemplar es naturalmente una edición facsímil del rarísimo ejemplar conservado en el Monasterio de Montserrat, con un "Epílogo: España, aparta de mí este cáliz", de Alan E. Smith. Madrid, Ardora Ediciones, 2012. Como se recordará, en aquella mítica aventura editorial, comandada por Manuel Altolaguirre, se editaron también otros dos emotivos y solidarios homenajes a la ya casi vencida República: *España en el corazón*, de Pablo Neruda, y *Cancionero menor para los combatientes*, de Emilio Prados.

2   *Hommage des artistes espagnols à Machado. Exposition, peinture, sculpture, du 4 à 24 fevrier, 1955. Maison de la Pensée Française*, Paris, Imprimerie Vogue, 176, Quai de Jennapes.

con pasión en mis años mozos— ocuparon un lugar singular en mi mundo. Pero duraron poco: dejó pronto de interesarme el engolado lenguaje tardomodernista del primero y seguramente no llegué a penetrar en el alcance vanguardista del segundo. Como lector, uno se pasa la vida dando palos de ciego y pocas veces acierta en el blanco. No recuerdo gran cosa de aquellas lecturas. Ahora viven en un trastero con varios miles de libros más que he ido guardando allí con el correr de los años, incluidas otras ——pocas— ediciones de César Vallejo.[3] Por mi cabeza a veces descubro algún verso suyo memorizado, pocos: "Hay golpes en la vida tan fuertes… Yo no sé!"; o "Me moriré en París con aguacero…".

Amo los libros, pero no soy bibliófilo. Quiero decir que no concibo mi vida sin libros, pero nunca he sido un coleccionista exquisito. La mayor parte de los que he leído ha sido por mi pasión lectora o a causa de la realización de los diferentes trabajos literarios en que se ha consumido la mayor parte de mis años. Como amo los libros, los conservo una vez usados y pocas veces me he desprendido voluntariamente de una parte significativa de ellos. Bueno, últimamente, sí, porque hay que ir aligerando el equipaje.

Así que algo debe tener este libro póstumo de Vallejo para que se haya asentado con tanta fuerza en mi vida. Quizás se deba a la manera en que llegó a ella, acaso a la peculiaridad de su vida editorial y a su casi nula difusión primera.

Hace algunos años, Rosa Martínez, una alumna mía de mis primeros años como docente universitario, vino a mi despacho con la intención de realizar su tesis doctoral sobre César Vallejo. Convivía con su obra de una manera especial desde hacía muchos años. En nuestra conversación acerca de los motivos de su gran interés por el poeta peruano, salió a relucir el nombre de una tía suya —siento no recordar ahora su nombre—, que había sido buena amiga de César Vallejo y de su esposa Georgette Philippart Travers —de casada, Georgette de Vallejo, como le gustaba firmar hasta su muerte, el 4 de

---

3 Les he hecho una visita antes de ponerme a escribir estas páginas. Ahí están los libros, fieles y amarillentos, esperando la mano de nieve que entreabra sus páginas: César Vallejo, *Los heraldos negros*, Buenos Aires, Losada, 1972; *Trilce*, Buenos Aires, Losada, 1961. Algunos tomos de los ocho volúmenes de las *Obras completas*, Barcelona, Laía, 1976 y siguientes. Los hojeo y veo versos subrayados, pero apenas anotaciones.

diciembre de 1984—. Se habían casado en enero de 1929, en París, y juntos vivieron sus difíciles últimos años. Ya fallecido el poeta en 1938 y editado el libro, al marcharse a Perú su viuda, le regaló una maleta llena de ejemplares, pues apenas se había distribuido más que entre los amigos del poeta. Y fue así como llegó a Zaragoza una parte notable de aquella de por sí corta edición.

Ni que decir tiene que aquella fantástica historia me llamó la atención y decidí averiguar algo sobre aquel libro, para mí hasta entonces desconocido. No tardé en saber de su importancia y de su rareza, que lo convierten en pieza muy codiciada por los bibliófilos. Se lo hice saber a Rosa, para que administrara con prudencia los ejemplares que le quedaban —siete u ocho, si no recuerdo mal—, siendo consciente incluso de su valor material.

Unas semanas después, en otra de nuestras entrevistas, Rosa me sorprendió con un gesto de una generosidad que nunca olvidaré: me regaló uno de aquellos ejemplares, el número 125, que motiva ahora estas líneas. Teniendo en cuenta la corta tirada de la edición —tan solo doscientos setenta y cinco ejemplares numerados y ocho más en tirada especial— y su azarosa distribución, salta a la vista su rareza.

En el colofón se indica: "Se acabó de imprimir este libro, primera y única edición de los versos inéditos de César Vallejo corregida y revisada por Georgette de Vallejo y Raúl Porras, el 15 de julio de 1939, en 'Les Presses Modernes' sitas el Palais Royal, Paris, Francia".

Habían pasado exactamente tres meses desde la muerte del poeta en la clínica Arago de París, el 15 de abril de 1938. Era Viernes Santo y llovía tenuemente sobre la ciudad, como él había profetizado: "Me moriré en París con aguacero...". Este verso, que circula por mi cabeza desde hace años, lo he comprendido solo leyendo esta edición de *Poemas humanos*, al conocer mejor la intensidad y las premoniciones con que Vallejo escribió poesía en sus últimos años, una vez vuelto de España tras asistir al Congreso de Escritores Revolucionarios en 1937. Su viuda y sus amigos estaban empeñados en que permaneciera viva su memoria, que para un poeta son ante todo sus versos. Y se pusieron manos a la obra, como recuerda Raúl Porras Barrenechea:

> La edición de este volumen se hace gracias a la vigilante fidelidad
> de la compañera de Vallejo, quien ha descifrado paciente y amorosa-

mente los originales y ha mecanografiado ella misma toda su obra inédita. Un grupo de admiradores de Vallejo los da a la estampa, sin apoyo ninguno oficial. Entre tanto la obra restante de Vallejo, la más rotunda y fuerte personalidad literaria del Perú reciente, espera la hora imprescindible de su publicación. (Vallejo 1939: 158)

Enviaron copia de la parte *España en el corazón* a los amigos españoles, que la editaron, como queda ya dicho, en el Monasterio de Montserrat con un orden diferente de los poemas. Los dos libros son así como un posible testamento poético de César Vallejo, más amplio *Poemas humanos*, una valiosa hijuela parcial de este *España en el corazón*. Vallejo quintaesenciado en último término.

Volvamos al ejemplar número 125 y a su misterioso itinerario. Dos páginas antes del colofón, figuran los datos de la tirada, la calidad del papel y los nombres de algunos ejemplares destinados, que reproduzco fielmente:

SE HA IMPRESO 250 EJEMPLARES NUMERADOS
SOBRE PAPEL, VERGÉ ANTIQUE Y VEINTICINCO
EJEMPLARES SOBRE PAPEL DEL JAPÓN, NUME-
RADOS DEL UNO AL VEINTICINCO, QUE CONSTI-
TUYEN LA EDICIÓN ORIGINAL.
EJEMPLAR Nº 125
RESERVADOS TODOS LOS DERECHOS DE REPRO-
DUCCION, ADOPCIÓN Y TRADUCCION EN TODOS LOS
PAISES, INCLUSO CHILE, COPYRIGHT, 1939 BY
LES PRESSES MODERNES.

SE HA TIRADO EJEMPLARES ESPECIALES PARA
RAUL PORRAS BARRENECHEA, ALFREDO GONZA-
LES PRADA, RAFAEL LARCO HERRERA, RICARDO
VEGAS GARCIA, JUAN E. RIOS REY, ENRIQUE
PENA BARRENECHEA, LUIS BENTIN MUJICA Y
NICAMOR MUJICA.

En libros como este, compuestos por cajistas de otra lengua, hasta los errores ortográficos o las erratas incluso en los nombres propios son bellos. Cada detalle acentúa su singularidad y debe ser respetado.

¿Adónde han ido a parar todos aquellos libros? Los destinados han debido vivir las circunstancias y destino de sus dueños. Georgette de Vallejo debió llevarse una parte de la edición a Perú, aunque no sin complicaciones en su equipaje transatlántico. Del resto nada se sabe, salvo algo de los que viajaron a Zaragoza en un acto de amistad generosa. Ni siquiera sabemos cuántos llegaron aquí, pues solo hemos asistido al final del camino de algunos, como ya he contado. Uno quisiera saber cuál ha sido el destino de cada uno de ellos, si viven aún en unas manos lectoras o si se consumen cubiertos de polvo en un estante olvidado. O sencillamente si han acabado ya su vida. No cabe mejor ni más lógico destino a unos *Poemas humanos*.

Mientras escribo estas páginas, llega a mis manos un trabajo excepcional de Enrique Ballón Aguirre: "Manuscritos poéticos de César Vallejo. Edición diplomática" (2018). Es la culminación de una vida de estudio de uno de los más fieles y rigurosos estudiosos del poeta peruano, teniendo siempre a su lado a Georgette de Vallejo, quien le entregó todos los manuscritos del poeta, que reproduce con fidelidad y estudio admirables. Parte tratan sobre la obra que aquí importa. Deshacen de una vez por todas la falsa discusión sobre la fecha de los poemas y su ordenación: Vallejo corregía incansablemente y solía fechar las versiones más recientes como si fueran poemas nuevos. Georgette insistió una y otra vez en aclararlo para evitar pretenciosas construcciones estructurales académicas de los libros.

Pero no es en esto en lo que quiero fijarme, sino en algunos detalles simplemente curiosos sobre el destino de aquella edición célebre: Georgette solo conservó un ejemplar, el número 28, que es el que utiliza Enrique Ballón en su investigación, y recuerda un comentario de la viuda del poeta sobre un detalle que le llamó la atención solamente veintinueve años después de realizar su publicación: aunque ella aportó los originales, ni siquiera figura como uno de los destinatarios de los ocho ejemplares especiales, constatando al comprobarlo que estaba por entonces realmente más sola que una piedra (Ballón Aguirre 2018: 61 y ss.).

Me hacen pensar estas declaraciones y datos en que se llevó pocos libros a Perú o que se fue desprendiendo generosa de ellos hasta no quedarse más que con uno, el número 28. Me resisto a creer que en su equipaje iba solamente este ejemplar. Debió viajar con algunos más. Guardó, eso sí, con fidelidad extraordinaria, todos los originales manuscritos y mecanografiados hasta el final de su vida, que dedicó en gran parte a salvar y a difundir el legado del poeta.

Otras declaraciones de esta mujer son igualmente conmovedoras por la dignidad con que asumió su destino. Previene una y otra vez contra supuestas ediciones definitivas o canónicas. Lo sabía bien después de haber estado muchas horas descifrando y pasando a limpio aquellos poemas manuscritos. Ni siquiera el título *Poemas humanos* (1928-1938) era un título definitivo para Vallejo, quien solamente en uno de sus carnés escribió en París, el 20 de septiembre de 1929, un título provisional y aproximativo: "Libro de *poemas humanos*". Fueron ella y Raúl Porras Barrenechea quienes decidieron el título, aunque les disgustaba a ambos.

Hoy resultaría una locura proponer un título para esta gavilla de poemas que no fuera este, sabiendo su peripecia y, sobre todo, conociendo su singular contenido, la horma única con la que César vallejo fue construyendo en su madurez sus mejores poemas, buscando expresar con la mayor precisión lo esencial de su visión de la condición humana.

Con lo dicho hasta aquí, acaso se comprenda un poco mejor por qué me gusta leer y releer a César Vallejo en esta edición, sin prejuicios filológicos y eludiendo cualquier tentación erudita o comparativa. Ante este libro me comporto como simple lector que él y no yo ha elegido, sabiendo sus peculiares avatares y que fue compuesto y editado en medio del dolor de quienes más querían a Vallejo para que perduraran sus versos. Es un vaso de frágil vidrio que aún retiene la fragancia primera de los versos de Vallejo. Y por eso lo manejo con cuidado, no vaya a quebrarse.

Así que, sin pretenderlo ni buscarlo, me he ido convirtiendo en un lector fetichista del poeta peruano. La lectura tiene algo de rito en libros como este. Como si continuara vigente la vieja idea que otorgaba a lo escrito cierta sacralidad y que con la poesía no debería perderse nunca del todo. Se acude a estos libros buscando acaso más que conocimiento, revelación, ese plus de deslumbramiento que uno espera siempre de la mejor poesía. Abro sus páginas al azar y me zambullo en ellas como quien se arroja a un pozo de aguas frescas. Cuando vuelvo a la superficie, chorrean por mi cuerpo los versos de Vallejo, cada letra una gota. Me quedo con un verso o con una idea, los dejo que se sequen y se desvanezcan, renunciando a cualquier ejercicio de exégesis. Este es un libro bautismal y hay que dejar que opere como hace el misterio en los ritos, sin saber cómo o por qué.

Poemas humanos es uno de los amuletos que guardan mi casa de los enemigos de la poesía. Lo leo de tarde en tarde, escuchando atento y silencioso la voz del poeta. Tal vez con más tiempo llegue a entenderlo. O no. Qué más da. Entretanto, lo leo siempre fiel al aforismo juanramoniano: "En ediciones diferentes los libros dicen cosas distintas". Y casi siempre, me digo, misteriosas.

Bibliografía

BALLÓN AGUIRRE, Enrique (2018): "Manuscritos poéticos de César Vallejo. Edición diplomática". En: *Texto/ Textes el cultures* XXIII-2, 1-640.

VALLEJO, César (1939): *Poemas humanos* (1923-1938). Paris: Les Éditions des Presses Modernes au Palais-Royal.

4. Aguas poéticas residuales en el fin de siglo: *kloakas* de Lima y cloacas de Madrid

Ángel Esteban
Universidad de Granada

Tradición y contracultura no siempre son términos antagónicos. Es más, no existe contracultura sin tradición, no solo por el hecho de que enfrentarse significa siempre un objeto *a quo*, sino porque, además, cualquier hostilidad directa con el padre es solo posible en la actitud, nunca en la naturaleza. Desfigurarse para configurarse es tarea vana. Ha habido en los siglos XIX y XX, a raíz de las independencias latinoamericanas, ciertas tentativas encaminadas a borrar la huella del pasado colonial, como las disquisiciones sobre la conveniencia de continuar utilizando la lengua española, la búsqueda de una literatura auténticamente nativa o la necesidad de inventar "mundos nuevos", al decir de Huidobro. Pero el pasado no puede desaparecer por voluntad expresa de individuos o colectividades. La memoria, que es caprichosa, resulta a veces más contundente que las propias definiciones genéticas. Cuando Julio Trujillo, en su antología de veinte poetas peruanos de la segunda mitad del siglo XX, analiza la relación de los poetas nacionales con la tradición, sugiere que esta "no es un simple referente o coordenada, no es un muro contra el cual afanarse ni un reflejo tentador en el agua: es un elemento activo combustible y renovable. El poeta peruano lee, incorpora y transmuta, vuelve nuevo con especies conocidas". (Trujillo 2005: 24). Ahora bien, cada promoción literaria maneja el peso de la tradición de un modo diferente, dependiendo de las circunstancias de formación de sus integrantes y de los avatares sociales y políticos del momento en que comienzan su andadura artística y llegan a la madurez. Desde que la vanguardia latinoamericana se erigiera en un faro para dar a la literatura y a las artes del subcontinente un sello de originalidad, han sido muchas las respuestas de los poetas peruanos ante la tradición, desde un respeto y una veneración por los clásicos españoles en la generación posterior a Vallejo hasta una mirada al mundo anglosajón y una vuelta hacia lo indígena, combinado con el conversacionalismo y el coloquialismo en las últimas promociones del siglo (Hora Zero, desde los setenta; Kloaka, desde los ochenta). En las dos últimas décadas del xx, los de Kloaka intensificaron ciertas actitudes de sus antecesores. Ya en los años sesenta, los poetas tendieron a separarse de la excesiva influencia que los del cincuenta habían arrastrado del Siglo de Oro español, pero aquellos intentos por asimilarse a otras tradiciones o manifestarse dentro de una propia llevaron a los críticos a confundir el afán de novedades o nuevos rumbos con un rechazo frontal a lo español. Eduardo Chirinos ha llamado la atención sobre este particular con un acierto digno de mención:

> El "británico modo", como fue llamado por simpatizantes y detractores, fue malentendido como una reacción ante el clasicismo español, vigente en los poetas de la promoción anterior (y aún en las obras más tempranas de los poetas del 60). Tal vez porque, pasada la primera mitad del siglo, aún persistía en el Perú la idea de que *lo hispánico* estaba vinculado a *lo colonial*, libros como *Las constelaciones* (1965) de Luis Hernández, *Canto ceremonial contra un oso hormiguero* (1968) de Antonio Cisneros y *Contra natura* (1971) de Rodolfo Hinostroza fueron celebrados como emblemáticos de una actitud que en su momento se vio como *antihispanizante* (es decir, como *moderna*), sin recordar que por aquellos años se escribía en España una poesía que participaba, a su modo, de un espíritu común: la de *novísimos* como Pere Gimferrer y Leopoldo María Panero, y la de poetas un poco mayores como Jaime Gil de Biedma. (Chirinos, en Lumbreras 2009: 224-225)

Guillermo Gutiérrez Lymha, uno de los integrantes de Kloaka en los ochenta, reconoce que la influencia española en la poesía peruana del siglo xx es poderosa, aunque los grupos poéticos de los setenta en adelante traten de minimizar esa evidencia. "Se sintió bastante en los años treinta —concreta Gutiérrez—, porque antes Vallejo estaba en su propio mar y los poetas limeños leían a los franceses […], pero llegó a su cenit en los cuarenta y cincuenta, por muchos motivos: la influencia editorial, la educación, la vinculación de lenguas." (Esteban 2015).[1] En los años sesenta, parece que la huella anglosajona eclipsó a la española, pero eso no es así, continúa Gutiérrez, coincidiendo en eso con el análisis de Eduardo Chirinos, ya que, por ejemplo, Marco Martos y Antonio Cisneros terminaron "haciendo poesía muy española, pero imitando al medioevo" (Esteban 2015).

La promoción de los ochenta, que es la que más nos interesa ahora, fue bastante heterogénea en su relación con la literatura y la cultura peninsulares, ya que en sí misma fue una generación con un amplio margen de complejidad y diversidad. En realidad, lo único que unía a aquel grupo generacional era "el hecho de que los límites de la institución [literaria] empezaban a hacerse difusos y los poetas jóvenes asumían el deterioro generalizado de la sociedad peruana como un deterioro del propio quehacer escritural" (Mazzotti 2002: 137). Chirinos comenta que los pocos estudios que hasta ahora ha habido sobre la época han resultado poco satisfactorios, porque Kloaka solo fue una parte de ese todo conflictivo, dentro de una "asombrosa heterogeneidad creativa", que es, además, el mejor logro del grupo. De hecho, la comprobación de que no hay demasiados puntos de coincidencia o contacto entre la mayoría de los miembros de esa nómina de poetas (el mismo Chirinos, José Antonio Mazzotti, Raúl Mendizábal, Domingo de Ramos, Jorge Frisancho, Roger Santiváñez, Mariela Dreyfus, Rosella Di Paolo, Guillermo Gutiérrez, Mary Soto, Dalmacia Ruiz-Rosas, Enrique Polanco, Rodrigo Quijano, Rafael Dávila-Franco, José Alberto Velarde, etc.) no opera en detrimento de ellos, porque esa "necesaria y saludable

---

1 Todas las declaraciones que aparecen bajo la misma referencia (Esteban 2015) de los poetas de los ochenta son fruto de diversas entrevistas, todavía inéditas, a los miembros de Kloaka y al resto de los poetas de la misma promoción literaria. Agradezco a los cinco poetas reseñados su colaboración con este ensayo.

dispersión discursiva" es, asimismo, la prueba de una "dispersión del sujeto, de los referentes, e incluso de los sistemas electivos que conforman la movediza tradición en la que cada uno se inscribe y a su manera enriquece y prolonga" (Chirinos, en Lumbreras 2009: 234). Chirinos sugiere que la evolución del mapa poético de las tres últimas décadas, desde los ochenta, refleja la ausencia devastadora de un proyecto político nacional. La sociedad andina fue reacia a las ilusiones que los proyectos que rechazaban las dictaduras militares, de incipiente democratización, pretendían crear en un pueblo necesitado de mesías y líderes confiables. El populismo y el terrorismo acabó con muchas de las esperanzas depositadas por diversos grupos sociales y el país generó constantes carencias de unidad. Los manifiestos de Kloaka son muestra de ello. En todos los documentos programáticos del movimiento se detalla el doble cometido de la acción poética de sus miembros: el social y el estético, subordinando siempre el segundo al primero: buscan la liberación integral de los peruanos, que durante siglos han padecido explotación, discriminación y marginación por parte de los grupos que han ostentado el poder, con el fin de terminar con los iconos falsos levantados por la burguesía (Dolores 2014: 17), pero también condenan a los "falsos izquierdistas, burócratas, ineptos, insensibles, incapaces, comechados reformistas y traidores del Amor, la Vida y la Confianza del Pueblo" (Dolores 2014: 19). Cuando tuvo lugar la masacre de Uchuraccay, publicaron un pronunciamiento en la misma línea, criticando a los agentes sociales y políticos que han abocado a la sociedad peruana a "un punto demencial de destrucción, hasta los límites de la violencia irracional, absurda y terrible" (Dolores, 2014: 29). Roger Santiváñez, uno de los fundadores de Kloaka y el principal promotor del movimiento, recordaba hace unos años los puntos básicos del arranque de aquella aventura radical: escribir una poesía que manifestara el sentimiento de las masas explotadas mediante el habla cotidiana, cuestionamiento profundo del sistema burgués buscando formas de vida alternativas, y la integración de las artes y la restitución de las artes a la vida cotidiana (Santiváñez, en Torres e Irigoyen 2010: 217). Esa determinación, tan general y tan poco llena de contenidos concretos, propia de la tendencia a la dispersión de la época, no significaba, por otro lado, que Kloaka fuese un movimiento abierto a innumerables tendencias. De hecho, poco después de su fundación ya experimentó un primer conflicto interno, que terminó con la redacción de una carta de expulsión, firmada por Edián Novoa, Enrique Polanco, Domingo de Ramos, Roger Santiváñez y José Velarde, con dos *aliados principales* —José Antonio Mazzotti y Dalmacia Ruiz Rosas—, contra Guillermo Gutiérrez ("No resistió el ataque reaccionario de *Caretas*. Huyó en vez de cerrar filas en torno al Movimiento"), Julio Heredia ("No supo manejar los límites entre el amor y la fe en el Movimiento. Fue arrasado por una corriente pasional destructiva"), Mariela Dreyfus ("Imbecilizada por el orden. Incapaz de una verdadera ruptura. Miedo y sujeción al PADRE. Oportunismo") y Mary Soto ("Ganada exclusivamente por sus notas. Alejada del Movimiento y de la poesía").[2]

Los jóvenes de los ochenta se creían destinados a cambiar el mundo, reordenarlo, quizá movidos todavía por aquella máxima de Sartre que había sido difundida en el país andino por Mario Vargas Llosa en los años sesenta, que concede valor de acción a la palabra y pone la literatura y el arte al servicio (poético) de una lucha real, física y eficaz. Domingo de Ramos reconoce que todas las generaciones se creen destinadas a "rehacer el mundo" y que la de él, ahora que ya han pasado treinta años de la fundación de Kloaka, ya no podrá hacerlo, pero sí puede todavía contribuir a que el mundo no se deshaga, a restaurar "un poco de lo que constituye la dignidad de vivir y de morir", con "su triple apuesta por la belleza, la verdad y la libertad" (Esteban 2015). En su poética personal, ello cristaliza en temas como la violencia, la soledad, la marginación, la exclusión, la alienación y la miseria humana, sobre todo en los libros de los primeros años, *Arquitectura del espanto* y *Pastor de perros*, cuyos inquietantes títulos remiten a una realidad mucho más inquietante, donde existe un mundo "quebrantado sin esperanza". En el intento de conseguir una dicción que fuera a la vez una revelación y pudiera convertir la palabra en acto, mucho tuvo que ver la herencia española. Afirma Domingo de Ramos: "Para llegar a ese camino me fue necesario leer asiduamente a los grandes poetas del Barroco español, a los clásicos aedos griegos y latinos" y también al García Lorca de *Poeta en Nueva York*, además de a Gamoneda, quizá el único poeta español de la segunda mitad de siglo que le marcó profundamente (Esteban 2015). La historia de Perú y la de España parece que se encuentran en los

---

2 Agradezco a José Antonio Mazzotti la copia de la "Carta de expulsión", extraída del original a máquina.

modelos del desencanto, el olvido y la marginación. Ramos alude a uno de los maestros más genuinos de la España de los desheredados para confirmarlo: "Que se haga justicia a *Los olvidados*, los grandes olvidados que Luis Buñuel muy bien retrató en esa maravillosa película cuya historia parece muy nuestra y que nos toca con su belleza, ternura y maldad" (Ramos, en Dolores 2014: 161).

Contracultura y crítica al colonialismo

Pero no todo es sintonía. La imagen de lo español en la poesía de Kloaka y la promoción de fin de siglo es a veces la de una reflexión distópica o incluso antitópica. España inventó la utopía americana en el siglo XVI, y la contracultura de la época moderna y posmoderna ha tratado de reaccionar en muchas ocasiones contra esa perspectiva eurocentrista y colonialista. El poemario de Domingo de Ramos *Las cenizas de Altamira* es quizá uno de los símbolos más específicos y contundentes de esa actitud, configurado "en medio de tensiones culturales y geopolíticas entre centro y periferia, en medio de la noción de frontera y de la violencia de los éxodos" (Parra 2010: s/p). Altamira no solo designa lo arcaico, de origen europeo, español, es decir, el pasado colonial, sino también aquello de lo que ya no quedan más que cenizas, que fue centro y ahora no es nada. Por eso Diego, el protagonista del poema "Estoy en luz", "ve pasar las antorchas de Altamira gorjeando profundamente" (Ramos, en Dolores 2014: 177) y declara: "Todo lo que es luz me ofende" (Ramos, en Dolores 2014: 176). En un universo cuya totalidad es conflictiva y la oscuridad hace pensar en el rumor sucio de la cloaca, la claridad de lo otro, lo que está encima o estuvo antes, se convierte en agravio.

El problema más grave es que la contracultura no consigue separarse radicalmente del tipo de luminaria de la que desconfía y a la que supuestamente se enfrenta. La única posibilidad era un indigenismo que obviara los últimos quinientos años de historia, como si nunca hubieran existido. Guillermo Gutiérrez hace énfasis en esa idea y reconoce que muchos intelectuales y artistas de la época criticaron a Occidente, pero no cortaron con él; criticaron a la burguesía, pero nunca abandonaron el proyecto burgués en el que nacieron, fueron educados y se alimentaron hasta económicamente.

"Si naciste en un medio burgués —reconoce—, en el mejor de los casos serás un francotirador hasta el suicidio" (Esteban 2015). Muy pocos llegarán hasta el extremo, hasta la inmolación, como Heraud. Para Gutiérrez, en general, en Perú nunca ha habido una conciencia real de la lucha por alcanzar una identidad indígena o mestiza, pues se siente "vergüenza de un pasado (el colonial) que, por otro lado, esquizofrénicamente se lo levanta; el Perú canibaliza y vampiriza el mundo indígena para tener identidad propia, pero muchos de los que así se manifiestan nunca aceptarían tener a su lado ese mundo indígena de igual a igual: acá, blanco con plata, la luchó; cholo con plata, narco" (Esteban 2015). Esa especie de complejo que, indirectamente, se avergüenza —según Gutiérrez— de lo indígena y lo criminaliza llegó incluso a los intelectuales y los críticos literarios. En la época del *boom*, y de ahí en adelante, muchos académicos trataron de vender a Europa la imagen de la literatura latinoamericana como algo primitivo, pero en el fondo hablaban desde el lugar de los "hijos de Pizarro", colocándose de un modo sutil en el espacio de los "latinoamericanos occidentales modernos", pues indirectamente despreciaban la literatura "que les hiciera sentirse provincianos" y hablaban de ella como algo exótico y folclórico. Por eso Gutiérrez se ha ido escorando cada vez más hacia posiciones más marginales dentro del panorama literario del Perú. Al reflexionar sobre el lugar de Kloaka en aquellos ochenta, declara que fueron vilipendiados por la izquierda y por la derecha y que el fracaso posterior les ha dado la razón, aunque el contacto con grupos dominantes y no periféricos produjo un efecto negativo en sus reivindicaciones:

> Tal vez sobreestimamos la bohemia y nos hizo daño el vivir en cierta relación de dependencia con ciertos círculos literarios que se creían el centro del mundo. Debimos concentrarnos en ser una sociedad secreta, un culto, crear una nueva religión, matar al Papa, y alejarnos de toda la decadencia. Si al final Kloaka se rompió es porque era un proyecto dadaísta, un gesto, un salvaje y primitivo grito, que los civilizados, a los que desprecio, fueron incapaces de dar. (Gutiérrez, en Dolores 2014: 247-248)

Por esa misma razón, la propuesta poética de Gutiérrez se ha radicalizado cada vez más, hacia un indigenismo histórico anticolonialista, como en su libro, parcialmente inédito, *Los evangelios de la guerra del alma*, un texto que cabalga entre el verso libre, la prosa poética y la prosa narrativa, en el que hay declaraciones como: "He aquí la sociedad dominante la élite deslegitimada / que se alza aun creyéndose poderosa cuando en / verdad está regodeándose en la mierda elefantiásica / de la que no quiere salir / ¡¡Sea anatema!!" (Gutiérrez, en Dolores 2014: 260) y en el que las afirmaciones drásticas en contra del colonialismo son contundentes: "Lanzemos [sic] a la cloaca a los últimos restos de los / conquistadores y orinémonos en sus restos / a la mierda los infames hispanistas vamos a romper / el poto a José Antonio del Busto[3] vamos a cacharle / por la boca a María Rostworowsky[4] la fujimorista" (Gutiérrez, en Dolores 2014: 261), concluyendo que la consigna de este tiempo es la

> purificación total del mundo que nos legó la
> conquista lo más válido de occidente lo reintegraremos
> dentro de nuestra identidad recuperada de indios
> culturales redivivos
> no dejaremos huella de la Lima virreinal asesinaremos
> esa cultura como ella quiso asesinarnos romperemos
> las muelas de aquellos que la defienden de esa
> escoria que nos dice que esa mierda debe volver
> pero que restituir el incario es anacrónico
> claro no les conviene
> basura infecta
> te odio Perú me limpio el culo con tu bandera me
> cacho a la madre patria me burlo del himno nacional
> y destrozo tu escudo

---

3   José Antonio del Busto fue un insigne profesor de Historia de la Católica y eximio investigador, condecorado ampliamente por su labor intelectual, miembro de diversas academias y presidente de instituciones muy relevantes. Sus estudios sobre la época colonial andina son imprescindibles para conocer esa etapa de la historia. Fue muy controvertida su crítica abierta a la Municipalidad de Lima por la decisión de esta de retirar el monumento de Pizarro de un costado de la plaza Mayor. Afirmó que podrían sacarlo de ahí, pero jamás de la historia, y fue contundente en otra ocasión al concluir que los peruanos y los latinoamericanos no son ni vencedores ni vencidos, sino hijos de los vencedores y de los vencidos por igual. Murió en 2006.

4   María Rostworowsky es hija de un conocido aristócrata polaco y nieta de un ministro, casada en varias ocasiones con diferentes aristócratas y estudiosa de la historia antigua del imperio inca, con casi treinta libros publicados, numerosos premios internacionales y seis doctorados *honoris causa*. Vicepresidenta de la Academia de la Historia, fue directora del Museo Nacional de Historia. En 2015 cumplió cien años.

engendro infame surgido de la independencia y del
virreinato es a vuestros representantes actuales
a los que odio y más cuando observo que se están
matando entre sí mientras que nosotros pagamos
el precio de su egoísmo malditos vampiros ansiosos
por treinta monedas y sus casuchas de Miami ellos
desprecian al Perú que tanto dicen amar.
(Gutiérrez, en Dolores 2014: 261-262)

Maestros españoles y fuentes peninsulares

Este que acabamos de presentar es, sin duda, el testimonio más extremo de una actitud de rebeldía contra la sociedad importada de
Europa, que terminó en un capitalismo discriminatorio y en un
complejo de inferioridad frente a los dominadores, según Gutiérrez. Contra ese complejo se rebeló Kloaka, pero su vigencia como
grupo fue efímera. Solo Gutiérrez ha mantenido posturas cada vez
más contraculturales y, por tanto, marginales, porque los demás
miembros del grupo y de esa promoción poética han evolucionado
hacia preocupaciones cada vez más literarias, culturales y artísticas
y menos políticas. Lo más común entre ellos es reconocer la huella
de maestros españoles en su obra, combinada con otras influencias,
desde los ochenta hasta ahora. Mariela Dreyfus, por ejemplo, destaca la huella en su obra de Leopoldo Panero, común en los de Kloaka,
la poesía de Ana Rosetti y el *Evohé* de Peri Rossi y ciertas expresio-
nes de la cultura popular, como la música rock, grupos ochenteros
como El Último de la Fila, Radio Futura, Alaska y Dinarama y La
Unión. También dejaron buena impronta en su formación las películas de Erice, Saura y Almodóvar. Pero este color peninsular es
parte de un universo mucho más amplio, como en sus colegas de
generación, que comienza con el surrealismo, primero la literatura
francesa, pero también sus ramificaciones latinoamericanas. Fruto
de ello fue, por ejemplo, su investigación sobre César Moro, *Sobera-
nía y transgresión* (2006). En segundo lugar, la poesía contemporánea
de los Estados Unidos, comenzando con los poetas confesionales
(Lowell, Plath, Sexton, Jarrell) y continuando con los *beatniks* (Ke-
rouac, Ginsberg, Di Prima), cuyo punto de encuentro entre la belleza y la desolación le hace pensar en la obra plástica y literaria
de Salvador Dalí (Dreyfus, en Dolores 2014: 124). Y, por supuesto,

el continente latinoamericano, como la poesía exteriorista de Cardenal y ciertos cubanos, la antipoesía de Parra y las generaciones peruanas de los sesenta (Cisneros, Hinostroza, Hernández) y de los setenta (movimiento Hora Zero: Pimentel, Verástegui, Ramírez Ruiz) (Esteban 2015). En Mariela Dreyfus, la historia y el pasado español son a veces recursos retóricos en la búsqueda de la felicidad; es decir, configura un universo literario, cultural, que convierte la raíz en cita, en lugar común del "cualquiera tiempo pasado", como en el poema 15 de *Pez* (2005), cuando se pregunta: "¿Quién habrá de sacarnos de la aflicción de la isla? ¿Cuándo hemos de volver / a la tierra del moro la tierra del hebreo la tierra del hispano a la tierra / africana? ¿Cómo cuándo por dónde navegar a esa tierra que fluye leche y miel?" (Dreyfus, en Dolores 2014: 136). Algo similar ocurre con Mary Soto, en cuyo poema "El buen amor" retoma el tema del Arcipreste de Hita, pero en clave de compromiso social y político. Cuando recuerda a los que ya no están, porque fallecieron en la lucha armada o en las represiones de las dictaduras militares, se pregunta: "¿Dónde carajo quedó el buen amor?" y piensa en "los que se fueron / en sus brazos arrancados / en sus uñas despedazadas / en la picana / en sus lenguas y / sus flores" (Soto, en Dolores 2014: 241). "Buen amor", como en el libro del Arcipreste, es una categoría ambigua y en Soto remite a la generosidad del que da la vida por otros, a la solidaridad de quienes luchaban juntos por un ideal, ya que, para la autora, Kloaka fue el lugar de reunión de los jóvenes que deseaban la lucha armada: "Sentíamos que el corazón se nos salía del pecho en esas horas de urgencias en las que aún no existía una organización que encarnara nuestros sueños", y el grupo de poetas de los ochenta "encarnaba la rebeldía en la palabra y la vida en poesía" (Soto, en Dolores 2014: 220).

La imbricación más profunda, más literaria y más inteligente, a nuestro juicio, del universo peruano y peninsular reside en aquellos poemarios que contemplan paralelismos jugosos de la historia, en lugar de diatribas sobre identidades más o menos autóctonas, más o menos centrales o periféricas, o reivindicaciones históricas sobre las que ya se ha escrito hasta la saciedad desde el siglo XIX. El propósito literario de estas propuestas es claro, con un sentido cultural, histórico y de calidad antropológica sin parangón en el resto de las manifestaciones de la época. Son muchos los poetas que visualizan esa corriente de trasvases transatlánticos en tiempos y lugares diferentes, como José Antonio Mazzotti, siempre alrededor de las preocupaciones de Kloaka, pero sin pertenecer formalmente al movimiento. Su libro *Declinaciones latinas* es un ejemplo perfecto de lo que venimos proponiendo. En los dos poemas recogidos bajo el epígrafe "Exilios dos poetas", pone a dialogar dos exilios, el americano de Luis Cernuda y el español del Inca Garcilaso. Cernuda consigue un puesto en la universidad estadounidense de Mount Holyoke que le dará estabilidad económica a partir de 1947, pero su mente estaba en España, mientras vivía "una vida vicaria" con el anhelo "de cerrar los libros esperando que en la última página / se abriera un capítulo distinto", rumiando "una patria en ruinas, amigos / en el manicomio o simplemente muertos", recordando y sintiendo "las olas de Cádiz sobre las mejillas", sintiéndose herido "como el ciervo que corre por agua / y finalmente no alcanza, no respira / sino para escuchar los perros que se acercan / con ojos de burla y espanto" (Mazzotti, en Dolores 2014: 336-37). La soledad, el deseo y la nostalgia cernudianas se complementan con esa otra soledad del Inca que llega a España para vindicar sus dobles orígenes aristócratas y encuentra rechazo por parte de familiares y autoridades: otra vida vicaria, que siente una extrañeza "al conocer a los marqueses, tus tíos, / sintiendo de veras el desdén que se les dedica a *los de tu calaña, mala sombra*, diciendo, / de unos aventureros de rapiña, alturados / sin mayor lustre, retoños en indias promiscuas, que ahora llegan a reclamar dudosos / heroísmos" (Mazzoti, en Dolores 2014: 337). La elección de los protagonistas no es casual: Mazzotti ha escrito varios libros sobre el Inca y es un académico que, además, con el tiempo también salió de su país y pudo sentir la misma extrañeza y la misma soledad que la de cualquier latino o español en una universidad de la costa este de los Estados Unidos.

La interconexión transatlántica en Roger Santiváñez es algo diferente, ya que no es tan claramente peninsular, sino que, como buen integrante de Kloaka, se encuentra traspasada por constantes guiños al mundo anglosajón, como el de aquella Sissi que adora "la idea de besar / La boca en trance de Mick Jagger y / Columpiarte en los bigotes de Dalí" y a la que no le interesa "el verdor del agua en la campiña del Cuzco" (Santiváñez 2006: 184), aunque son Pound y Eliot los referentes culturales por excelencia, no solo para Santiváñez, sino para toda la generación. En "Homenaje para iniciados", recuera los trece años de internamiento de Pound, su canto contra la usura, su estancia en Italia y los paralelismos con Blake, Dante y Sócrates, en lo referente al cargo de traición, y con Fourier, Thoreau y Marx por sus críticas al capitalismo (Santiváñez 2006: 40-41). Aunque no se habla directamente del Perú, es claro que, en el contexto de los ochenta (el libro de Santiváñez es de 1984, uno de los primeros frutos de la Kloaka revolucionaria), ese poema es un guiño al ambiente de malestar que los miembros del grupo han puesto de manifiesto en sus ensayos programáticos y sus proclamas. Veinte años más tarde, en el séptimo poema de *Eucaristía*, Santiváñez sí reconoce el vínculo de Pound con el Perú y su cultura, al manejarlo como modelo para ser verdaderamente quechuas y en un contexto, además, vallejiano:

> Vox Dei allegrum Vulgus —dijo Pound
> En el arte de la poesía en la noche
> Nosotros elevamos un cántico hacia ti
>
> Para ser quechuas o sea bien
> Llamas en llamas se incendia mi país
> 4 paredes albicantes de su celda Vallejo.
>
> (Santiváñez 2006: 163)

Finalmente, el poema "Pound/Frazer + Piura (Get Back)", de 1986, es una muestra magnífica de esa transposición de espacios y tiempos que conecta países, culturas, continentes, etc. Por un lado, está el *background* poundiano relativo a la religión y al pasado grecolatino; por otro, la alusión a Frazer, el antropólogo experto en mitología, y todo ello aderezado con una vuelta a la Piura natal (el poeta ha estado en Lima varios años, ocupado en la difusión de Kloaka y en su inserción en el ambiente poético/roquero, en el que luego abundaremos), donde recuerda la luna de Paita y el sol de Colán, motivos piuranos que se han convertido en lugar común del pueblo peruano en el habla cotidiana y, a partir de los cuales, el poeta reflexiona, para terminar con un homenaje, comprometido y solidario, a los difuntos en el cementerio piurano, que son como los recuerdos abandonados:

> Ahora es el poema del regreso
> la casa está vacía y vuelta a visitar
> tal vez para decir Adiós

una forma de querer difícil
sol degollado en la carretera de mi muerte
Tears for fears
una soledad de Semana Santa
& putrefacción
escribir una canción la más hermosa
escribir unas palabras robadas al tedio
como los muertos en San Teodoro,
joven disoluto herido de gravedad a los 20 años.

(Santiváñez 2006: 206-207)

Quizá el ejemplo más claro de anclaje peninsular en suelo peruano es *El libro de los encuentros*, de Eduardo Chirinos (1986), cuyo segundo capítulo, "Sangre de Hispania fecunda", actualiza el tema que Rubén Darío toca en su "Salutación del optimista" como una nota cultural, un guiño al hispanismo positivo del nicaragüense, que resalta las notas identitarias de una España que ha ofrecido al mundo americano la religión, el idioma, la literatura y una forma de ver la vida y que, gracias a ello, el futuro es todavía más grande que el presente o el pasado glorioso. Las "ínclitas razas ubérrimas" verán un "alba futura" y "millones de labios saludarán la espléndida luz", dice Darío. Es claro que Chirinos no participa del triunfalismo del siglo anterior, ribeteado antes de Darío por el mestizaje de Martí y el arielismo de Rodó y continuado por el mundonovismo de Contreras y el mito de la raza cósmica de Vasconcelos; su cita es una manera de valorar y agradecer a España una buena parte de su formación y un pretexto para celebrar, en forma de homenaje, los frutos personales, culturales e intelectuales que ha tenido su primera estancia en la Península gracias a una beca de estudios. En diversas ocasiones ha hablado sobre ello:

Mi primer viaje decisivo fue a España en 1986. Estuve allí dos años y fue para mí una *revolución copernicana* en todos los sentidos. Allí escribí *El libro de los encuentros*, un libro que no hace otra cosa que corroborar que imaginaria y vitalmente ya había estado allí, y que lo que me correspondía era encontrar lo que creía haber perdido: en el colegio resolvía problemas de matemáticas con pesetas, me aprendí la lista de los reyes visigodos antes que la de los incas, en sus kermeses comía chocolate con churros y tortilla de patatas. Y en casa, la música que más se escuchaba era la zarzuela. En España constantemente me decía: "¡Pero esto ya lo conozco, esto ya lo he leído!". Cada vez que vuelvo a ese país (y vuelvo con frecuencia) siento que vuelvo a casa. (Esteban 2015)[5]

En los poemas de Chirinos hay algo más que en los que hemos visto hasta ahora: los tiempos, los espacios y las culturas se funden, se identifican, conviven. El poema "El bien mayor de nuestros dioses" comienza con una descripción de un viaje colectivo por Ítaca, con la concurrencia de Cíclopes, Lestrigones y Poseidón, en un contexto supuestamente mitológico y griego, hasta que llega el matiz contemporáneo y, más adelante, la ambigüedad sobre lo que podría ser una escena contemporánea o antigua:

> ¡Ah ingentes emporios de Fenicia a la salida del Metro!
> Mercaderes árabes nos ofrecieron sus aromas y perfumes, los hindúes
> Sus vihuela y atabales, los íberos sus todos de piedra y esa sangre que aún
> Perturba nuestras venas. (Chirinos 1988: 43)

Los encuentros son cada vez más llamativos. El poeta peruano describe en "Templo de Debod" un lugar muy madrileño (jardines de Ferraz, parque del Oeste) con una escena muy actual (jóvenes parejas amándose en las bancas, otros escribiendo poemas, parejas paseando, niños jugando a la pelota, gente haciendo fotos, etc.), pero enseguida se coloca en 1737 en las arenas de Nubia y el Nilo, hasta llegar al santuario de Debod, recordando a los antiguos asirios y persas, macedonios y romanos. Después, en 1970, en el puerto de Valencia, unas grúas manejan restos de ese templo de Debod (Chirinos 1988: 47-48). El poeta se siente muy español, pero también se identifica con un pasado que fue el pasado de aquellos territorios entre el sur de Europa, el norte de África y Oriente Medio, es decir, el ámbito del Mediterráneo. En el fondo, la tesis no está muy lejos de Rodó, para quien lo *mediterráneo* constituía una parte muy importante de la identidad latinoamericana. La diferencia de Chirinos con el uruguayo estriba en que el peruano ha adquirido una identificación

---

5   Este documento inédito hasta la fecha, y que he incorporado como parte de la entrevista a los miembros del grupo *Kloaka* y de la amplia y diversa generación de los ochenta, me fue enviado por Eduardo Chirinos con la siguiente nota: "Velada realizada el 17 de julio de 2015 en casa de la familia Eslava de la Hoz, en Miraflores, y en presencia de una veintena de invitados".

emocional y vivencial con el entorno español que le exime de las justificaciones teóricas del ensayista del modernismo. El poeta pasea por el perímetro del mundo mediterráneo como por su historia, en una suerte de educación sentimental que le recuerda, como dijo en la entrevista de julio de 2015, a lo que ya vivió en Perú siendo niño o adolescente, tanto en casa como en la escuela.

Poesía y música: de la movida *madrileña* al *andesground* limeño

Los puntos de encuentro entre la estética finisecular de los poetas jóvenes peruanos y los españoles son más de los que parecen. Por aludir a un punto de vista cualificado y representativo, baste con las apreciaciones de Roger Santiváñez sobre la necesidad de superar las épocas dictatoriales en los dos países y de manifestar, mediante la palabra poética y los registros musicales populares, ciertos malestares y determinadas esperanzas. Todo comienza sobre 1980 o 1981. Santiváñez descubre la revista *Quimera* y, en ella, un artículo sobre los últimos poetas españoles del momento, como Luis García Montero, Ana Rosetti, Blanca Andreu o Felipe Benítez Reyes. Para él fue un hallazgo muy importante, porque en ese tiempo andaba pensando en que en el Perú estaba naciendo una nueva generación, con inquietudes particulares, distintas a las de los grupos anteriores. El artículo de González Vigil de ese mismo año, en *El Comercio*, sobre los "tres tristes tigres" (Chirinos, Mazzotti, Mendizábal) fue el punto de conexión, para Santiváñez, entre las evoluciones de los dos países, y así nació Kloaka. Cuenta Santiváñez que él y Mariela Dreyfus

> decidimos fundar el movimiento Kloaka (1982) para —entre otros propósitos— pivotear nuestra ya lanzada generación del 80, como una alternativa distinta a la generación anterior [...]. El colectivo se consolidó con la participación de los poetas novísimos de aquella hora Guillermo Gutiérrez, José Alberto Velarde y Domingo de Ramos. Posteriormente se unieron a Kloaka los poetas Julio Heredia y Mary Soto, y —en calidad de aliados principales— José Antonio Mazzotti y Dalmacia Ruiz Rosas. El pintor Enrique Polanco también fue de la partida. (Esteban 2015)

Conviene matizar que en la fundación del movimiento hubo más poetas implicados. Santiváñez, antes de adentrarse en el ambiente de los ochenta, ya había leído, a mitad de los setenta, la antología española *Nueve novísimos*, de Castellet, encontrada en la librería Sótano de la plaza de San Martín, en Lima, que se convirtió en su "libro de cabecera por largos meses", disfrutando la obra de Gimferrer, Carnero, Martínez Sarrión y Ana María Moix, pero, sobre todo y por encima de ellos, la de Leopoldo Panero, que será finalmente uno de los guías espirituales más importantes de todo el grupo de Kloaka:

> En los días del movimiento Kloaka y sus intensos cónclaves de largas horas ininterrumpidamente seguidas, yo leía a voz en cuello los notables y estimulantes poemas de *Así se fundó Carnaby Street* en la preciosa edición de Ocnos, colección que —en ese tiempo— llegaba puntualmente a Lima. Sabíamos que Panero era un *poeta maldito* por diversas informaciones como por ejemplo la revista *El Viejo Topo* y otras que —después de la muerte de Franco— llegaban a Lima, la horrible. De modo que, interesados en todo lo que significaba *malditez* en poesía, Panero era uno de nuestros tótems sagrados. (Esteban 2015)

En aquellas reuniones, veladas y tertulias interminables, lo que más gustaba de los poetas españoles del momento era el coloquialismo, ya que en el Perú había una obsesión por una poesía que recogiera las voces de la calle; asimismo, se rendía culto al Eliot del ritmo conversacional y al Pound de "Poetry is Speech", los cuales habían dejado su huella también en los españoles de los ochenta. Y, junto con la poesía, llegó también de España el rock urbano, la movida y el pop postfranquista, en forma de rebeldía, que funcionó más si cabe gracias al consumo de alcohol, tabaco y demás estupefacientes. El libro de Santiváñez *Symbol* es una buena muestra de ello, como apunta el mismo autor, pues en sus páginas "la materialidad del lenguaje está transformada por la violencia drogada y su particular sintaxis, a la cual habría que agregar la violencia política de Sendero Luminoso que campeaba diariamente en la Lima de los ochenta" (Esteban 2015).

En ese contexto, la actitud contestataria de los grupos de música españoles fue un caldo de cultivo para los contenidos de la poesía y la música peruanas. Cuenta Santiváñez que, cuando se preparaba en 1982 el primer recital de Kloaka, su amigo Edgar Barraza, conocido como Kilowatt, llegó a su casa con un casete de Parálisis Permanente, y ya antes era seguidor de la música de Ramoncín. A renglón seguido arribaron a Lima muestras de otros grupos, como Siniestro

Total, Décima Víctima, Radio Futura, Aviador Dro y Alaska y los Pegamoides, gracias a un viaje que Rafael Hurtado de Mendoza hizo a la Península. Se reproducían los casetes y se vendían en ciertos puntos de la ciudad, hasta que en pocos meses la fiebre de la *movida* madrileña circulaba entre los jóvenes limeños. Kilowatt descubrió también a Nacha Pop, Los Secretos, Loquillo, La Dama se Esconde, Golpes Bajos, La Unión y Gabinete Caligari, y formó, como parte de una célula rocanrolera de la capital, algunos de los grupos del *andesground* peruano al estilo de los españoles. "Fue a través de Kilowatt —sostiene Santiváñez— que yo tomé contacto con esta célula en el verano de 1983, cuando preparaba el lanzamiento del movimiento Kloaka, lo que ocurrió el 11 de febrero de ese demencial año, en un destartalado bar de la plaza Unión, centro de Lima —zona lumpen— denominado La Catedral, el mismo donde transcurre buena parte de la novela *Conversación en La Catedral,* de Mario Vargas Llosa" (Esteban y Santiváñez 2015: 119).

Y así se fue forjando el rock subterráneo de Lima, de un modo espontáneo y en distintos barrios de la ciudad. Las primeras bandas memorables fueron Cimiento, Soljani, Temporal, Kotosh, Madrigal, Kilowatt y la Kola Rok y Medias Sucias, algunas de ellas vinculadas directamente con el grupo poético Kloaka (Esteban y Santiváñez 2015: 120), y la revista *Ave-Rok* organizó los conciertos Ataca Lima, utilizando el lema "Rock subterráneo". El grupo Leuzemia, verdadero fundador de la tendencia, fue uno de los protagonistas centrales de ese episodio, junto con otros como Delpueblo o Narcosis. Poetas y músicos estaban ávidos de novedades llegadas de España, y Santiváñez comenta que "por esos sacros días podíamos leer con Kilowatt y la mancha de Kloaka el inhallable *Así se fundó Carnaby Street* de Leopoldo Panero, [...] y también revistas de la transición española [...] como *El Viejo Topo* (que nos abría insospechados mundos), la más literaria *Quimera,* o los cómics de Punko en *Bésame mucho.* Y un poco después *Ajo Blanco*" (Esteban y Santiváñez, 2015: 120). Concluye el poeta que estrictamente no se podía hablar de una influencia de la movida española sobre el rock subte de Perú, pero sí de una *emulación literaria*: muchas letras de canciones y el estilo de los fanzines guardaban relación con lo que llegaba de la Península, cuyo rock y pop se consumían de manera *underground* a través de copias privadas que se reproducían y compartían en diversos garitos y casa privadas, ya que la radio y la televisión eran ajenas a ese movimiento. Roger recuerda a Gonzalo Púa, del grupo Autopsia, llevando un polo de Siniestro Total con la frase "Ante todo mucha calma", que, junto a "Bailaré sobre tu tumba", era una de las canciones que más sonaban en el circuito *andesground*. Memorable fue, por ejemplo, el concierto de la Orquesta Mondragón, que se llenó de músicos de bandas incipientes como QEPD Carreño, Eructo Maldonado o Voz Propia (Esteban y Santiváñez 2015: 122).

Esa corriente de mutua identificación entre poetas y músicos peruanos y españoles no se ha vuelto a dar desde entonces. Kloaka fue un movimiento no del todo unitario, sino más bien aglutinador de tendencias e influjos transatlánticos de ida y vuelta y, aunque en España no había conciencia de ello, las calles limeñas estaban llenas de eslóganes, aparatos de música, salas de fiestas, tertulias literarias e intertextualidades continuas que repetían los temas de moda peninsulares. La huella fue profunda, y aún pueden recogerse vestigios. Hace muy poco, en 2013, Dalmacia Ruiz Rosas escribía, en su poema "El abogado", un verso entrecomillado, es decir, una especie de cita: "¿Qué hace alguien como tú en un lugar como este?" (Ruiz Rosas, en Dolores 2014: 304), recordando la tantas veces reproducida canción de Burning compuesta para la película homónima de Fernando Colomo, que inundó las estaciones de radio españolas en los años 79 y 80 y se introdujo en los bares y en las conciencias del territorio *andesground* limeño como un virus, como una plaga de la que los ochenteros todavía no se han recuperado.

Bibliografía

CHIRINOS, Eduardo (1988): *El libro de los encuentros*. Lima: Editorial Colmillo Blanco.

— (2009): "Dar con el péndulo o cruzarlo: tradición y orfandad en la poesía peruana". En: Lumbreras (ed.): *Intersecciones. Doce poetas peruanos*. Ciudad de México: Calamus, 219-246.

DOLORES, Zachary de los (ed.) (2014): *Kloaka. Antología poética*. Madrid: Amargord.

ESTEBAN, Ángel (2015): *Entrevistas en las kloakas: Roger Santiváñez, Mariela Dreyfus, Guillermo Gutiérrez Lymha, Domingo de Ramos y Eduardo Chirinos*. Inédito.

ESTEBAN, Ángel y SANTIVÁÑEZ, Roger (2015): "Kloaka, el rock andesground y la movida española de los ochenta". En: LETRAL 15, 118-122.

LUMBRERAS, Ernesto (ed.) (2009): Intersecciones. Doce poetas peruanos. Ciudad de México: Calamus.

MAZZOTTI, José Antonio (2002): Poéticas del flujo. Migración y violencia verbales en el Perú de los 80. Lima: Fondo Editorial del Congreso del Perú.

PARRA ORTIZ, Richard (2010): "Inmersión en lo indecible: lo femenino en Las cenizas de Altamira, de Domingo de Ramos". En: El hablador 18, s/p (revista electrónica).

SANTIVÁÑEZ, Roger (2006): Dolores Morales de Santiváñez. Lima: Hipocampo y Asaltoalcielo Editores.

TORRES, Carlos e IRIGOYEN, José Carlos (2010): Poesía en rock: Una historia oral. Perú (1966-1991). Lima: Altazor.

TRUJILLO, Julio (sel. y pról.) (2005): Caudal de piedra.Veinte poetas peruanos (1955-1971). Ciudad de México: UNAM.

III
Narrativa y teatro del siglo xx en las dos orillas

1. Mario Vargas Llosa, lector de la novela española contemporánea

Agustín Prado Alvarado
Universidad Nacional Mayor de San Marcos

Mario Vargas Llosa arribó a España por primera vez en 1958, desde aquella fecha hasta nuestros días la sociedad y cultura españolas forman parte de su mundo literario y su vida personal. Aquel viaje a España, como lo ha contado en diversas entrevistas, fue su segunda visita a Europa, en esta oportunidad con la intención de radicar en alguna ciudad del viejo continente (especialmente París) para convertirse en escritor. Al graduarse de bachiller en Lima, consiguió casi inmediatamente ganar la beca Javier Prado en su alma máter, la Universidad Nacional Mayor de San Marcos, que le permitió realizar estudios de doctorado en la Universidad Complutense durante un año. Esta estancia en Madrid lo involucró con la cultura peninsular y le permitió viajar por los territorios españoles, frecuentar a los escritores, disfrutar del mundo intelectual universitario e iniciar su vida de escritor.

Algunas preguntas que podemos plantearnos de esa relación con aquella España de fines de los cincuenta serían las siguientes: ¿cuánto sabía Vargas Llosa sobre la literatura española antes de viajar a la península? ¿Leyó y escribió sobre los escritores españoles de su época en sus viajes y residiendo en España? La primera pregunta tiene una respuesta evidente para los conocedores de la obra vargas-llosiana, pues, aparte de los escritores del Siglo de Oro que estudió en San Marcos, su primera gran lectura fue la novela del escritor valenciano Joanot Martorell *Tirante el Blanco* (1490), libro decisivo para comprender la poética novelística del escritor peruano. La respuesta a la segunda interrogante es igualmente afirmativa, pues conoció y leyó a los autores españoles de los años sesenta que estaban surgiendo, como Luis Martín Santos, Juan Marsé o Juan Goytisolo, y tuvo amistad con ellos; sin embargo, como lo ha confesado en un artículo titulado "Dos muchachas" (2004), cuando arribó a España no había leído a los escritores contemporáneos mientras estudió en Lima porque consideraba, por el prejuicio que existía en el Perú y seguramente en el resto de la América Hispana, que las publicaciones españolas estaban encorsetadas por ciertos temas como lo religioso o el franquismo.

En su primer año en Madrid, al parecer no lee a sus pares españoles, pero en cambio sí se convierte en un fervoroso lector de un escritor decimonónico como Benito Pérez Galdós, especialmente novelas como *Fortunata y Jacinta*, que incluso le sirvió como una guía para recorrer las calles de aquel Madrid de fines de los años cincuenta. Este recuerdo de Pérez –Galdós y de su estancia en 1958 en la capital española se puede apreciar en su artículo titulado "Madrid cuando era aldea", publicado en 1985 en la revista suiza *Le Temps Stratégique*. Esta evocación de aquel año universitario retrata una vida cultural bastante limitada por la censura franquista, incluso en comparación con la vida universitaria de Lima, ya que la Universidad de San Marcos no distaba mucho de las instituciones académicas de España. En una entrevista del año 2007 realizada por Juan Cruz (2017), evoca las lecturas madrileñas de ese año:

> Aquí leí *Fortunata y Jacinta*, por ejemplo, que fue una de mis grandes lecturas de esa época, y recuerdo haber seguido por las calles de Madrid los itinerarios de *Fortunata y Jacinta*, que estaban todavía bastante vivos. Se podían seguir también los itinerarios de las novelas madrileñas de Baroja. Recuerdo *Aurora roja*, *La busca*, ese trío de novelas sobre anarquistas situadas en el Madrid viejo. Allí estaban las calles, los nombres de las calles. (Cruz 2017: 99)

Para esa década de los sesenta, Vargas Llosa se dedicó y puso todo su empeño en conseguir reeditar una de sus novelas favoritas, *Tirante el Blanco*. Esta novela no se había vuelto a publicar en España durante mucho tiempo, a ello se agregaba que entre los escritores españoles a quienes el joven Vargas Llosa frecuentó en su primer año madrileño y en los sesenta solamente recuerda a Luis Martín Santos como el único que habría leído esta novela con el mismo deleite. Este testimonio sobre *Tirante el Blanco* y Luis Martín Santos se encuentra en la introducción de la compilación de ensayos de Vargas Llosa *Carta de batalla por Tirant lo Blanc* (1991), donde incluso revela que consiguió que el editor catalán Carlos Barral leyera esta novela y preparara una edición en catalán prologada por el medievalista Martín de Riquer y editada en dos volúmenes por Seix Barral en 1969. Ese mismo año se preparó una edición de *Tirante* en castellano en una nueva traducción en dos tomos en Alianza Editorial acompañada por el prólogo de Mario Vargas Llosa, donde desarrollará uno de sus conceptos más importantes en su poética literaria: la novela total.

Para no olvidarnos de la relación que existió entre Mario Vargas Llosa y Luis Martín Santos, se ha podido recoger un testimonio del novelista peruano en la minuciosa biografía sobre el escritor español *Vidas y muertes de Luis Martín Santos* (2009); en esta valiosa investigación se relata la amistad que hubo entre ambos escritores y el viaje que realizaron al País Vasco, a la ciudad de San Sebastián. En esta biografía se muestra el respeto y admiración que sentía Vargas Llosa por Luis Martín Santos y por su novela *Tiempo de silencio* (1962), que se había editado un año antes que *La ciudad y los perros* (1963).

Si comparamos ambas biografías, los dos escritores tenían muchas afinidades. La primera de ellas es que ambos procedían de orígenes provincianos: el peruano, de origen arequipeño, aunque los años de infancia se desarrollaron en tierras bolivianas para pasar por Piura (al norte del Perú), trasladarse a Lima y cerrar el último año en Piura; los estudios universitarios los realizó en la Universidad Nacional Mayor de San Marcos, la más antigua del Perú y América, y al concluir la universidad viajaría becado a Madrid para realizar estudios de doctorado; en el caso del escritor español, nació en Larache (Marruecos), pero se crio en San Sebastián, posteriormente estudió Psiquiatría en Salamanca para dirigirse a Madrid a continuar sus estudios de doctorado. Otra de las intersecciones biográficas en ambos es su aprecio y veneración por la obra literaria y filosófica del escritor francés Jean Paul Sartre; efectivamente, el existencialismo sartreano será central para la obra de ambos autores (aunque Vargas Llosa se distanciaría hacia los años setenta y ochenta de su ídolo francés). Dentro de la esfera de las ideologías, ambos escritores eran militantes de izquierda y consideraban que las causas sociales debían jugar un rol, aunque siempre cuidaron que sus obras literarias no se convirtieran en un simple discurso de combate social.

En los territorios literarios también se pueden encontrar otros lazos, el primero de ellos es la renovación estilística que plasmaron en sus novelas. Esta modernidad literaria provenía de la admiración que ambos escritores profesaban por las nuevas técnicas de la narrativa vanguardista en lengua inglesa; para Luis Martín Santos, *Ulises* (1922) del escritor irlandés James Joyce fue uno de los modelos para la escritura de los monólogos que se encuentran en *Tiempo de silencio*, además de otra gama de recursos estilísticos; en el caso de Vargas Llosa, su admiración acérrima provenía de la narrativa del escritor estadounidense William Faulkner (quien, como es sabido, apreció mucho la obra de Joyce), las diversas técnicas narrativas que asimiló el novelista peruano se pueden apreciar en su primera novela, *La ciudad y los perros*, y en los libros que publicó en los años sesenta. Para cerrar estas vidas paralelas, podemos afirmar, como lo ha hecho la crítica, que *Tiempo de silencio* y *La ciudad y los perros* son novelas renovadoras de la literatura en España y en la América Hispana; con la novela de Luis Martín Santos se inicia un nuevo periodo narrativo para las letras peninsulares y con el libro de Vargas Llosa, el denominado *boom* hispanoamericano.

Durante los años sesenta, el autor de *La casa verde* continuó con las lecturas de la literatura hispanoamericana que empezaron a surgir en esas fechas, el estallido del *boom*; la vida en París, luego en Londres y posteriormente en Barcelona le permitió frecuentar e ir tejiendo amistades con los grandes escritores de Hispanoamérica, entre ellos, Julio Cortázar, Carlos Fuentes o Gabriel García Márquez, e incluso escribió reseñas sobre *Rayuela* o semblanzas, como la dedicada a Carlos Fuentes, y una tesis doctoral sobre la obra de García Márquez que se convirtió en libro, considerado hoy uno de los mayores estudios sobre el escritor colombiano, *García Márquez, historia de un deicidio* (1971). El interés por los otros escritores de la nueva narrativa hispanoamericana también ha formado parte de sus lecturas desde los años sesenta hasta el presente, por ello en su obra crítica contamos con artículos sobre Borges (1990) y Carpentier (2002) o un libro dedicado a Onetti (2008). ¿Ese similar interés por la narrativa hispanoamericana también se produjo con la literatura española contemporánea? Podemos afirmar que sí formó parte de sus lecturas, aunque no con el mismo fervor que el que tuvo por los escritores mencionados de la América Hispana o de otras tradiciones literarias.

La relación de Vargas Llosa con España tiene diversas etapas, seguramente la más revisada y registrada por los investigadores es su etapa en Barcelona entre 1970 y 1974, cuya primera crónica es el libro testimonial del escritor chileno José Donoso *Historia personal del Boom* (1972), y, en fechas más recientes, las dos investigaciones más valiosas sobre este periodo siguen siendo el libro de Ángel Esteban y Ana Gallego *De Gabo a Mario* (2009) y el voluminoso trabajo de Xavi Ayén *Aquellos años del boom. García Márquez, Vargas Llosa y el grupo de amigos que lo cambiaron todo* (2014). Los capítulos dedicados a la vida del escritor peruano en la capital catalana constituyen la gran crónica de las amistades del *boom* y el giro vital para convertirse en un escritor profesional que vivirá casi exclusivamente de su escritura.

Aunque para fines de los años sesenta Vargas Llosa ya había publicado sus tres novelas capitales, *La ciudad y los perros* (1963), *La casa verde* (1966) y *Conversación en La Catedral* (1969) (su primera obra maestra), y esa joya del *nouvelle* (o novela breve) *Los cachorros* (1967), la estancia en Barcelona lo instalaba completamente en la capital del *boom*, donde se encontraba su agente literaria, Carmen Balcells (quien lo había convencido de dejar la enseñanza en Londres para dedicarse a escribir), y la editorial de sus libros, Seix Barral. En aquella década, los trabajos alimenticios habían pasado por la enseñanza universitaria, en Europa y Estados Unidos; además, contaba con la preparación suficiente para escribir ensayos y estudios de carácter académico.

Sin embargo, Vargas Llosa, como afirmamos líneas arriba, sí frecuentó a los narradores (e intelectuales) españoles contemporáneos a quienes leyó e incluso comentó por escrito; estas lecturas se produjeron luego de ganar el Premio Biblioteca Breve en 1962 por su primera novela, *La ciudad y los perros*. Este premio se recuerda como el inicio de su consagración como escritor y, además, llevó a que Carlos Barral lo convocara como jurado permanente del mismo hasta fines de los años sesenta.

En el año 1965, la ganadora del Premio Biblioteca Breve fue la novela española *Últimas tardes con Teresa* (1966), del escritor barcelonés Juan Marsé; los detalles de la votación para este triunfo los ha registrado Xavi Ayén en su voluminosa investigación *Aquellos años del boom*, y también se encuentra en el documentado libro *Mientras llega la felicidad, Una biografía de Juan Marsé* (2015) de Josep María Cuenca. La novela de Marsé competía por la presea literaria en la recta final contra el manuscrito *La traición de Rita Haywort* del escritor argentino Manuel Puig y, al parecer, en ese concurso el escritor peruano estuvo al principio a favor de la novela argentina; sin embargo, se impuso la novela de Marsé[1] y Vargas Llosa escribió una reseña para la revista española *Ínsula* en el número 233 del año 1966.

Esta primera reseña, titulada "Una explosión sarcástica en la novela española moderna", donde brinda datos biográficos de Juan Marsé, registra el título de sus dos primeras novelas, *Encerrados con un solo juguete* (1960) y *Esta cara de luna* (1962), ambos libros, según opinión del novelista peruano, escritos dentro de los modelos del neorrealismo (que fue el estilo literario que se impuso en la narrativa española de los años cincuenta). Este primer dato nos muestra una familiaridad con la literatura peninsular de aquella época al apreciar los rasgos estilísticos de estas dos primeras novelas.

El siguiente segmento de la reseña explica las características a nivel argumental, en el cual destaca los rasgos de los personajes principales: el Pijoaparte, apodo de Manolo Reyes, perteneciente a las clases sociales marginales y pobres de Barcelona, y Teresa, hija de la alta burguesía catalana. Uno de los aspectos que resalta del manuscrito (al parecer, la reseña se escribió para dar la batalla por la censura que también sufrió el texto) se encuentra en el estilo que Marsé utilizó para contar esta historia de amor, por ello, Vargas Llosa destaca como ingrediente importante el empleo del sarcasmo.

---

1 El triunfo de Marsé igual arrastró opiniones polémicas, como lo ha recordado Pablo Sánchez (2009). Un crítico tan emblemático como el uruguayo Emir Rodríguez Monegal expresó una opinión bastante corrosiva sobre *Últimas tardes con Teresa*. Por su parte Josep María de Cuenca detalla los cambios en la votación y la reacción de Juan Marsé sobre la reseña escrita por Mario Vargas Llosa sobre *Últimas tardes con Teresa*.

Cuando finalmente la novela fue publicada en 1966, se utilizó un fragmento de esta reseña como comentario en la contraportada del libro donde Vargas Llosa avalaba esta narración. Para aquellas fechas, el respaldo que le procuraba el escritor peruano era muy importante por el prestigio que había adquirido muy rápidamente. Gracias a ello y a este premio, *Últimas tardes con Teresa* consiguió atravesar el Atlántico para ganar nuevos lectores, un logro que no habían conseguido los escritores españoles de los años anteriores. Incluso la crítica académica en Hispanoamérica empezó a reseñar y analizar la novela de Marsé.

... Leyendo *Ultimas tardes con Teresa*, he tenido la impresión de asistir a los minuciosos e impecables preparativos de un suicidio que está cien veces a punto de culminar en una hecatombe grotesca y que siempre se frustra en el último instante por la intervención de esa oscura fuerza incontrolable y espontánea que anima las palabras y comunica la verdad y la vida a todo lo que toca, incluso a la mentira y a la muerte, y que constituye la más alta y misteriosa facultad humana: el poder de creación. Pocas veces ha reunido un autor tan variados y eficaces recursos para escribir una mala novela y por eso mismo resulta tan notable y asombrosa la victoria de su talento sobre su razón. El libro, en efecto, no sólo es bueno, sino tal vez el más vigoroso y convincente de los escritos estos últimos años en España...

... Medio desconcertado aún por la sangrienta burla que juega en este libro, a su autor, ese indefinible poder de animación, ese flujo profundo que recorre a sus personajes y, a Teresa sobre todo, los emancipa y desvía de la esquemática función que les había trazado, no puedo dejar de pensar qué alto y fascinante monumento literario hubiera sido éste si todo el aparato racional de la novela estuviera al servicio y no en contra de este chorro vital, si éste no debiera vencer tantos y tan crueles obstáculos para manifestarse...

Mario Vargas Llosa
En Insula

PREMIO BIBLIOTECA BREVE 1965

El escritor catalán, además, llegó a leer y valorar la obra de Vargas Llosa, como lo manifestó en la entrevista publicada en el libro *Los españoles y el boom* (1971), donde indica claramente que es el autor del *boom* a quien más ha seguido en el recorrido de su obra, incluso revela: "Para mí el más interesante es Vargas Llosa. Después de las tres novelas que ha publicado yo creo entender lo que se propone y me parece que es muy ambicioso e interesante" (Marsé, en Grieve y Tola 1971: 204).

Otro de los escritores españoles reseñados por Vargas Llosa fue Juan Goytisolo, quien es considerado uno de los artífices del cambio narrativo en España (Sanz Villanueva 1984). La novela que el escritor peruano comenta es *Reivindicación del Conde don Julián*, publicada en México en 1970 por la editorial Joaquín Mortiz. Esta novela forma parte de una trilogía compuesta por *Señas de identidad* (1966) y *Juan sin tierra* (1975), donde el protagonista que atraviesa los tres libros es el fotógrafo barcelonés Álvaro Mendiola, quien se encuentra exiliado en París. En *Señas de identidad* el personaje realiza un viaje que lo lleva a España, donde inicia su exploración de la sociedad y la historia españolas. Estilísticamente, esta novela quiebra la linealidad del relato, utiliza la segunda y la tercera persona del narrador y la ausencia de signos de puntuación en algunos pasajes, lo que muestra la intención de Goytisolo por romper los moldes convencionales de la novela que ya había iniciado Luis Martín Santos con *Tiempo de silencio*.

La reseña de Vargas Llosa se publicó en la revista uruguaya *Marcha* en 1971 (en el número 1602 del mes de julio) y después fue incorporada al libro *Contra viento y marea I* (1983). El primer párrafo del texto es una toma de posición en contra de las novelas que reivindican el patriotismo sin encontrar mácula en sus sociedades, por ello reflexiona sobre la novela como género capaz de cuestionar modelos sociales como los regímenes capitalistas; sin embargo, reconoce que existen intelectuales (izquierdistas) que consideran que la novela no debería cuestionar a las sociedades socialistas porque así estarían brindando armas a los enemigos de esa ideología. Para el escritor peruano, ningún régimen, ni siquiera el socialismo, podrá resolver todos los problemas. Este párrafo es una defensa de la novela como literatura que socava y se rebela ante las insatisfacciones producidas por los individuos, las instituciones y la sociedad en su conjunto.

Esta posición en defensa de la novela le permite anunciar que el texto de Juan Goytisolo provocará "las delicias de la censura española" (Vargas Llosa 1983b: 175), principalmente por el tema centrado en la "abominación de España". Efectivamente, el resto de la reseña es una lectura de las estrategias que Goytisolo ha utilizado para cuestionar a España. Aunque para esas fechas el franquismo estaba entrando en sus últimos años, la censura todavía seguía vigente.

Las estrategias que utiliza Goytisolo para socavar la idea de una España única residen en reconstruir el lenguaje; por ello, inventa uno nuevo que mezcla prosa y poesía, con una peculiar puntuación (con el uso de dos puntos) y el uso de la técnica del *collage*; no obstante, para Vargas Llosa el narrador, aunque pretenda abominar de España, sigue enlazado a ella. Esta peculiaridad del uso de un lenguaje iconoclasta tan comentado por los críticos permitió a Carlos Fuentes, en su ensayo *La nueva novela hispanoamericana* (1969), incorporar a la nómina de escritores de ambas orillas en una intersección lingüística común como la renovación del lenguaje.

Otros autores españoles comentados por Vargas Llosa en los años setenta nuevamente son pocos: el primero de ellos fue Jorge Semprún, de quien comentó su novela *La autobiografía de Federico Sánchez* (1977) en un artículo para la revista *Cambio 16* (diciembre de 1978); especialmente resalta de este libro la crítica abierta hacia el Partido Comunista y sus líderes en una época en la que los pensamientos de izquierda tenían una poderosa vigencia. Manuel Vázquez Montalbán también fue comentado por Vargas Llosa en la *Revista de la Universidad de México* (1979): el artículo "Un escritor numeroso: Manuel Vázquez Montalbán" es un repaso de la prolífica producción del escritor catalán, a quien admira por el estilo personal (con humor y sarcasmo) que ha diseñado para los diversos artículos que había publicado.

Para los años ochenta, la situación en España cambió con el asentamiento de la democracia y los nuevos giros culturales en la península, y para aquella década no encontramos reseñas de Vargas Llosa sobre la narrativa española surgida entre las décadas de los setenta y ochenta. También es un momento en que el autor peruano comparte su vida entre Lima, Londres, algunas universidades norteamericanas y visitas a España, sin establecer todavía su residencia en la península. Sin embargo, como lo ha investigado Rita Gnutzman (2005), Vargas Llosa empezó a escribir su columna semanal (a la que denominará después "Piedra de Toque") en el diario *El País* desde comienzos de los ochenta y desde 1984 de manera continua.

Nuevamente volvemos a las interrogantes: ¿Se ha interesado Vargas Llosa por la novela peninsular más reciente? Pues la respuesta es afirmativa, ya que en las páginas del diario El País se publicaron algunas reseñas de novelas españolas editadas en el nuevo milenio. Uno de los libros con mayor repercusión de las letras españolas es *Soldados de Salamina* (2001), del escritor Javier Cercas; en las páginas de este libro se vuelve a desarrollar el gran tópico de la novela española del siglo xx y todavía del xxi: la guerra civil española. Las constantes reediciones, traducciones, la edición anotada para la editorial Cátedra en el año 2017[2] y los diversos análisis de crítica académica y estudios dentro de la historia literaria española contemporánea, como el de José María Pozuelo Yvancos, *Novela española del siglo xxi* (2017), han terminado por ensalzar a *Soldados de Salamina* como uno de los libros más significativos y de mayor impacto en las letras españolas[3].

Este "Piedra de Toque" que le dedica Vargas Llosa se titula "El sueño de los héroes" y se publicó el lunes 3 de septiembre del 2001. El artículo empieza revelando que el conocimiento y lectura de *Soldados de Salamina* fueron por consejo del amigo y escritor peruano Fernando Iwasaki. Al terminar la lectura, el novelista peruano la elogió cabalmente: "El libro es magnífico, en efecto, uno de los mejores que he leído en mucho tiempo y merecería tener innumerables lectores"; otro de los méritos que se destaca en esta narración es su capacidad de envolver al lector en uno de los temas serios de la historia española.

Destacamos la lectura *literaria* que realiza Vargas Llosa de *Soldados de Salamina* y resaltamos el término *literatura* por la siguiente razón: desde su primera edición, la novela de Javier Cercas ha tenido múltiples lecturas, una de estas ha visto el libro como una especie de biografía de uno de los protagonistas centrales, el escritor falangista Rafael Sánchez Mazas, quien se salva en dos ocasiones de la muerte en plena guerra civil. Otra lectura la ha clasificado dentro de la denominada *autoficción* o "relato real" (Pozuelo Yvancos 2017: 272-277); por el contrario, ante estas lecturas el autor de *La casa verde* considera

---

2 La edición de *Soldados de Salamina* para Cátedra ha sido preparada por Domingo Ródenas de Moya.

3 Habría que indicar el enorme aprecio que Javier Cercas tiene por la obra de Mario Vargas Llosa; puede consultarse para ello el artículo "La pregunta de Vargas Llosa" que escribió para la edición conmemorativa de *La ciudad y los perros* en el año 2012. Además del respeto intelectual existe una amistad entre Cercas y Vargas Llosa.

que el estilo, los pasajes de humor, los diálogos, la organización de los datos y la historia del propio narrador, quien revela al lector las peripecias, angustias y añoranzas para contar la historia de Rafael Sánchez Mazas, constituyen lo más valioso de esta novela.

En este recuento de Mario Vargas Llosa como lector de la novela española contemporánea de los siglos XX y XXI también podremos encontrar opiniones sobre escritoras. Durante el siglo XX, la literatura española está representada por narradoras muy apreciadas por diversos lectores y que consiguieron los reconocimientos de la crítica; entre ellas podemos mencionar a Concha Espina, Carmen Laforet, Carmen Martín Gaite, Ana María Matute, Cristina Fernández Cubas, Almudena Grandes y Belén Gopegui, y la lista continúa hasta nuestros días. Cada una de estas escritoras ha desarrollado su propia poética y en conjunto han consolidado una narrativa que ha abordado temas realistas, intimistas, fantásticos, eróticos e históricos en diversos registros, sea en el cuento o en la novela.

Recordemos que incluso, en el famoso premio literario Biblioteca Breve de 1962, *La ciudad y los perros* (*Los impostores*) compitió en la recta final con la novela *Ritmo lento*, de Carmen Martín Gaite. En su sección "Piedra de toque", Vargas Llosa publicó en el diario *El País* el domingo 28 de noviembre de 2004 un artículo titulado "Dos muchachas", en el cual realiza una lectura de dos novelas de escritoras españolas: *Nada* (1944), de Carmen Laforet, y *Las edades de Lulú* (1989), de Almudena Grandes.

La lectura se produjo al conmemorarse los cuarenta años de la publicación de *Nada*. Este libro fue uno de los escasos relatos que renovó casi insularmente la prosa española después de terminada la guerra civil; habría que esperar hasta 1951, cuando se publique *La colmena*, de Camilo José Cela[4], para empezar a ver un cambio en la novela española. Sin embargo, aunque *Nada* fue un libro apreciado por los lectores españoles, Vargas Llosa recién leyó la novela en el año 2004 —como lo confiesa en su artículo—.

---

4   La relación entre Mario Vargas Llosa y Camilo José Cela, al parecer, siempre fue una amistad muy cordial. Hemos podido rastrear una opinión escrita favorable del novelista peruano sobre Cela a quien considera "un magnífico prosista" en el artículo dedicado a Borges (1990). En el caso de Cela, en el libro de entrevistas de José Tola y Patricia Grieve, expresó su aprecio por las novelas de Vargas Llosa, además fue Cela quien dio el discurso de incorporación a Vargas Llosa a la Real Academia el 15 de enero de 1996.

El comentario se concentra en destacar a los personajes, principalmente a Andrea, la jovencita que llega a Barcelona a estudiar Letras y quien es testigo de la miseria de la ciudad derruida por la guerra, aunque las alusiones políticas no se mencionen explícitamente en las páginas de *Nada*, como lo aprecia Vargas Llosa. Uno de los aspectos de este libro que es valorado por el novelista peruano es la capacidad descriptiva: "Es admirable la maestría con que, a base de leves apuntes anecdóticos y brevísimas pinceladas descriptivas, va surgiendo ese paisaje abrumadoramente deprimente que parece una conspiración del universo entero para frustrar a Andrea e impedirle ser feliz, igual que a casi todos quienes la rodean". Este aspecto estilístico, valorado justamente, no será el único que se considere a la hora de analizar completamente el libro. Para cerrar el comentario de *Nada*, Vargas Llosa percibe en la ausencia del amor y el sexo una de las explicaciones por las cuales los personajes —incluso los más osados, como la muchacha emancipada Ena, a quien Andrea admira— conducen sus energías hacia conductas violentas. Con el transcurrir de las décadas, en las cuales ha surgido una nueva sociedad española con nuevos moldes estéticos en la literatura, la novela de Carmen Laforet sigue vigente para Vargas Llosa y para la historia literaria española.

La lectura que emprende de *Las edades de Lulú*, primera novela de Almudena Grandes, empieza manifestando que la fortaleza de esta ficción narrativa no se debió exclusivamente al retrato de una época desenfrenada en la sociedad española durante los años ochenta, la famosa *movida madrileña*, acabada aquella época y con el paso de los años, en opinión de Vargas Llosa, esta primera obra de Almudena Grandes mantiene su vigencia debido especialmente a su capacidad estilística: "Si no fuera por la buena prosa, el humor, la ironía y la inteligencia que la sostienen, *Las edades de Lulú* sería irresistible después de las primeras veinte páginas". Este reconocimiento del estilo es lo que sostiene una historia donde la protagonista explora, vive y comparte todas las posibilidades del placer carnal desde los quince años. Aunque este es el motivo recurrente de esta narración, Vargas Llosa aprecia la complejidad de la protagonista, quien, además, tiene un mundo intelectual muy personal donde las lecturas (incluso traducciones de poesía) constituyen parte de su trayectoria como mujer.

Las comparaciones establecidas entre ambos personajes, Andrea y Lulú, en esta crítica no buscan únicamente resaltar las obvias diferencias de carácter y de la sociedad en la que viven, por el contrario, la lectura realizada por el escritor peruano procura mostrar los vínculos y no únicamente las diferencias entre estas mujeres: el primero radicaría en su juventud y su persistencia por quebrar los roles asignados por la sociedad que les tocó vivir. Un segundo aspecto en común mencionado se encuentra en los contextos culturales en los que Andrea y Lulú surgieron literariamente: la primera, bajo una férrea dictadura y, en el segundo caso, una época de una incontrolable libertad; en ambos escenarios tan disímiles estas dos muchachas buscan una vida más intensa.

En el año 2016 fue publicada en España por la editorial Tusquets la novela *Patria*, del escritor vasco Fernando Aramburu. La narración está centrada en un tema reciente, polémico y trágico de la historia española: los años del terrorismo etarra. El eje central de la novela se concentra en dos familias de un pueblo del País Vasco, que, unidas por lazos de amistad, terminan distanciándose gravemente por las ideologías políticas. La novela ha tenido una gran repercusión entre los lectores en España, por ello este libro se ha reeditado continuamente desde su publicación. Los reconocimientos institucionales, como el Premio de la Crítica y el Premio Nacional de Narrativa (2017), también han galardonado a *Patria*.

En su semanal "Piedra de Toque", Vargas Llosa reseñó *Patria*. El artículo se publicó con el título "El país de los callados" el 5 de febrero de 2017. En las primeras líneas confiesa tener una familiaridad con lo escrito sobre el tema de ETA, sin embargo, considera que ha sido esta novela de Aramburu la que ha conseguido insertarlo en este periodo de terror desde diferentes perspectivas. Para el autor de *La ciudad y los perros*, el libro de Aramburu es una gran novela, digna de compararse con libros como *El agente secreto*, de Joseph Conrad, o *La condición humana*, de André Malraux, por los contextos históricos que estas novelas han retratado.

La reseña de Vargas Llosa aprecia las estrategias narrativas que ha utilizado Aramburu para armar esta historia: la pesada atmósfera que tiñe el libro, el uso de un tiempo lento y los pequeños episodios que rompen el orden cronológico, donde las analepsis y prolepsis narrativas diestramente dispuestas por el narrador consiguen incluso que el lector no se pierda en estos saltos temporales.

Revisadas todas estas reseñas sobre la novela española contemporánea, podemos corroborar en la obra crítica de Mario Vargas

Llosa un conocimiento y un aprecio por la narrativa peninsular, especialmente los relatos de corte realista, las estrategias narrativas y los temas contemporáneos. En la biblioteca personal del novelista peruano, la prosa española de los siglos xx y xxi ha formado también parte de sus demonios culturales.

Bibliografía

AYÉN, Xavi (2014): *Aquellos años del boom. García Márquez, Vargas Llosa y el grupo de amigos que lo cambiaron todo.* Barcelona: RBA.

CERCAS, Javier (2012): "La pregunta de Vargas Llosa". En: Mario Vargas Llosa. *La ciudad y los perros.* Edición conmemorativa del cincuentenario. Madrid: Real Academia Española-Asociación de Academias de la Lengua Española/Alfaguara, 473-498

CUENCA, Josep María (2015): *Mientras llega la felicidad. Una biografía de Juan Marsé.* Barcelona: Anagrama/Biblioteca de la memoria.

CURIEL RIVERA, Adrián (2006): *Novela española y boom hispanoamericano. Hacia la construcción de una deontología crítica.* Ciudad de México: Universidad Autónoma de México.

CRUZ, Juan (2017): *Encuentros con Mario Vargas Llosa.* Madrid: Deliberar.

DONOSO, José (1972): *Historia personal del boom.* Barcelona: Anagrama.

ESTEBAN, Ángel y GALLEGO, Ana (2009): *De Gabo a Mario.* Madrid: Espasa-Calpe.

FUENTES, Carlos (1969): *La nueva novela hispanoamericana.* Ciudad de México: Joaquín Mortiz.

GNUTZMAN, Rita (2005): "Mario Vargas Llosa y su obra en la prensa española". En: López de Abiada, José Manuel y Morales Saravia, José (eds.): Boom y postboom *desde el nuevo siglo: impacto y recepción.* Madrid: Verbum, 53-76.

GRIEVE, Patricia y TOLA DE HABICH, José (1971): *Los españoles y el boom.* Caracas: Editorial Tiempo Nuevo.

LÁZARO, José (2009): *Vidas y muertes de Luis Martín Santos.* Barcelona: Tusquets.

POZUELO YVANCOS, José María (2017): *Novela española del siglo xxi.* Madrid: Cátedra.

SÁNCHEZ, Pablo (2009). *La emancipación engañosa. Una crónica transatlántica del* boom (1963-1972). Murcia: Cuadernos de América sin Nombre/ Universidad de Alicante.

SANZ VILLANUEVA, Santos (1984): *Historia de la literatura española 6/2. Literatura actual*. Barcelona: Ariel.

VARGAS LLOSA, Mario (1979): "Un escritor numeroso: Manuel Vázquez Montalbán". En: *Revista de la Universidad de México*, vol. 33, n.° 12, 11-14.

— (1983a): *Contra viento y Marea (1962-1982)*. Barcelona: Seix Barral.

— (1983b): "Reivindicación del *Conde Don Julián* o el crimen pasional". En: *Contra viento y Marea (1962-1982)*. Barcelona: Seix Barral, 174-178.

— (1983c): "La autobiografía de Federico Sánchez". En: *Contra viento y Marea (1962-1982)*. Barcelona: Seix Barral, 276-279.

— (1990a): "Madrid cuando era aldea". En: *Contra viento y marea 3*. Lima: Peisa, 11-14.

— (1990b): "Las ficciones de Borges". En: *Contra viento y marea 3*. Lima: Peisa, 411-423.

— (1993): *El pez en el agua*. Barcelona: Seix Barral.

— (2001): "El sueño de los héroes". https://www.elpais.com/diario/2001/09/03/opinion/999468046_850215.html (15/1/2018).

— (2002): "*El reino de este mundo* (1949) Alejo Carpentier ¿Lo real maravilloso o las artimañas literarias?". En: *La verdad de las mentiras*, 235-248.

— (2004): "Dos muchachas". https://www.elpais.com/diario/2004/11/28/opinion/1101596406_850215.html (15/1/2018).

— (2008): "Una explosión sarcástica en la novela española moderna". En: Rodríguez Fischer, Ana (ed.): *Ronda Marsé*. Barcelona: Candaya, 217-221.

— (2008): *El viaje a la ficción. El mundo de Juan Carlos Onetti*. Madrid: Alfaguara.

— (2017): "El país de los callados". https://www.elpais.com/elpais/2017/02/02/opinion/1486035878_421520.html (15/1/2018).

2. Las patrias literarias de Fernando Iwasaki

EVA VALERO JUAN
Universidad de Alicante

Trasatlántico, transpacífico, transnacional, apátrida, cosmopolita. Estas son algunas de las etiquetas más repetidas por la crítica para definir a una de las figuras centrales de la literatura peruana de las últimas décadas: Fernando Iwasaki. Motivos biográficos determinan, en un nivel superficial, dos de ellas: transatlántico, por su residencia en España, en concreto, en Sevilla, y transpacífico, por su ascendencia japonesa. Pero tales términos no tendrían pleno sentido si no fuera porque Iwasaki, el escritor, es transatlántico y transpacífico no solo por el mero hecho de residir o de tener antepasados, sino, ante todo, por el diálogo que ha mantenido a lo largo de toda su trayectoria con la literatura española y con la de su país natal, el Perú,[1] por sus trabajos sobre las relaciones entre el Extremo Oriente

---

[1] Además de las obras de ficción dedicadas al Perú, se encuentran ensayos en los que ahonda en su historia, desde los inicios de su trayectoria hasta la actualidad, tales como *Nación peruana: entelequia o utopía* (1988), hasta el recientemente publicado, fruto de su tesis doctoral, *Aplaca, Señor, tu ira. Lo maravilloso y lo imaginario en Lima colonial* (2018).

y el Perú[2] (Dhondt 2016: 211) Y por su planteamiento constante de lo que se ha definido teóricamente como *multiterritorialidad* (Esteban y Montoya Juárez 2011: 7 y ss.): la visión transfronteriza que en Iwasaki se desarrolla como suma de identidades, que no implica pérdida o elusión de las diferentes culturas insertas en la suma.

Ello ha sido planteado por el escritor, a través de distintos géneros, como activación de una fructífera trabazón entre las diferentes literaturas y culturas nacionales en las que él mismo se incluye; así, por ejemplo, con el solape de mitos y héroes clásicos y mitos modernos de varias procedencias —a veces, provenientes del cine, del cómic…—, creencias ancestrales indígenas y motivos del cristianismo, mundo antiguo y moderno, etc. (Fuente 2005: 12 y ss.). Es decir, la transnacionalidad, derivada de su biografía y ascendencia, va más allá de la misma en tanto que se construye a través de la palabra en las diversas facetas que Iwasaki aúna como escritor: ensayista, cuentista, novelista, columnista y, también, historiador. Esa creación verbal y estética de lo transnacional se produce en español. Y si escribo tal obviedad en este preámbulo, en el que he situado a Iwasaki en la literatura peruana última, es con el fin de recordar su propuesta, reiterada en numerosas ocasiones, acerca de la necesidad de comenzar a hablar de "literatura escrita en español", frente a los conceptos de "literatura española" y "literatura latinoamericana". A todo ello me referiré en estas páginas, que pretenden adentrarse en algunas de las patrias que Iwasaki ha creado mediante la palabra, para llegar al fin a sus patrias literarias, concepto que utilizo en adelante como eje y perspectiva.

Para tal enfoque en obra y pensamiento del autor, comienzo por referirme a un panorama más amplio, necesario para ubicar su trayectoria en el conjunto. Abordar la literatura peruana que emerge del desplazamiento de Perú a España abre todo un espectro de autores y obras que, a lo largo de los siglos, y con especial incidencia en el xx, han jalonado una historia marcada por las características del puente entre ambos países y las derivaciones de su tránsito. En tal historia, que tiene al Inca Garcilaso de la Vega como figura señera y originaria, las últimas décadas han estado protagonizadas por tres nombres fundamentales: Fernando

---

2   *Extremo Oriente y Perú en el siglo xvi* (1992).

Iwasaki, Jorge Eduardo Benavides y Santiago Roncagliolo. En esta ocasión, es la producción de Iwasaki el tema en el que ahondar. En concreto, dentro de su trayectoria incidiré en obras en las que el diálogo entre la cultura y la literatura de ambas orillas (entre Perú y España) —en muchos casos, determinado por desplazamientos en forma de viajes o exilios de sus protagonistas escritores— se sitúa en el centro temático.

Atendiendo a la bibliografía existente, es preceptivo anotar, a modo de estado de la cuestión del que partir, que el carácter transnacional de la obra y el pensamiento de Fernando Iwasaki ha sido excelentemente abordado, entre otros, por Reindert Dhondt (2016) y por Sophie van der Broeck (2011). A ellos me remitiré con el fin de partir de sus conclusiones, dialogar con algunas de ellas y avanzar en la lectura crítica de aquellos textos de Iwasaki que resultan más significativos para ahondar en el puente Perú-España, prestando especial atención a los textos no abordados en estos estudios.

Para recorrer este camino, sin duda no hay mejor punto de partida que el propio autor, sus palabras para definirse, tan significativas para la comprensión de ese carácter transnacional que nos instala en los debates sobre la narrativa latinoamericana del siglo XXI y su siempre inevitable relación con el *boom*. En el discurso pronunciado en el X Aniversario de la Fundación Biblioteca Virtual Miguel de Cervantes (Alicante, 27-10-2009), titulado "Troyanos en la red", Iwasaki se definió con estas palabras: "No hay piropo más literario que ser considerado un troyano. En mi caso, un troyano andaluz de apellido japonés que nació en el Perú" (2010: s/p). Notemos en los elementos identificativos de su *identidad* (definida por él mismo en ocasiones como "apátrida"), que con ellos se inscribe en la tradición occidental y española, en el mundo oriental y en la raíz peruana, que será latinoamericana en entrevistas y declaraciones numerosas sobre el asunto: "Aparte de latinoamericano me siento muy español y sentirse español es también una manera de sentirse europeo y siendo europeo, te sientes occidental. Pero con un apellido Iwasaki, sospecho que soy también un poco oriental" (Broeck 20101: 20). Tal declaración resulta esclarecedora sobre la perspectiva cosmopolita de quien siente las identidades varias (incluso con el adverbio *muy* para referirse a la española), de modo que la palabra *transnacional* es exacta para definir su pensamiento. Precisamente por esa diversidad de identidades dicho pensamiento se sitúa frente a posicionamientos esencialistas con respecto a lo identitario y, por tanto, frente a ideales nacionalistas restrictivos, considerados por el autor como anacrónicos y como una mera "elaboración intelectual". Es decir, la producción literaria, ensayística y periodística de Iwasaki revela que su tratamiento de este tema no contempla disolver identidades nacionales, sino sumarlas, integrarlas, tal y como planteó también la figura tutelar de varios escritores de esta generación, Roberto Bolaño. Ello nos sitúa en una aparente paradoja, puesto que, como veremos, al mismo tiempo que se combate ese esencialismo patriótico, Iwasaki no elude lo nacional, sino que, muy al contrario, dedica buena parte de su obra al tema, ya sea a través de lo histórico, ya sea mediante la parodia de usos y costumbres de cada una de las nacionalidades que integra en sí mismo. En este punto, el objetivo suele centrarse en borrar los falaces exclusivismos identitarios y en avanzar hacia el sesgo positivo de la suma y la hibridación. Por poner un ejemplo, en su artículo "El flamenco llegará a ser mestizo" (2014) se opuso a la visión cerrada del flamenco como expresión artística exclusiva de bailaores y coreógrafos andaluces, para plantear la necesaria apertura a los que son de otros países. Por ello, Iwasaki alude a la pasión nipona por el cante jondo y expresa la esperanza de que "el arte flamenco se convierta en un gran arte global y mestizo como el jazz" (2014b: 16).

En este sentido, una obra fundamental para el tema que nos atañe, como es *España, aparta de mí estos premios* (2009), resulta estar vertebrada por motivos nacionales —españoles— muy estereotipados, abordados con humor y expresados en un idioma cuajado de localismos. Lejos queda así la búsqueda de un castellano neutro como tendencia de una parte de la narrativa latinoamericana del nuevo siglo que trata de traspasar no solo las fronteras geográficas, sino también las del idioma, en busca de un lector *global* empleando un español pretendidamente neutro. Ahora bien, la novedad es que Iwasaki no está utilizando peruanismos, sino que, por la temática y los objetivos del libro, se trata de localismos provenientes de las variedades del español peninsular. Si esta es una obra de referencia de Iwasaki sobre España y Latinoamérica, ya años antes había hecho una operación similar, pero centrada en España y Perú, en *Descubrimiento de España* (1996) y en su novela *Neguijón* (2005), en la que viajamos a los siglos XVI y XVII y nos ubicamos entre Sevilla y la Lima colonial en cada capítulo.

La mencionada paradoja se disuelve entonces, en tanto que lo nacional se afronta desde la reflexión sobre las diversas nacionalidades, no mediante la supresión de la temática, como ocurre en otros autores de su generación que Santiago Roncagliolo aglutina bajo la etiqueta de "cosmopolitas" en su artículo "Los que son de aquí. Literatura e inmigración en la España del siglo XXI" (2007). En sus páginas, incluye a los integrantes de la generación del crack o del grupo McOndo bajo la etiqueta de "cosmopolitas" para explicar que abogan por la elusión del discurso identitario, la superación de los tópicos mágico-realistas y la entronización de la globalización en oposición al nacionalismo esencialista (Noguerol 2008). Parámetros que, desde mi punto de vista, encajan solo en parte con el discurso de Iwasaki, quien nunca ha abandonado, entre otros, el eje de lo peruano, de su historia y de su tradición literaria hasta la actualidad, si bien desde una perspectiva siempre transfronteriza.

Los títulos de las obras y la multiterritorialidad

Antes de adentrarnos en los textos, y para sellar la idea de lo transnacional originada en la biografía y construida con la palabra, así como para fijar el eje de *patrias literarias* propuesto desde el encabezamiento, reparemos tal vez en lo más básico, por visible, y al tiempo significativo: el trasfondo de los títulos de sus obras. La mayoría establecen un diálogo, en forma de juego lingüístico, con esas diversas tradiciones nacionales a las que apela para definirse. Y bien podemos establecer un orden con todas ellas.

En primer lugar, Iwasaki rinde tributo a la tradición literaria peruana y a la historia del Perú en *Inquisiciones peruanas* (1994), evidente guiño a las *Tradiciones peruanas* de Ricardo Palma (también, obviamente, a *Inquisiciones*, de Borges), con las que establece un vínculo intertextual no solo a través del título, sino en la forma de los pequeños relatos, de reminiscencia palmiana, que conforman la obra y que rescatan, por ejemplo, procesos inquisitoriales en el Perú colonial.[3] Pero un

---

3   En la línea de su investigación doctoral como historiador, que dio como resultado la tesis titulada "Lo maravilloso y lo imaginario en Lima colonial, siglo XVII", presentada en 2015, y que ha fructificado en el citado ensayo *Aplaca, Señor, tu ira. Lo maravilloso y lo imaginario en Lima colonial* (2018).

título que combina a Palma con Borges contiene sin duda la dinámica entre lo local y lo global en la que el autor se está posicionando. Siguiendo con la clave peruana de algunos títulos, sumaríamos el conocido *España, aparta de mí estos premios*, con la alusión al mítico poemario de César Vallejo *España, aparta de mí este cáliz*, y, por último, *Santa Prosa de Lima: literatura, centralismo y globalización en el Perú de los 90* (2004), donde analiza la narrativa limeña de los noventa en todas sus diversas manifestaciones e incluye la clave identitaria en el título: la primera santa criolla, Santa Rosa de Lima. En suma, tres títulos en clave peruana cuyos contenidos nos conducen siempre a lo universal.

En segundo lugar, Iwasaki construye el vínculo con la historia de la literatura latinoamericana en varios títulos en los que García Márquez tiene especial protagonismo, si bien en la misma dirección que los anteriores. Así, por ejemplo, este título *transnacional: Macondo boca arriba: antología de la narrativa andaluza actual* (1948-1978) (2006), antología del cuento andaluz especialmente significativa sobre el diálogo planteado entre España y América Latina en tanto que en el prefacio Iwasaki hace hincapié en la influencia de la literatura latinoamericana sobre los autores andaluces antologados. En sus palabras: "Una antología andaluza de literatura latinoamericana" y, al tiempo, "una antología latinoamericana de la literatura andaluza" (2006: 17). Asimismo, destaca en este apartado el título de la conferencia impartida en la Universidad de La Rioja en 2012 que establece el juego intertextual con *El amor en los tiempos del cólera*, "El humor en los tiempos del boom" (2013: s/p).

En tercer lugar, construye la articulación con la tradición literaria española (un diálogo al que tanta atención presta a lo largo de su producción) tanto en *El libro de mal amor* (2001), que juega con el medieval *Libro de buen amor*, del Arcipreste de Hita, como con *El sentimiento trágico de la liga* (1995), en el que establece el juego con Unamuno (*El sentimiento trágico de la vida*), como lo hará en otros de sus ensayos, entre los que destaca "Borges, Unamuno y *El Quijote*", agudo texto en el que Borges y Cervantes se erigen en sus dos grandes hitos de la literatura universal: "Unamuno creía que Cervantes era un autor inferior a su obra y Borges pensaba que la figura de Unamuno valía más que todos sus libros. Qué ironía que Unamuno sea uno de los hilos tendidos entre los dos grandes clásicos de la lengua española de todos los tiempos: Miguel de Cervantes y Jorge Luis Borges" (2007: s/p).

Por último, en otros títulos hace alusión a la tradición de la cultura clásica occidental: uno de sus primeros libros de cuentos es *A Troya, Helena* (1993); Ovidio y su *Arte de amar* emergen en *Helarte de amar* (2006), y el mito de Pandora en *La caja de pan duro* (2000), en el que aborda el panorama televisivo español. Todos ellos libros llenos de humor, herramienta narrativa fundamental de Fernando Iwasaki, que también pone en funcionamiento en este título en clave oriental, no menos transnacional: *Mi poncho es un kimono flamenco* (2005). En suma, Iwasaki refleja denodadamente en la forma de titular sus obras esa suma de identidades (peruana, latinoamericana, española, occidental y oriental) que van más allá del conglomerado, puesto que insiste en que sus antepasados provienen además de exilios varios, en estas líneas especialmente significativas para mi planteamiento: "Soy el resultado de una suma de exilios y culturas —peruana, japonesa, italiana y española— y me hace ilusión apropiarme literal y literariamente de todos esos territorios" (2004: 122). Fijémonos en el detalle del adverbio para dicha apropiación, "literal y literariamente". Es decir, Iwasaki declara querer apropiarse de sus territorios "literariamente", en tanto que, como veremos, va a ser la literatura el eje identitario en el que se sitúa.

Vistos en su conjunto, los títulos mencionados evidencian un proyecto narrativo en el que la suma y el ensamblaje de nacionalidades y tradiciones pretende trasladar la idea de la riqueza que esta comporta para desde ella —o con ella instalada en la médula— construir todo un proyecto estético en el que el humor, la historia, las *anacrónicas* identidades, el universalismo, los escritores, los mitos y héroes de distintas épocas y la propia literatura son los pilares del edificio global. Reindert Dhondt lo explica con exactitud y clarividencia:

> Es decir, Iwasaki configura su *ethos* en términos transnacionales, enfatizando unas veces su condición de sevillano de adopción o de "español apócrifo"; otras veces, su condición de peruano o de hispanohablante. Si bien es cierto que la obra de Iwasaki no se puede delimitar en las fronteras de un determinado Estado-nación, los territorios y las naciones siguen teniendo cierta relevancia en la manera en que el autor construye su identidad discursivamente. El énfasis en lo transnacional presta atención a las negociaciones entre lo global y lo local y toma en cuenta las relaciones multidireccionales y rizomáticas de la identidad hispánica, superando así oposiciones dicotómicas como centro-periferia. Al igual que Roberto Bolaño, Iwasaki puede considerarse como

un escritor rearraigado en un territorio hispanohablante transnacional o una comunidad transatlántica basada en una cultura y una lengua compartidas, ya que se siente vinculado, no solo con la tierra de sus padres —la patria— sino también con la de sus hijos (Iwasaki 1996: 16). (2016: 221)

La biografía española y "la Mancha Extraterritorial"

Preciso es, asimismo, pasar de los títulos a algunos datos biográficos que testimonian el traslado del Perú a España y su afincamiento en Sevilla. Tan solo a modo de recordatorio sintético de lo que se encuentra relatado en trabajos críticos y en páginas de internet, cabe insistir en que su desplazamiento a España no se produjo, como en otros escritores de su generación, por motivos de proyección literaria, sino por razones familiares. Más allá de estas, en cuanto a la biografía académica y laboral hay que recordar que en 1984 recibió una beca del Instituto Riva-Agüero y del Instituto de Cooperación Iberoamericana para investigar en el Archivo General de Indias de Sevilla. Al año siguiente, en 1985, trabajó como investigador en el mítico archivo, donde permaneció hasta enero de 1986. Siguiendo con la cronología española, en 1988 obtuvo la beca para Hispanistas Extranjeros del Ministerio de Asuntos Exteriores de España. Llegamos así a 1989, año en que se instaló definitivamente en Sevilla, en cuya universidad se matriculó en los cursos de doctorado en Historia de América. En estos años empezó a colaborar como articulista en *Diario 16* de Madrid y de Andalucía, publicaciones en las que permaneció hasta 1996. En esta línea periodística cabe señalar su colaboración con *El País*, con el suplemento *El Cultural* de *La Razón* y de *El Mundo*, con el *Diario de Sevilla* y con *Clarín*. Sobre esta producción periodística resultan esclarecedoras las líneas de Reindert Dhondt en las que aborda la plasmación de la temática que tratamos en sus artículos:

> En sus columnas dominicales en el diario *ABC* o en sus artículos en *El País*, Iwasaki muestra un interés especial por la migración de personas y productos culturales en un espacio que es con frecuencia transatlántico. En estos ensayos se construye también un *ethos* autorial que podemos llamar "transnacional": aunque el autor reivindica explícitamente una actitud cosmopolita y abiertamente antinacionalista en estos textos, desplegando un interés en la gente o las costumbres

de muchos países diferentes, un análisis discursivo demuestra que el nivel nacional y el nivel local siguen siendo pertinentes. Sobre todo en sus columnas en *ABC*, se presenta como un habitante más de la España contemporánea ("nuestro país") y se centra a menudo en cuestiones regionales e incluso municipales. (20126: 474)

Y de lo transnacional Dhondt pasa al terreno estrictamente literario, para el aludido planteamiento reivindicativo de Iwasaki, en clave extraterritorial, de la "literatura en español":

> Es más, el rechazo de lo nacional y la apología de lo excéntrico conllevan la reterritorialización en un territorio más concreto, limitado por el idioma español. O sea, en sus ensayos y entrevistas Iwasaki insiste en la dilución de fronteras geográficas en un mundo globalizado y en la relativización acelerada de las referencias nacionales, pero esto no quiere decir que su propio lugar de enunciación esté completamente desterritorializado: "Me gusta eso de literatura en español y hay que reivindicarla como tal [...]. Yo creo que hoy, más que una literatura española y otra latinoamericana, hay una literatura en español. [...] Nosotros nos leemos mutuamente, con independencia de que uno sea argentino, el otro puertorriqueño y el otro de Albacete" (Iwasaki citado en Plaza 2008: 105). (2016: 474)

De este modo, la reterritorialización se produce en el idioma, ese "territorio de la Mancha" que planteó Carlos Fuentes en su discurso de recepción del Premio Cervantes 1987 y que Iwasaki convierte en "la Mancha Extraterritorial" en el conocido ensayo, de título homónimo ("La Mancha Extraterritorial", 2014). En él, utiliza "esa nueva categoría que es la extraterritorialidad" para referirse a "escritores que construyen su obra desde lenguas y culturas distintas a las suyas" (2014a: E4). A ellos alude en el último apartado, titulado "Los que eligieron el español", que incluye a quienes provienen de procesos migratorios y de lenguas distintas:

> El francés Paul Groussac (1848-1929), el alemán Máximo José Kahn (1897-1953), el judío francés-alemán Max Aub (1903-1972), el rumano Vintila Horia (1915-1992) y el italiano Alejandro Rossi (1932-2009) llegaron a nuestra lengua maduros y realizados. Otros vinieron de familias inmigrantes o crecieron escindidos entre el español del entorno y sus lenguas maternas. Pienso en el alemán infantil de Roberto Arlt (1900-1942), el italiano de Ernesto Sábato (1911-2011), el quechua de José María Arguedas (1911-1969), el ruso de Alejandra

Pizarnik (1936-1972), el japonés de José Watanabe (1945-2007) y el ucraniano de Juan Gelman (1930-2014). La Mancha Extraterritorial es tan rica que —sin contar a Gelman y Sábato— ha dado un par de Premios Cervantes. A saber, el del suizo Alejo Carpentier (1904-1980) y el de la francesa-polaca Elena Poniatowska (1932), quienes se hicieron escritores dentro del español de Cuba y México, respectivamente.

Insiste a continuación en recoger en este apartado a los escritores que nacieron fuera de las fronteras del español o en países de lengua española por circunstancias de diásporas y exilios (tema especialmente recurrente en sus textos):

> Ahora mismo escribe en castellano una serie de autores que nacieron lejos de las fronteras del español, aunque por sus obras y trayectorias forman parte de las tradiciones literarias que los acogieron. [...] Pero el inventario podría ampliarse si incluyera a los autores nacidos en países de habla hispana por mor de las diásporas, los exilios, las migraciones y las familias multiculturales como Andrés Neuman, Esther Bendahan, Leonardo Valencia, Liliana Colanzi, Maximiliano Matayoshi, Mauricio Electorat, Eduardo Halfon, Pola Oloixarac, Carlos Yushimito, Samanta Schweblin y Enrique Prochazka, entre otros.

Para concluir con la biografía española, llegamos al nuevo siglo, y milenio. Desde su arranque en el 2000, Iwasaki comenzó su desempeño como columnista en el diario *ABC*, que ha mantenido hasta la actualidad, y a partir de 2003 asumió la dirección del Aula de Cultura de ABC de Sevilla, hasta 2010. Al mismo tiempo, mantuvo su actividad investigadora como historiador y en 2005 se matriculó en los cursos de doctorado de Literatura Hispanoamericana de la Universidad de Salamanca. Importante es también en esta cronología la inauguración en 2011 de la Biblioteca de Autor en el seno de la Biblioteca Virtual Miguel de Cervantes, que incluye apunte biográfico, cronología, muestra de toda su obra, compilación de trabajos críticos, álbum fotográfico, etc. Cuatro años después, en 2015, ganó el Premio Don Quijote de la XXXII edición de los Premios Rey de España de Periodismo, convocado por la Agencia Efe, por el citado ensayo "La Mancha Extraterritorial", que fue publicado en el suplemento "Artes y Letras" del diario chileno El *Mercurio*. En ese mismo año, obtuvo el título de doctor en Historia de América por la Universidad Pablo de Olavide de Sevilla, con la mencionada tesis "Lo maravilloso y lo imaginario en Lima colonial, siglo xvii". Más tarde, en 2017, se incorporó al claustro académico de la Facultad de Ciencias Sociales de la Universidad Loyola Andalucía como profesor de Retórica en el grado de Comunicación y ganó el IX Premio Málaga de Ensayo con la obra titulada *Las palabras primas*, publicada recientemente, en 2018, por Páginas de Espuma.[4]

Descubriendo España (y Perú)

Tanto *El descubrimiento de España* (1996) como *España, aparta de mí estos premios* (2009) han sido abordadas en trabajos críticos reveladores de las formulaciones transnacionales que ambas obras plantean. Por ello, me referiré a algunas de sus conclusiones, que me permiten avanzar hacia otros textos menos atendidos hasta el momento. *El descubrimiento de España* se estructura en tres partes: la más autobiográfica (en la que se sitúa a la voz narradora en el país natal), sobre los primeros contactos con la cultura española desde la niñez; la segunda parte, en la que ahonda en la relaciones entre Perú y España, tanto históricas (a través de la figura de Colón, a la que trata de rescatar del ostracismo histórico por parte de España) como literarias, centradas en el diálogo entre la literatura de ambos lados, y la tercera, en la que la experiencia del migrante deriva en una nueva mirada hacia el país natal desde la distancia.

Es en la segunda parte donde Iwasaki formula con mayor claridad su oposición a las identidades y, por ende, su postura antinacionalista, así como su crítica a los posicionamientos antihispánicos de figuras históricas del Perú contemporáneo como Luis Alberto Sánchez o José Carlos Mariátegui. Asimismo, y en este mismo sentido, un capítulo esencial es el titulado "Hispanistas y americanistas", en el que expresa su crítica a la separación entre peninsularistas y latinoamericanistas y, sobre todo, al quiebre del diálogo cultural que tal separación produce en una parte importante de la crítica y de los historiadores de la literatura, empobrecedor de los estudios que por motivo de dicha disociación redundan en la incomprensión sobre

---

4   Datos biográficos tomados de la Cronología que se encuentra en la Biblioteca de Autor Fernando Iwasaki de la Biblioteca Virtual Miguel de Cervantes, dirigida por Mar Langa Pizarro: http://www.cervantesvirtual.com/portales/fernando_iwasaki/cronologia/.

los procesos históricos, culturales y literarios secularmente imbricados entre ambas orillas. Frente a ello, su apuesta es por la comunidad lingüístico-cultural, ese "territorio de la Mancha" con el que Carlos Fuentes se refirió a la lengua castellana y, por tanto, a la comunidad hispanohablante transnacional; territorio que le permite remachar su posicionamiento frente a las identidades esencialistas. En este punto, Dhondt agrega un detalle importante, y es que: "su lugar de enunciación desde el que habla ante los otros es el de un escritor "hispano" que posee un doble marco de referencia. Por eso recurre muy a menudo al plural. En efecto, en numerosos ensayos el "yo" cede el lugar a un "nosotros", que incluye la comunidad cultural latinoamericana" (2016: 218).

A lo que añado el vínculo que tal posicionamiento plantea con aquel periodo finisecular que, cien años antes, propició el restablecimiento de los puentes de comunicación entre España y América y el surgimiento de lo que Ángel Ganivet, el precursor de la nueva mirada americana en la España del fin de siglo, denominó en *Idearium español* (1897) una "confederación intelectual o espiritual" (1977: 98). En aquel periodo fue precisamente Rubén Darío quien utilizó ese "nosotros" al que recurre Iwasaki, sobre todo, en *Cantos de vida y esperanza* (1905), que contiene el ejemplo principal en la tan conocida "Letanía de nuestro señor don Quijote": "¡Ora por nosotros, señor de los tristes / que de fuerza alientas y de ensueños vistes, / coronado de áureo yelmo de ilusión!" (Darío 2011: 470). Un "nosotros" que incluía a españoles y latinoamericanos en una misma comunidad cultural unida por el idioma y que nos recuerda que el "nosotros" de Iwasaki en otro fin de siglo, el del xx, sigue la estela de la comunidad cultural hispanohablante que a lo largo de la historia ha tenido sus detractores y sus seguidores, tanto en las filas de los escritores como en las de los críticos e historiadores de la literatura, con diversos matices que tienen que ver lógicamente con las distintas coyunturas históricas.

En cuanto a *España, aparta de mí estos premios*, los siete cuentos que componen el libro y que aparecen como textos presentados a diversos premios literarios convocados en municipios españoles son el andamiaje desde el que lanzar una mirada humorística a los localismos autonómicos y sus particularidades culturales. Esa mirada se encuentra construida en la propia cubierta, sobre la que Van der Broeck comenta que se dan cita "lo español (el mapa, el toro, el título del libro, el nombre de la editorial) y lo asiático-japonés (los ninjas, el apellido del autor, posiblemente también la imagen del sol levante)" (2011: 21). En su trabajo, Sophie van der Broeck se centra exclusivamente en esta obra. Me interesa destacar su análisis sobre el transnacionalismo y la ironía retórica en la lengua utilizada, que formula como "lenguaje migratorio y multilingüismo", pues es con la ironía verbal que Iwasaki parodia estereotipos nacionales e identidades culturales. Así, Van der Broeck destaca que al lado de un español neutro convive un español dialectal, como el andaluz en el quinto y séptimo relato, o el euskera, así como el léxico de otras lenguas europeas y mundiales como el japonés o el árabe, muestra de la extraterritorialidad lingüística que incluye también neologismos y juegos de palabras. Ello dificulta la traducción del libro, hecho del que es consciente el propio Iwasaki. El resultado, paradójicamente, es un libro cuyas claves más particulares, insertas en las capas profundas tanto de lo dialectal como de los particularismos culturales, solo pueden ser captadas por el lector conocedor de las mismas y no tanto por un lector global.

En definitiva, el libro nos presenta una sociedad multicultural, en la que el participante latinoamericano y los personajes japoneses parecen intercambiables de modo que se anulan las diferencias culturales. Con todo, Sophie van der Broeck concluye que

> la ridiculización satírica de los estereotipos culturales coopera precisamente dentro de este marco metaliterario paródico a realizar la tonalidad irónica de *España, aparta de mí estos premios*, pero la influencia opera al mismo tiempo en el sentido inverso: la lucha contra la fetichización de la nacionalidad se corrobora gracias al universalismo del entramado intertextual que sobrepasa todo nivel, local, regional, nacional e incluso continental. (2011: 73)

Relevante resulta también esta precisión de Dhondt, que nos devuelve a la defensa del diálogo cultural que me ocupa en el último apartado, sobre Iwasaki en el contexto de lo global:

> La relación cultural entre España y América Latina no se ironiza en *España, aparta de mí estos premios*, y tampoco aparecen personajes latinoamericanos o inmigrantes recientes, sino personajes que se caracterizan por una mezcla de identidades globales y locales, de estereotipos regionales (ante todo vascos y andaluces), peninsulares y orientales (japoneses). (2016: 214)

De las patrias literarias a la patria literaria universal

Para culminar con el eje de las patrias literarias como espacio identitario del escritor frente al ideario de la identidad patriótica y frente a la disyunción España-América en todas sus modalidades (incluyendo la aludida entre hispanistas y latinoamericanistas), me referiré a varias obras. En primer lugar, la novela Neguijón, que apareció en 2005 y que surge de su investigación como historiador en la Lima imaginaria colonial, permite incidir en el tránsito entre dos mundos, España y Perú. Ese tránsito, del que esta obra se erige en ejemplo paradigmático a través de su argumento ubicado, como ya sabemos, entre España y Lima, es planteado por Iwasaki en estas palabras —geniales— profundamente significativas de la idea de patria literaria por la que avanzan estas páginas: "Neguijón es un recorrido imaginario por España y América en los tiempos del Quijote, porque me hacía ilusión sugerir que la mariposa hispanoamericana del realismo mágico alguna vez fue un gusano barroco español" (en Marco 2005: s/p). Así, el estrecho vínculo histórico-cultural entre ambos mundos que ocupa a Iwasaki aparece en esta novela en la que se funden las supercherías científicas con las supersticiones religiosas y los miedos ancestrales de la época, en un estilo barroco y de reminiscencias quevedescas.

Ese continuum dialógico entre ambas orillas tendrá varias formulaciones ensayísticas, especialmente desarrolladas en rePUBLICANOS. Cuando dejamos de ser realistas (2008), obra en la que se centra en esa relación histórica entre España y América para analizar sus puntos comunes, sus cercanías, sus incomprensiones y sus distancias. Pero me interesa ahora reparar, sobre todo, en el capítulo que el escritor dedica al diálogo que se da en el terreno literario a lo largo del siglo xx, titulado "Preboom, protoboom y postboom: diálogo entre las dos orillas". Aquí, el Iwasaki ensayista despliega todo su saber sobre el puente literario que edifican los escritores de ambos lados del Atlántico para, en primer lugar, desterrar el exclusivismo del boom como momento álgido, y que por ello pareciera único, de recepción de la literatura latinoamericana en España. Para ello, utiliza esa nomenclatura, "preboom", "protoboom" y "postboom", que nos conduce a las raíces contemporáneas de la influencia de la literatura latinoamericana sobre la española (y notemos que es esta la dirección por la que opta el autor para explicar el diálogo):

> Cada vez que se habla de la influencia de América Latina en la li-
> teratura española del siglo xx, siempre se piensa en lo que signifi-
> có el *boom* latinoamericano para los lectores, la industria editorial y la
> propia narrativa española. Es decir, la irrupción de Mario Vargas Llosa,
> Julio Cortázar, Carlos Fuentes, Gabriel García Márquez, José Donoso y
> Guillermo Cabrera Infante. La importancia del *boom* es inapelable y la
> bibliografía al respecto copiosa[1], pero a mí me haría ilusión recordar
> que en otros momentos del siglo xx la literatura hispanoamericana
> tuvo en España tanta o más influencia que durante los años del *boom*.
> (2008: s/p)

A continuación, Iwasaki da comienzo al *preboom* partiendo del eje
urbano de recepción, Madrid, de modo que

> si Barcelona fue la ciudad del *boom*, Madrid fue la ciudad del *pre-
> boom*, porque en ella residieron los venezolanos Bolívar Coronado y
> Rufino Blanco Fombona, los chilenos Augusto D'Halmar y Joaquín
> Edwards Bello, los uruguayos Julio Casal y Carlos Reyles, los cubanos
> Alberto Insúa y Alfonso Hernández Catá, los peruanos Felipe Sassone
> y José Santos Chocano, los ecuatorianos César Arroyo y Hugo Mayo,
> los mexicanos Amado Nervo y Jaime Torres Bodet o los colombianos
> José María Vargas Vila y Luis Carlos López, entre otros raros y olvidados
> como la bellísima chilena Teresa Wilms, musa trágica de Valle-Inclán,
> Guillermo de Torre, Juan Ramón Jiménez, Gómez de la Serna y Gonzá-
> lez Ruano. (2008: s/p)

Tras señalar los comienzos del siglo xx como el momento en
el que mayor número de poetas, críticos y narradores latinoamericanos coinciden en España, con la gran presencia de Darío, pero
destacando también nombres principales como el guatemalteco Enrique Gómez Carrillo, el dominicano Pedro Henríquez Ureña, el
mexicano Alfonso Reyes, el chileno Vicente Huidobro y el peruano
Ventura García Calderón, Iwasaki pasa lista a la recepción que todos
ellos tuvieron en publicaciones españolas de la época y a los autores que las produjeron, entre los que destaca a Unamuno, Cansinos
Assens, Enrique Díez-Canedo y Benjamín Jarnés. En esta etapa sitúa
asimismo a algunos viajeros que pasaron por España y tuvieron sus
diálogos y acogidas, tales como Alfonsina Storni, Alberto Hidalgo y
Alberto Guillén. Ahora bien, será Borges la gran figura que Iwasaki
encumbra como el autor que dejó la impronta más intensa en la
España en la que residió, entre 1919 y 1920, a través de la tertulia
de Cansinos Assens. Concluye el *preboom* señalando: "¿Qué aportaron

aquellos autores latinoamericanos a la literatura española del modernismo y la vanguardia? Para empezar, el modernismo y la vanguardia, que no es poca cosa", además de haber promovido la apertura de revistas y editoriales españolas a la literatura europea. No se olvida tampoco Iwasaki de recordar que "finalmente, el cariño y la camaradería literaria, las lecturas y admiraciones mutuas, fueron determinantes para la supervivencia de la literatura republicana en el exilio" (2008: s/p).

Llegamos después al *protoboom*, de naturaleza eminentemente poética, que Iwasaki resume en estas líneas:

> Preparó la sensibilidad que permitió la eclosión del *boom*. Así, quisiera proponer que seis poetas de América Latina han influido y condicionado la evolución de la poesía española del siglo xx. Los tres primeros —Rubén Darío, Vicente Huidobro y Pablo Neruda— fueron descubiertos porque deslumbraron a sus contemporáneos españoles, mientras que los tres últimos —César Vallejo, Octavio Paz y Jorge Luis Borges— sólo fueron reconocidos como maestros por las siguientes generaciones. (2008: s/p)

Idea que desarrolla ampliamente a lo largo del texto en el que Borges será entronizado:

> No fue simplemente un literato, sino una literatura [...] es el gran clásico de nuestra lengua después de Cervantes, ya que ningún otro autor en español ha influido tanto sobre tantas literaturas del mundo [...]. Sin aquel Borges no existiría esa última poesía española que tiene un sentimiento panteísta de la experiencia, que inventa su tradición a partir de poetas menores y olvidados, que rescata el mundo clásico para explorar la épica íntima... (2008: s/p)

Cierra después el *protoboom* señalando la infiltración que sus protagonistas poetas realizaron en la poesía española: "Darío, Huidobro, Neruda, Vallejo, Paz y Borges fueron de aquella estirpe de poetas y por eso ellos son el *protoboom*: porque vinieron a España de visita y se quedaron a vivir en la poesía española". Por último, termina su ensayo con el *postboom*,

> o momento presente de la narrativa latinoamericana en España, momento que además coincide con una nueva discusión del propio concepto de "latinoamericano" aplicado a la literatura. Vaya por delante

que soy de los que piensan que sólo deberíamos hablar de "literatura en español", aunque no con el objetivo de posicionarse dentro del mercado internacional, sino para ser un ciudadano más dentro de la "República mundial de las Letras". (2008: s/p)

Esta declaración universalista nos conduce hacia la idea de patria literaria global que guía el presente trabajo. Pero, antes de llegar a esa conclusión, es obligatorio destacar la relevancia que Iwasaki concede en dicho *postboom* a la figura de Roberto Bolaño, "desconocido en Santiago de Chile, desterrado en México D. F. y consagrado en Barcelona". Fundamentalmente, para citar estas líneas en las que nuestro autor, a través de Bolaño, establece el puente entre el *boom* y el *postboom* y sella el ideario que hemos recorrido a lo largo de estas páginas:

> Aunque gracias a Borges, Octavio Paz y los autores del *boom*, cualquier escritor del *postboom* podría reclamar como suya la tradición literaria de Occidente, creo que después de Roberto Bolaño deberíamos preguntarnos con sinceridad de qué tradición occidental estamos hablando. ¿De la tradición apolínea que precisa patrias e identidades, culturas oficiales y jerarquías culturales, sueños colectivos y tradiciones nacionales? ¿O de la tradición dionisíaca que defiende su derecho a ser ecléctica y nihilista, apátrida y extraterritorial, excéntrica e individualista? (2008: s/p)

Por último, todo el planteamiento de este capítulo de *rePUBLI-CANOS...*, centrado en el diálogo entre autores latinoamericanos y españoles en términos de influencia, tiene un nuevo desarrollo en otra obra ensayística de Iwasaki, *Nabokovia peruviana* (2011), en la que retoma el mismo diálogo, pero en este caso en términos no de influencia sino de recepción de lo peruano en el seno de la cultura española de comienzos de siglo y, finalmente, en la literatura universal. Hacia el final de la obra, Iwasaki revela el planteamiento del libro como búsqueda personal de autores secundarios, peruanos que fueron viajeros y cosmopolitas en su tiempo (aflora de nuevo la influencia del Borges "que inventa su tradición a partir de poetas menores y olvidados"). Con ello, construye la noción que he considerado como *patria literaria* y que se ubica, cerrando el círculo, en la tradición extraterritorial. Así pues, la declarada búsqueda de sí mismo en los autores viajeros y exiliados que protagonizan los capítulos se desarrolla en un índice que recorre *peruanos en la memoria* de Cansinos Assens: José Santos Chocano y Felipe Sassone, Félix del Valle y Manuel Bedoya; peruanos en la memoria de González Ruano: Xavier y Pablo Abril, Ventura García Calderón, Alberto Guillén y César Vallejo, y peruanos en la memoria de Gómez de la Serna: Alberto Hidalgo y Alberto Guillén y Ventura. Clemente Palma, Alberto Guillén, Alberto Hidalgo, Abraham Valdelomar y el grupo Colónida completan el resto de los capítulos dedicados a autores peruanos, antes de pasar al titulado "En busca de un tipo perdido". En él, Iwasaki compendia referencias al Perú en autores de la literatura universal, tal y como explica en esta declaración: "Desde hace años persigo a escritores peruanos desleídos y olvidados, con la misma curiosidad melancólica con que atesoro referencias peruanas en las obras de grandes autores de la literatura universal" (2011: 13), frase que delata la pasión por lo peruano, si bien pasada por el tamiz de la literatura. Así, por ejemplo, rastrea esas referencias en obras de Poe, Sherlock Holmes, Lovecraft y Proust, hasta llegar a Nabokov.

Llegamos así al último capítulo, que lleva por título el del libro, "Nabokovia peruviana", y que comienza citando un fragmento autobiográfico de Nabokov, de 1971, en el que consigna la existencia de una mariposa llamada por él mismo Nabokovia Hemming en Sudamérica (Nabokov 1999: 164). Imagina entonces Iwasaki que esta Nabokovia es peruana. Tomando esta imagen como metáfora, titula este libro *Nabokovia peruviana* como homenaje a todos esos escritores que fueron viajeros o exiliados y que en estas páginas trata de asir (de cazar), como dilucida en estas líneas fundamentales:

> No creo que sea casual que los peruanos que he rastreado sean escritores preteridos, transterrados y extraterritoriales, pues hace años que he asumido que la suerte de esos peruanos desleídos prefigura el destino de mi propia obra. Por lo tanto, cuando reflexiono acerca de sus exilios y sus libros, en cierta forma escribo mi autobiografía. Oscar Wilde lo intuyó y Ricardo Piglia perfiló el hallazgo en *Crítica y ficción* (1986), cuando aseguró que "Alguien escribe su vida cuando cree escribir sus lecturas". Con todo, prefiero la imagen borgeana del autorretrato que construimos con nuestra biblioteca. (2011: 131)

La identidad de Iwasaki emerge al fin de estas patrias literarias en las que se inserta de forma categórica, a tal punto que nos dice construirse en las mismas (haciendo resonar "El inmortal" de Borges); patrias peruanas que son los escritores recorridos en la obra —migrantes, viajeros—, que a su vez se insertan en esas otras patrias literarias españolas, las de Guillermo de Torre, Gómez de la Serna, González Ruano... Hacia el final del libro, todo se universaliza cuando llegamos al nivel de apertura mayor: la literatura universal que contiene lo peruano y que, con Borges, completa la secuencia de apertura: la patria literaria universal.

Una última frase cierra el libro: "Si no creyera que todos estos escritores me conciernen, ¿qué hago entonces persiguiéndolos como si fueran mariposas?" (2011: 132). Con esta idea de continuidad e inserción de sí mismo en la secuencia de esta nómina de autores que, incidamos, no solo prefiguran la obra de Iwasaki, sino su propia *autobiografía*, y con la referencia final a Borges y al autorretrato que se construye en la propia biblioteca (cuya imagen de fondo es la de Babel), concluyo el eje trazado desde el título con un cambio del plural, *las patrias*, al singular, *la patria*. Porque, a lo largo de todos sus libros, creo que Iwasaki persigue, en el conglomerado de patrias, una patria, y esta, finalmente, se edifica en la literatura. Así, la *anacrónica* noción de identidad será reemplazada, paso a paso, obra tras obra, por una identidad letrada. En ella, Borges y Cervantes, escritores universales, serán los dos grandes nombres de esa patria literaria en la que Iwasaki se afinca: el territorio en el que encuentra su acomodo identitario definitivo.

Bibliografía

BROECK, Sophie van der (2011): *Ironía y transnacionalismo en España, aparta de mí estos premios, de Fernando Iwasaki*. Alicante: Biblioteca Virtual Miguel de Cervantes. <http://www.cervantesvirtual.com/portales/fernando_iwasaki/obra/ironia-y-transnacionalismo-en-espana-aparta-de-mi-estos-premios-de-fernando-iwasaki/> (16/11/2018).

ESTEBAN, Ángel, y MONTOYA JUÁREZ, Jesús (2011): "¿Desterritorializados o multiterritorializados?: La narrativa hispanoamericana en el siglo XXI". En: Noguerol Jiménez *et al.* (eds.): *Literatura más allá de la nación. De lo centrípeto y lo centrífugo en la narrativa hispanoamericana del siglo XXI*. Madrid/Frankfurt: Iberoamericana/Vervuert, 7-13.

DHONDT, Reindert (2016): "La construcción de un *ethos* transnacional en la obra de Fernando Iwasaki". En: *Cauce* 39, 211-225.

FUENTE, José Luis de la (2010): "Fernando Iwasaki Cauti: el retorno del mito mestizo". En: *La nueva narrativa hispanoamericana: entre la realidad y las formas de la apariencia*. Valladolid: Universidad de Valladolid, 203-230. <http://www.cervantesvirtual.com/portales/fernando_iwasaki/obra/fernando-iwasaki-cauti-el-retorno-del-mito-mestizo/> (20/11/ 2018).

GANIVET, Ángel (1977): *Idearium español. El porvenir de España*. Madrid: Espasa-Calpe.

IWASAKI, Fernando (1988): *Nación peruana: entelequia o utopía*. Lima: Centro Regional de Estudios Socioeconómicos.

— (1992): *Extremo Oriente y Perú en el siglo XVI*. Madrid: Mapfre.

— (1996): *El descubrimiento de España*. Oviedo: Ediciones Nobel.

— (1997): *Inquisiciones peruanas*. Sevilla: Renacimiento.

— (2003): "La sombra del guerrero". En: *Un milagro informal*. Madrid: Alfaguara, 41-45.

— (2004): "No quiero que a mí me lean como a mis antepasados". En: *Palabra de América*. Barcelona: Seix Barral, 104-122.

— (2005): *Mi poncho es un kimono flamenco*. Lima: Sarita Cartonera.

— (ed.) (2006): *Macondo boca arriba. Antología de narrativa andaluza actual (1948-1978)*. Ciudad de México: Universidad Nacional Autónoma de México, Coordinación de Difusión Cultural.

— (2007): "Borges, Unamuno y El Quijote". En: *Hueso Húmero 50*, 78-89.

— (2008): *rePublicanos. Cuando dejamos de ser realistas*. Madrid: Algaba. <http://www.cervantesvirtual.com/obra/republicanos-cuando-dejamos-de-ser-realistas-seleccion/> (16/11/ 2008).

— (2009): *España, aparta de mí estos premios*. Madrid: Páginas de Espuma.

— (2010): "Troyanos en la red". Alicante: Biblioteca Virtual Miguel de Cervantes. <http://www.cervantesvirtual.com/portales/fernando_iwasaki/video_iwasaki_troyano/> (16/11/ 2018).

— (2011): *Nabokovia peruana*. Sevilla: Ediciones de la Isla de Siltolá.

— (2013): "El humor en los tiempos del *boom*", Alicante: Biblioteca Virtual Miguel de Cervantes, 2013. <http://www.cervantesvirtual.com/portales/fernando_iwasaki/obra/el-humor-en-los-tiempos--del-boom-0/>

— (2014a): "La Mancha Extraterritorial". En: *El Mercurio*, Santiago de Chile, suplemento "Artes y letras", 17 de agosto de 2014, E4.

— (2014b): "El flamenco llegará a ser mestizo". En: El País, suplemento "El País Semanal", 14 de septiembre de 2014, 16.

— (2018): Aplaca, Señor, tu ira. Lo maravilloso y lo imaginario en Lima colonial. Lima: FCE.

MARCO, Joaquín (2005): "Neguijón. Fernando Iwasaki". En: El Cultural, 21 de julio de 2005. <https://www.elcultural.com/revista/letras/Neguijon/12515> (25/11/ 2018).

NABOKOV, Vladimir (1999): Opiniones contundentes. Madrid: Taurus. NOGUEROL, Francisca (2008): "Narrar sin fronteras". En: Montoya, Jesús y Esteban, Ángel (eds.): Entre lo local y lo global. La narrativa latinoamericana en el cambio de siglo (1990-2006). Madrid/Frankfurt: Iberoamericana/Vervuert, 19-34.

PLAZA, Caridad (2008): "Diálogo de la lengua". En: Quórum. Revista de pensamiento iberoamericano 20, 94-107.

RONCAGLIOLO, Santiago (2007): "Los que son de aquí. Literatura e inmigración en la España del siglo XXI". En: Quórum. Revista de pensamiento iberoamericano 19, 151-158.

3. De Perú a España: El *aura* del teatro independiente de creación colectiva

Elena Guichot Muñoz
Universidad de Sevilla

Introducción

Walter Benjamin, en su ensayo *La obra de arte en la época de su reproductibilidad técnica* (1934), escrito a principios del siglo xx, advierte de una amenaza que se cierne sobre el producto artístico al extenderse la era de la reproducción, y con esto nos referimos evidentemente al nacimiento de la reprografía, la fotografía o el cinematógrafo, hecho tan relevante como el nacimiento de la imprenta: "La técnica de la reproducción [...] separa a lo reproducido del ámbito de la tradición" (Benjamin 2013: 45). Benjamin va a relacionar la pérdida del *aura*, de esta presencia única e irrepetible ante el objeto artístico y todo lo que este genera, con un cambio en la sociedad. El escritor explica que el intercambio se genera cuando el objeto que anteriormente poseía un "valor para el culto" se simplifica ahora en un "valor para la exhibición", con la consiguiente profanación del carácter sagrado de lo artístico: "Incluso en la más perfecta de las reproducciones una cosa queda fuera de ella: el aquí y el ahora de la obra de arte" (Benjamin 2013: 43). La pulsión ritual que manifestaba la obra de arte deja de existir debido a la pérdida de su carácter auténtico y único, pero el único arte al que salva de esa probable pérdida *aurática* es el teatro: "El aura que está alrededor de Macbeth sobre el escenario no puede separarse, para el público, de la que está alrededor del actor que lo representa en vivo" (Benjamin 2013: 71). Una de las cualidades más atractivas de este género es la necesaria y voluntaria suspensión de la vida real de las personas en favor de una irrealidad creada por otro u otros individuos. La realidad de afuera y la de adentro chocan creando lo que Ortega y Gasset denominaba la "metáfora visible", por ello, este género posee una originalidad devota del contexto en el que se gesta. Esto provoca una dificultad en la búsqueda de alianzas entre estas dos orillas trasatlánticas, pero genera asimismo un reto en la configuración de esta independencia vinculante que vamos a mostrar sobre el teatro de los siglos xx y xxi en Perú y en España. Debido a la heterogeneidad del género y a la amplia mirada interoceánica, nos centraremos en el cotejo de una corriente que ha tenido una especial relevancia en el desarrollo de las identidades nacionales y, a su vez, en la universalidad y en la renovación constante del género dramático: la creación colectiva. Trataremos de descifrar, por un lado, la confluencia entre Perú y España en el desarrollo de este movimiento, a pesar de la falta de contacto; y, por otro, señalaremos también cómo se desenvuelven los procesos interculturales y de convergencia en los festivales de teatro iberoamericano entre ambas culturas.

La creación colectiva: definición y orígenes

En España y en Perú los movimientos de creación colectiva fueron en sus principios el núcleo del fenómeno de teatro independiente en los respectivos países. Esta metodología forma parte de esa necesidad de empoderamiento que también se resiente en Europa y en América Latina tras las guerras, dictaduras y conflictos de toda índole que afectaban tanto a militares como a civiles, surgidos desde inicios del siglo xx. El teatro se convierte en un *arma cargada* de presente y lleva a cabo todo un experimento sobre la identidad encima del escenario, en una época en que la enajenación del ser humano era casi necesaria para subsistir. El deseo de colectividad también se enmarca en un contexto que precede una lucha contra la verticalidad impuesta del sistema. César Oliva, en relación con el surgimiento de la creación colectiva, uno de los sucesos más significativos del teatro español a fines de siglo, decía lo siguiente: "Nos encontramos con el hecho de que el autor ha dejado de ser la figura imprescindible que hasta el momento era en el fenómeno teatral" (Floeck 1995: 38). Por su lado, Hugo de Salazar, uno de los críticos teatrales más importantes del Perú, señalaba que este es el nuevo teatro, donde el actor tiene que "confrontarse *consigo mismo*" (Salazar del Alcázar 1989: 302, citado en Röttger 1998: 247), ya que es parte del proceso creador y, por tanto, del sentido del producto final. Definitivamente, en ambos países nace como una necesidad de involucrar una voz olvidada: la voz del pueblo.

De esta emergencia nace el teatro de creación colectiva, cuyas bases teóricas descansan tanto en los escritos de Enrique Buenaventura y la fundación del Teatro Experimental de Cali (TEC), en el Teatro de la Candelaria de Santiago García como en la realidad histórica de los países donde se gesta. Carlos Solórzano muestra en su prólogo a la edición del *Teatro contemporáneo hispanoamericano* la expresión dramática propia de América que nace a partir de los años sesenta, tras la deuda anterior "de la comedia de costumbres de Manuel Bretón de los Herreros, que presentaba tipos y personajes de la clase media española" (Solórzano 1964: 7). Nos introduce hacia un nuevo teatro que daba protagonismo a la dimensión humana, sin un *fatum* previsto digno del romanticismo español, y con un "crecimiento de las escenografías inespaciales" (Craig, Gordon) (Solórzano 1964: 9) que cede sitio al psicologismo y al simbolismo. No es casual que el primer dramaturgo que aparezca sea precisamente Enrique Buenaventura con su peculiar obra *A la diestra de dios padre*. Su pedagogía teatral insistía en un concepto de dramaturgia abierta que invitaba a la pregunta, a la implicación del público: "Nacen de las transformaciones del trabajo mismo, de sus grandes interrogantes, los cambios del público, de los espacios escénicos y sociales en que estas obras van a estructurarse" (Buenaventura 1977: 8). Su objetivo primordial era la creación de un teatro de identidad nacional, precisamente a través de la puesta en crisis de dicha identidad.

Es indudable asimismo la deuda que tienen con el Tercer Teatro de Eugenio Barba, pues es bien sabido que la presencia de Barba desde que el Odin Teatret acudiera en 1976 al Festival de Caracas marca un antes y un después en la concepción del género dramático. La mayoría de los grupos teatrales que se crean en esa época reconocen abiertamente asimismo la herencia de la corriente del Teatro del Oprimido de Augusto Boal, del distanciamiento de Brecht y de tantos otros que tomaron la decisión de intervenir en la realidad histórica que vivían a través de sus creaciones estéticas. Uno de los autores y teóricos más importantes en el impacto de esta corriente fue también Piscator, con su teatro político. En España tuvo un gran impacto en la época en que el ensayo de Vallejo *Arte y revolución* (1932) tenía un eco atronador entre los intelectuales. Los tres libros más importantes que dejaron la huella incipiente sobre teatro de creación colectiva en España fueron los siguientes: *Teatro de la revolución* (1929), de Romain Rolland, y *El teatro político* (1930), de Erwin Piscator, donde se trata la puesta en escena y la práctica, y *Los destructores de máquinas* (1931), de Ernst Toller, "como ejemplo del nuevo teatro" (Vicente 1992: 123-124). Sin embargo, este teatro se queda anclado en sus albores debido al inicio de la Guerra Civil y al estancamiento de la cultura consecuente, retomándose tras la Transición con un corte más trascendente sobre el que discurriremos más adelante. Otros antecedentes de este teatro son dos corrientes teatrales experimentales de gran impacto: Le Théâtre du Soleil, de Ariane Mnouchkine, con su emblemática obra *1789*, generada por excluidos de la sociedad francesa de finales del siglo xx, y el Living Theatre. Este último, de origen estadounidense, propone un tipo de teatro subversivo en los años cincuenta basado en el Teatro de la Crueldad de Kantor, llevando al límite tanto a los actores como al público.[1] Se inicia una corriente teatral que transforma el concepto del drama en todos los sentidos, sobre todo con el público: "Frente a la *subordinación discursiva temporal* se propone ahora una situación de *experiencia compartida*" (Sánchez Martínez 2007: 14).

Respecto a las fases de este movimiento, realizando un ejercicio de condensación que no siempre encaja con la totalidad de los grupos de creación colectiva que surgen en la época, podemos discernir tres fases que enmarcan los principios de este movimiento. En primer lugar, el principal objetivo de esta forma de hacer teatro es opo-

---

1 Véase Granés (2015).

nerse de forma absoluta a la instrumentalización política y didáctica del teatro. Trabajan con un teatro de corte político para exponer las contradicciones político-sociales imperantes en su realidad, pero no aceptan un teatro subyugado por una causa política. La segunda es que este Nuevo Teatro nace de una relación abierta con el público que implica un papel activo del espectador, por lo que exige ir más allá de lo que propugnaba el Teatro del Oprimido de Boal o el Teatro Popular de los setenta. Buscan la participación de los sectores populares, incluso en la creación de los textos. Para llevar a cabo esta labor de reinvención constante, se sirven de una tercera característica que recoge una de las grandes corrientes del teatro latinoamericano: "Un concepto de dramaturgia abierta que no se basa en el teatro como género literario, sino en la práctica del montaje y en la invención creadora del actor: *la creación colectiva*", sinónimo, según Kati Röttger, de "teatro de la incertidumbre", pues "produce intencionalmente una crisis para superarla después" (Röttger 1998: 241). Los medios de expresión son múltiples y variados: se valen de danzas populares, máscaras y, sobre todo, del lenguaje técnico-corporal; nuevas creaciones que ya no quieren ser un espectáculo tributario del texto literario, sino una apertura a "una noción teatral totalizadora" (Pérez 1989: 35). Finalmente se configuran como un teatro que bebe de la herencia europea, pero que consigue crear una raíz propia y genuina en ambos países, al igual que hicieron los novelistas del *boom* con las corrientes europeas y norteamericanas.

La creación colectiva en España

"La experiencia del mundo se da en el lenguaje, y éste es una institución anterior y posterior a nosotros, una praxis colectiva, una res pública basada en consensos, suposiciones, aproximaciones y *encantamientos*" (Sanchis 2001: 7). Sanchis Sinisterra discurre sobre la aparición de nuevos dramaturgos en la época de transición, tras un período de denostación hacia la figura del autor, marcado precisamente por esa desconfianza a una palabra alterada por el discurso social e histórico precedente: "¿Cómo puede un escritor escapar a este *encantamiento*, a esta alienación, a esta invasión de los otros en sí mismo, de la *cosa pública* en la *cosa privada*?" (Sanchis 2001: 8). Como ya anunciamos previamente, durante la República emerge un tipo

de teatro tildado como revolucionario, inspirado en el Teatro Político de Piscator, que tiene como único fin crear un arte social nuevo,
ya que "el arte escénico, por ser precisamente el más directo, podría
influir en el cambio del espíritu público y preparar los nuevos cua-
dros de lucha social" (Díaz Fernández 1930: 203, citado por Aznar
1997: 206). No obstante, advierten de que este arte debe ser renovado por las asociaciones de estudiantes y por los centros obreros
para crear un teatro de pueblo en esencia auténtico (Aznar 1997).
No está de más insistir en la importancia que le daban las Misiones
Pedagógicas a dicho Teatro del Pueblo y al Teatro de Guiñol, dirigido
por Casona y Dieste, para la motivación en la educación popular.
Los teatros universitarios también se configuraron como una alternativa al teatro comercial, como en el famoso caso del compromiso
lorquiano con La Barraca (Sánchez García 2012). En la época de
inicio de la Guerra Civil, trató de mantenerse a flote esta iniciativa
teatral de corte social, controlada en parte por el Consejo Central de
Teatro y del Teatro de Arte y Propaganda, cuya protagonista fue M.
ª Teresa León (Aznar 1993), resistente en la alianza madrileña con
iniciativas como las Guerrillas del Teatro. El drama de la guerra y el
régimen fascista acabó con este intento de renovación, tal y como
recoge Manuel Aznar Soler en su artículo "El drama de la dramaturgia desterrada", del libro *Las literaturas exiliadas de 1939* (1995), nacido
del necesario proyecto GEXEL (Grupo de Estudios del Exilio Literario). Es necesario destacar cómo en esta época se desarrolló no solo
un nuevo modo de entender el teatro y su repercusión pública, sino
también un crecimiento espectacular de la preocupación por las
cuestiones técnicas y escenográficas, que afectará al despojamiento
de protagonismo absoluto del logos.

Dando un necesario salto en el tiempo, dirigimos la mirada a un
nuevo intento de renovación teatral en el último tercio de siglo por
dramaturgos inspirados en las nuevas corrientes teatrales europeas,
como el Teatro del Absurdo, y en los escritos de Brecht y Artaud.
Surge una nueva corriente teatral que muchos denominarían como
Nuevo Teatro español,[2] tal y como señala Abbas:

> Entre los nuevos autores, algunos son coetáneos de los dramatur-
> gos realistas (José Rubial, Francisco Nieva, Romero Esteo, etc.) y otros

---

2   Véase Pörtl (1985).

más jóvenes (Diego Salvador, Martínez Mediero, Alberto Miralles, etc.).
Independientemente de su edad, todos ellos experimentaron enormes
dificultades para ver representadas sus obras, que sólo vieron la luz pública a la sombra del llamado Teatro Independiente. (Abbas 2010: 18)

A finales de los años sesenta nace esta alternativa al teatro oficial,
coincidiendo con una apertura ideológica del régimen, a pesar de
que hasta los años ochenta fueron prácticamente ignorados debido al
miedo pergeñado durante tantos años de dictadura franquista. Las características de inconformista, contestatario y subversivo vienen inherentes al contexto sociohistórico en el que nace este teatro independiente, que podríamos definir como un "símbolo de un movimiento
de protesta antifranquista y vivo" (Floeck 1995: 5). Procede, como
el anterior, del hervidero de los teatros universitarios y emerge en un
ambiente "propio de aficionados [...] al margen de la actividad teatral oficial" (Abbas 2010: 19). Por tanto, una de las principales pre-
misas será la búsqueda de nuevos lenguajes, acudiendo a la raíz más
profunda del individuo: las fiestas populares, el lenguaje propio del
pueblo, las danzas, el mimo y la música. Algunos incidieron en el espacio y la imagen, pero otros trataron de reivindicar un "teatro de los
sentidos [...] de la fisicalidad y la emoción" (Sánchez Martínez 2006:
83), como en el caso de La Cuadra, de Salvador Távora. El movimiento
que nos interesa reseñar en este caso es precisamente el inaugurado
por grupos como el mencionado, dando lugar a un movimiento de
creación colectiva que nace con las mismas características y necesidades del parejo movimiento creado en Perú en las mismas fechas. En
1976 se constituye la Asamblea de Teatro Independiente Profesional,
que pone marco a estos grupos independientes que pretenden unir
fuerzas para difundir su trabajo. Abbas recoge los más importantes:
el Teatro Experimental Independiente (TEI) (1960), Madrid; Los
Goliardos (1964), Madrid; Tábano (1968), Madrid; L'Escola d´Art
Dramàtic Adrià Gual (1960), Barcelona; Los Cátaro (1966), Barcelona; Els Comediants (1977), Barcelona; Els Joglars (1962), Barcelona;
el Teatro Estudio lebrijano (1966); el Teatro Universitario de Murcia
(1967), y La Cuadra de Sevilla (1972). Los Goliardos fue el primer
grupo que creó un manifiesto dictando los rasgos que definen a estos
grupos en la revista que les sirve de eco: *Primer Acto* (núm. 121, 1967,
pp. 9-12), bajo el título de "Hacia el Teatro Independiente (27 notas
anárquicas a la caza de un concepto)":

· La oposición ideológica frente al Estado de Franco.
· El rechazo del teatro comercial.
· La propagación de un teatro de crítica social.
· La oposición al teatro burgués convencional y, con ella, la difusión de un teatro popular y la búsqueda de público nuevo.
· La búsqueda de posibilidades de expresión nuevas y de innovaciones estéticas, tomando en consideración la teoría y la práctica internacionales correspondientes.
· El rechazo del teatro de autor y de teatro literario y, con ello, la preferencia por un teatro de director y la consolidación de signos teatrales no lingüísticos.
· La búsqueda de lugares nuevos, no convencionales.
· La aspiración a la descentralización del trabajo teatral.
· La aspiración a la profesionalización del teatro (Abbas 2010: 20).

Las posibilidades de este Nuevo Teatro se mostraban a partir de elementos que procedían de la propia identidad, incidiendo en el dolor y la opresión de un pueblo que empezaba a percibir el desmoronamiento de un sistema mantenido durante cuatro décadas. Veamos la descripción del primer espectáculo de La Cuadra: El quejío (1971), insertado en la identidad del lugar donde se gesta:

> [...] Se construyó en torno a un gesto básico que visualizaba el "¡ay!" propio del cante jondo. Luces de candiles que proyectaban sombras vacilantes sobre el fondo, cadenas y sombras que oprimían los puños de los actores, esfuerzo físico, austeridad, objetos asociados al trabajo y a la muerte [...]. El único recurso escenográfico: un bidón lleno de piedras, amarrados al cual bailaban los actores, intentando inútilmente desplazarlo. Los diez rituales en que estaba dividido el espectáculo correspondían a diez diferentes palos del flamenco que servían para desgranar por medio del baile y del cante la memoria del sometimiento y la pobreza. (Sánchez Martínez 2007: 83)

El cuerpo y la puesta en escena tienen una presencia ritual. La vigorosidad con la que comienzan estos grupos empieza a menguar con propuestas de corte más esteticista, en algunos casos, y en otros se resiente la falta de respuesta por parte de parte del público ya entrada la democracia. Pocos grupos siguen vigentes en la actualidad, con la excepción de Els Joglars o Els Comediants. No obstante, la herencia de este nuevo teatro de creación colectiva impregnado en la identidad y en la puesta en crisis de la escena como motor de acción la recoge un grupo conformado hace veinte años en Jerez de la Frontera, y aclamado en América Latina con más impacto que en su propia tierra. La Zaranda, Compañía Inestable de Andalucía La Baja, nace en 1978 y es deudor de este tipo de creación basada en los ritos y las costumbres del pueblo andaluz, de la simbología y la poética de la opresión del contexto sociohistórico en un sentido incluso más metafísico, coincidente con el espíritu de los grupos reseñados en el Perú. El dramaturgo más importante de este grupo, Eusebio Calonge, nos deja una obra fundamental, *Orientaciones en el desierto: itinerarios para materializar lo invisible en la creación teatral* (2012), buena muestra de las reflexiones del oficio teatral, que vincula con el sentido de la existencia y de la vocación de vivir para crear. Este grupo se caracteriza precisamente por hacer un teatro desde las entrañas, configurado en base a la realidad de los sujetos que lo conforman y a la sociedad en la que les ha tocado vivir. El Ministerio de Cultura, al dotarlos del Premio Nacional de Teatro 2010, lo define "por su capacidad de conjugar una decidida y comprometida puesta en escena y un texto global que entronca con la tradición ibérica del esperpento, a través de un lenguaje contemporáneo de gran carga poética" (Donat 2015). En adelante observaremos la confluencia en esencia con otro de los grupos más importantes del Perú.

La creación colectiva en Perú[3]

Es curioso cómo una de las tradiciones teatrales más profusas, como fue la actividad teatral en Lima en el período de la colonia (Perales 1989: 229), comienza a menguar en importancia hasta ocasionar un páramo cultural en el siglo xx. Una de las críticas que se repiten al resumir la presencia teatral en Perú es la inexistencia de una corriente teatral sólida en la primera mitad del siglo xx. José Hesse Murga afirma que:

> A lo largo de la historia podemos encontrar, es cierto, nombres ilustres, pero vienen a ser como notas aisladas que, al sonar en medio de una general atonía, sirven, más que para otra cosa, para acentuar la

---

3   Para ampliar información sobre esta corriente en Perú, véase Guichot Muñoz (2011).

falta de acordes armonizados, en lugar de dar fe de la existencia de un
teatro nacional con vida propia y personalidad individualizada. (Hesse
1963: 9)

El mayor impulso que se reseña procede precisamente de la influencia del teatro español, bajo la llegada de la compañía de Margarita Xirgú, con la especial presencia de las piezas García Lorca,
lo cual "será una importante contribución para la renovación y la
actualización de las dramaturgias nacionales", ya que tres de sus
componentes toman la decisión de quedarse en el Perú (Seda y Quiroz 2008: 15-16). Gracias a este hito, en los años treinta se crea la
Asociación de Artistas Aficionados, cuyos responsables fueron Ale-
jandro Miró Quesada, Enrique Solari Swayne y Percy Gibson, que
intentaron "renovar todos los aspectos del teatro y enfilarse hacia el
teatro nacional a través de exploraciones de lo autóctono" (Perales
1989: 230). Más adelante llegó el realismo crítico de Sebastián Salazar Bondy, que pone las bases del teatro moderno. Sin embargo,
aún se persiste en la negación de una parte del Perú que refleja la
cosmovisión de las culturas, presente en el teatro precolombino en
Perú y representado por una de las joyas de la historia del teatro
latinoamericano: *Ollantay*.

Precisamente una de las razones principales de la originalidad
de este Nuevo Teatro surge de la adhesión absoluta al contexto sociohistórico, sin caer en la mera referencia realista o naturalista,
sino generando una postura estético-teatral que pueda dar explicación al mosaico cultural que se plantea como problemática en
América Latina. Salazar de Alcázar constata en el escenario teatral
desde mediados de los ochenta un intento de crear una "restitución
simbólica" (1990: 18) sobre la identidad peruana que se enfrente
con las formas del poder omnímodo que corroen la escena nacional. En esta década, al igual que vimos en la época de la transición
española, el teatro sale a las calles, a las plazas y a las universidades
para dar lugar a discusiones de corte ideológico, otras veces de estética, que poseen un vértice común: "La voluntad contestataria en
política y el seguimiento de las pautas del teatro épico de Bertolt
Brecht" (Balta 2001: 234). Esta manifestación a nivel nacional no
es más que un testigo de su tiempo, una expresión de los cambios
sociales que se enmarcan en el Perú del brazo autoritario de Velasco
Alvarado (1968-1975) y de su gobierno militar, que acabó con las

esperanzas de todo aquel que anhelara sinceramente una verdadera transformación en este país. Las promesas de la reforma agraria, el modelo de comunidad industrial (Contreras y Cueto 2007: 332) y las sucesivas estatizaciones quedaron en una pátina superficial, con un cimiento oculto de contrasentidos cuyo saldo final dejó un balance desolador. Sin embargo, como recuerdan Degregori y otros historiadores como Contreras y Cueto, no hay que desestimar el desarrollo del sentido social a nivel nacional que surgió entre los años setenta y ochenta, que "Propició, tal vez sin proponérselo, la movilización social, desarrollando en tal sentido una suerte de *revolución cultural* que cuestionó el racismo y el estigma sobre el cual estaban basadas muchas relaciones interpersonales, y en cierta medida homogeneizó las relaciones sociales en el país" (Contreras y Cueto 2007: 349).

En el campo dramático es visible el nacimiento de un nuevo teatro popular que pasa por un período de movilizaciones y protestas que desembocan en un "reordenamiento de las fuerzas sociales que se deja sentir en el teatro, remarcando con una práctica nueva su valor crítico y cuestionador del sistema social imperante" (Rubio 2001: 29), representado entre otros grupos por el Teatro Nacional de Perú. Este Nuevo Teatro popular apuesta por:
· Una dramaturgia colectiva.
· Nuevos códigos y renovación del lenguaje escénico (con el consecuente cuestionamiento de la autoridad del autor, hasta ahora única voz imperante).
· La noción de grupo.
· Un actor múltiple.
· La mayor conciencia de nuestro papel social.
· Un teatro dentro de la cultura nacional (Rubio 2001: 32).

Miguel Rubio Zapata describe el cambio genérico que está germinándose en esta época: "El teatro *no es literatura*, su fin no es la lectura de textos impresos, sino más bien la *lectura escénica*… entendida como la relación espacio-temporal que se da entre la escena y el público" (Rubio 2001: 51). En 1985, la Muestra Nacional de Teatro fundada por MOTIN (Movimiento de Teatro Independiente) se erige como un hito en la consolidación de este Nuevo Teatro. Para entender este proceso de transformación teatral, es necesario ofrecer el ejemplo paradigmático del Perú con el surgimiento de grupos que aún persisten, como el florecimiento del teatro universitario o la creación colectiva de grupos como Yuyachkani o Cuatrotablas. Yuyachkani, uno de los grupos más importantes de este movimiento a nivel internacional, nace en 1971 bajo un título quechua que significa 'estoy pensando, estoy recordando'. Este grupo afincado en Lima lleva trabajando desde los años setenta por un teatro de identidad, un teatro cimentado en las raíces populares de la tierra que, no obstante, toca temas universales a través de una estética exigente con el público y renovada a lo largo de toda su trayectoria, en consonancia con los tiempos y con su vida personal. Desde los inicios, su teatro ha estado comprometido con la realidad histórica: como en 1988, cuando organizan el Primer Encuentro de Teatro por la Vida junto con la ONG Aprodeh como parte de la campaña contra la desaparición forzada en el Perú, o el acompañamiento de víctimas en los procesos de la Comisión de la Verdad y ·la Reconciliación tras la guerra sucia del Perú. No obstante, las *performances* y *actos* políticos siempre mantienen una dimensión poética sustancial a la esencia del grupo. Como bien señala Diéguez, las estrategias activistas de estos grupos a través de la dimensión poética son "quizás uno de los pocos espacios donde pueden instalarse hoy efímeras microutopías" (Rubio y Diéguez 2006: 22).

La recuperación textual de este grupo es la más difícil de conseguir con diferencia, debido a la inexistencia de un único dramaturgo que materialice las propuestas de la colectividad. Rita Gnuztmann nos describe, por ejemplo, uno de los primeros *textos* que crea este grupo: "En *Encuentro de zorros*, el texto lingüístico se reduce considerablemente [...] y sólo en una mínima parte hace progresar la acción dramática, de por sí fragmentada, y sostiene la tensión. [...] Los diálogos giran en gran medida en torno a las peleas ridículas de los mendigos o copian la charlatanería de feria" (Gnuztmann 2005: 309). No obstante, el director, Miguel Rubio, ha dejado una muestra crítica y razonada de la filosofía que les mueve en obras como *Notas sobre teatro* (2001), *El cuerpo ausente* (2006) y *Raíces y semillas* (2011), además de diversos artículos. Los textos originales no siempre han sido expuestos al público interesado, ya que, como advertimos anteriormente, se reivindica la insistencia en crear un teatro que se enfoque en el cuerpo del actor y en un proceso de búsqueda constante, hecho que contradice la creación de un corpus textual permanente. Basándonos en la teoría de Diana Taylor sobre "archivo" frente a "repertorio" (Taylor

2012: 17), observamos cómo Yuyachkani siente la necesidad de reivindicar todas esas culturas ágrafas, esta tradición popular, en su caso, sobre todo, la cultura andina, que no ha sido pasada por el filtro del archivo, de lo permanente, sino que ha quedado en la conciencia colectiva: danzas, música, mascarada, ritos, etc. No obstante, no olvidan ni amputan la cultura occidental que forma parte de su construcción histórica, puesto que su intención es establecerse, en palabras de Cornejo Polar, "entre la voz de las culturas ágrafas andinas y la letra de la institución literaria de origen occidental" (Cornejo 1994: 11). Es curioso, por ejemplo, cómo su obra más famosa, Los músicos ambulantes, reconocida por el público latinoamericano como una de las piezas que definen con mayor precisión la intrincada convivencia de distintas culturas en el continente americano, aún no ha sido recogida en un texto. Esta obra se basa en Los saltimbanquis, de Luis Enríquez y Sergio Bardotti, y Los músicos de Bremen, de los Hermanos Grimm, y recoge la diversidad cultural y musical en la piel de unos animales humanizados que provienen de la selva, la costa, la sierra y Chincha (cultura afroperuana). Los elementos que caracterizan con más acierto al grupo son, pues, el uso de mitos para dar una lectura a la realidad histórica que viven y el tratamiento trágico y paródico de los temas que recorren el sentir latinoamericano.

Conexiones colectivas: La Zaranda (España) y Yuyachkani (Perú)

Gracias a la aparición a finales del siglo xx de múltiples festivales iberoamericanos de teatro distribuidos entre América Latina, España, EE. UU. e incluso Francia, se produce un contacto fluido entre compañías de diversas zonas hispanas. En ese viaje de ida y vuelta, las palabras, la voz, el cuerpo de Antígona y de Rosa Cuchillo — dos de las obras más populares de Yuyachkani— van volando por territorio internacional gracias al intenso trabajo de difusión que tiene este grupo. En el Festival Iberoamericano de Teatro de Cádiz (FIT) de 2008 a 2010, aparecen estos dos personajes llenando plazas y teatros para denunciar los abusos a las mujeres durante la guerra sucia del Perú. Este proceso intercultural de genealogías teatrales también se da en uno de los eventos más importantes que

se encuentran insertos en el FIT: el Encuentro de Mujeres de Iberoamérica en las Artes Escénicas, que lleva celebrándose en Cádiz
desde hace diecisiete años en el mes de octubre y reúne a actri-
ces y activistas de Latinoamérica y de España. Además, Yuyachkani
asiste también en España a La Otra Mirada, festival organizado por
Mariana González Roberts y David Fernández Troncoso, que reu-
nía a teatreras del otro lado del océano que tocaban temas como el
aborto, la violación, el exilio, la soledad, la rebeldía, etc. Este festival se desarrolló en cinco ediciones, de 2003 a 2010, en Sevilla y
en Alcalá de Guadaíra, dando lugar a una plataforma de encuentro,
formación y exhibición de mujeres de teatro de muchos lugares:
México, Noruega, Perú, Italia, Argentina, Colombia, Puerto Rico,
Nueva Zelanda, Alemania, Nigeria, España, etc. Ana y Débora Co-
rrea, componentes de Yuyachkani, participaron en el 2008 con la
obra *Kay Punku*, (*Esta puerta, ayer, hoy, mañana*), obra que trata sobre las
violaciones y feminicidios perpetrados por los militares durante la
época de la *guerra sucia* en el Perú.

Curiosamente, la esencia de esta poética comunitaria no la
encontramos a primera vista en España, a pesar del constante
contacto que ha surgido a lo largo de las últimas décadas; con
la excepción fundamental de La Zaranda, con quien Yuyachkani
comparte amistad y vocación teatral. Este grupo ha visitado América Latina en innumerables ocasiones, coincidiendo en numerosos festivales esenciales con Yuyachkani: como en el VII Festival
de Teatro de Miami de 1992, evento al que asistió Yuyachkani con
Adiós Ayacucho, adaptación del cuento de Julio Ortega, y La Zaranda, con su obra *Perdonen la tristeza*, escrita por Eusebio Calonge; en
el X Festival de Teatro Hispano de Miami de 1995; en el Encuentro Iberoamericano de Teatro auspiciado por el Celcit de Buenos
Aires en 1999; en la XV edición del citado FIT (Festival de Teatro
Iberoamericano de Cádiz) en el año 2000 con *Antígona*, obra mencionada de Yuyachkani, y *La puerta estrecha*, de La Zaranda, y, por último, en el FITE (Festival de Teatro Experimental de Quito y Guayaquil) en el 2009. Su espíritu coincide con la esencia teatral del
grupo peruano, por la necesidad de acudir a la identidad popular,
y la trascendencia de las tradiciones para intentar comprender la
idiosincrasia de un pueblo que se encuentra permanentemente
en crisis. La pedagogía de trabajo también parte del desarrollo
de una conciencia colectiva evocadora de una memoria y una

reflexión individual e intrínseca al ser humano. Casualmente no visitaron Perú hasta el año 2000, en el Festival Internacional de Lima, pero recorren un modo de entender la dramaturgia absolutamente hermanado con el repertorio de Yuyachkani y confluyen en su constante urgencia por crear un nuevo lenguaje que implique al público, que tenga repercusión directa en *el aquí y el ahora*. La última obra de La Zaranda, *El grito en el cielo*, precisamente nace en una residencia artística en la Bienal de Teatro de Venecia de 2014, abierta al público en sus ensayos. Desarrollan en esta última obra una atmósfera claustrofóbica donde cuatro ancianos tratan de escapar de un geriátrico deshumanizado, luchando contra la rutina aséptica de saneamientos a través del profundo sentido del sueño, de la esperanza de una libertad perdida. Insisten en el poder de esta estética del simulacro:

> Al igual que en Kantor, la escena se construye con los restos de un pasado irrecuperable, con los que los personajes intentan levantar la representación de ese tiempo pretérito y cerrado, que inevitablemente no pasará de su condición de simulacro, alegoría detenida de otra realidad, que una vez más será atravesada por lo trivial, el absurdo y la repetición. (Cornago 2006: 80)

Precisamente una de las constantes en la trayectoria de Yuyachkani es esta condición de simulacro que tiene el teatro y que tiene, al fin, la vida: la contradicción fundamental de sustentar toda una vida en un mundo irreal, en una fantasmagoría más certera que la propia vida objetiva. Una de sus obras más complejas, *El último ensayo*, replica esta farsa a través de "la deconstrucción de una identidad *enlatada*" (Salazar s. f.), como la del Perú y sus hitos o como la de los distintos componentes del grupo, que se *reconocen* tras años de discusiones y vivencias dramáticas y existenciales sobre la creación de un teatro vivo en esencia. Trabajan desde la farsa, que contiene la entraña del drama y de la vida: "La farsa, víscera del Teatro, resulta ser […] una de las vísceras de que vive nuestra vida, y en eso […] consiste la última realidad y sustancia del Teatro, su ser y su verdad (Ortega y Gasset 1966: 45). Esta es la esencia del teatro, esta es su *aura*, un elemento que vertebra la dramaturgia de estos dos grupos cuya genealogía va a través de los océanos, con una misma urgencia por buscar la verdad.

Bibliografía

ABBAS, Khaled M. (2010): "La renovación del teatro español en el último tercio del siglo XX". En: *Espiral. Cuadernos del Profesorado* 3, n. ° 6, 15-31. <http://www.cepcuevasolula.es/espiral> (19/12/ 2015).

AZNAR SOLER, Manuel (1993): "María Teresa León y el teatro español durante la guerra civil". En: *Anthropos. Revista de documentación científica de la cultura*, 148, 25-34.

AZNAR SOLER, Manuel (1995): *Las literaturas exiliadas en 1939*. Alicante: Biblioteca Virtual Miguel de Cervantes, 2001. Notas de reproducción original: Edición digital a partir de la edición de Manuel Aznar Soler, Sant Cugat del Vallès, Associació d'Idees; GEXEL, 1995. En: <http://www.cervantesvirtual.com/nd/ark:/59851/bmc8c9t9>.

AZNAR SOLER, Manuel (1997): "El teatro español durante la II República (1931-1939)". En: *Monteagudo* 2, 45-58.

BALTA CAMPBELL, Aída (2001): *Historia general del teatro en el Perú*. Lima: Universidad San Martín de Porres.

BENJAMIN, Walter (2013): *La obra de arte en la era de su reproducción mecánica*. Madrid: Casimiro Libros.

BUENAVENTURA, Enrique (1977): *Teatro*. Bogotá: Instituto Colombiano de Cultura.

CONTRERAS Carlos y CUETO, Marcos (2007): *Historia del Perú contemporáneo*. Lima: Instituto de Estudios Peruanos.

CORNAGO BERNAL, Óscar (2006): "Teatro y poder: estrategias de representación en la escena contemporánea". En: *Iberoamericana* 21, 71-90.

CORNEJO POLAR, Antonio (1994): *Escribir en el aire: ensayo sobre la heterogeneidad sociocultural en las literaturas andinas*. Lima: Horizonte.

DONAT, Begoña (2015): "Seis valores del teatro contemporáneo valenciano entrevistan a La Zaranda". En: Valenciaplaza.com <http://www.valenciaplaza.com/seis-valores-del-teatro-contemporaneo-valenciano-entrevistan-a-la-zaranda> (20/12/ 2015).

FLOECK, Wilfried (1995): "El teatro español contemporáneo (1939-1993). Una aproximación panorámica". En: Del Toro, Alfonso y Floeck, Wilfried (eds.): *Teatro español y contemporáneo. Autores y tendencias*. Kassel: Reichenberg, 1-46.

GUICHOT MUÑOZ, Elena (2011): "El teatro peruano, testigo de su tiempo: frente a golpes militares, golpes de voz". En: *Recherches: Culture et histoire dans l'espace roman* 6, 203-213.

GNUTZMANN BORRIS, Rita (2005): "El teatro peruano de fin de siglo y el cuerpo: el grupo Yuyachkani". En: Valcárcel, Eva (ed.): *La literatura hispanoamericana con los cinco sentidos*. A Coruña: Universidade da Coruña/Servicio de Publicaciones, 301-310.

GRANÉS, Carlos (2015): *La invención del paraíso: el Living Theatre y el arte de la osadía*. Madrid: Taurus.

HESSE MURGA, José (1963): *Teatro peruano contemporáneo*. España: Aguilar.

ORTEGA Y GASSET, José (1966): *Idea del teatro*. Madrid: Revista de Occidente.

PERALES, Rosalina (1989): *Teatro hispanoamericano contemporáneo. 1967-1987*. Ciudad de México: Editorial Gaceta.

PÉREZ COTERILLO, Moisés (dir.) (1989): *Escenarios de dos mundos: inventario teatral de Iberoamérica*, vol. I. Madrid: Centro de Documentación Teatral.

PÖRTL, Klaus (1985): "El nuevo teatro español. La crítica del sistema político y social en Antonio Martínez Ballesteros y Miguel Romero Esteo". En: *Anales de Literatura Española 4*, Alicante: Universidad, 363-381.

RÖTTGER, Kati (1998): "Las distintas caras del teatro: entre el Nuevo Teatro y el Tercer Teatro". En: Kohut, Karl; Morales Saravia, José, y Rose, Sonia (eds.): *Literatura peruana hoy: crisis y creación*. Frankfurt/Madrid: Vervuert/Iberoamericana, 237-251.

RUBIO ZAPATA, Miguel (2001): *Notas sobre teatro*. Lima: Grupo Cultural Yuyachkani.

RUBIO ZAPATA, Miguel y DIÉGUEZ CABALLERO, Ileana (2006): *El cuerpo ausente*. Lima: Grupo Cultural Yuyachkani.

SALAZAR, Claudia (s.f.): "Yuyachkani: El último ensayo". En: Hemisphericinstitute.org. <http://www.hemisphericinstitute.org/hemi/es/e-misferica-52/salazar> (15/12/ 2015).

SALAZAR DEL ALCÁZAR, Hugo (1990). *Teatro y violencia: una aproximación al teatro peruano de los 80*. Lima: Jaime Campodónico.

SÁNCHEZ GARCÍA, Remedios (2012): "Teatro para el pueblo o despertar al dormido. A propósito del compromiso lorquiano con La Barraca". En: *Anuario de Estudios Filológicos XXXV*, 201-213.

SÁNCHEZ MARTÍNEZ, José Antonio (2006): "Teatro y artes del cuerpo". En: Sánchez Martínez, José Antonio y Abellán, Joan (coords.): *Artes de la escena y de la acción en España: 1978-2002*. Ciudad Real: Universidad de Castilla La Mancha, 57-102.

— (2007): *El teatro en el campo expandido*. Barcelona: MACBA.

SANCHIS SINISTERRA, José (2001): "La palabra alterada". En: *Primer acto: Cuadernos de Investigación Teatral 287*, 20-24.

SEDA, Laurietz y QUIROZ, Rubén (2008): *Travesías trifontes. El teatro de vanguardia en el Perú.* Lima: Universidad Nacional Mayor de San Marcos.

SOLÓRZANO, Carlos (1964): *Teatro contemporáneo hispanoamericano.* Ciudad de México: Fondo de Cultura Económica.

TAYLOR, Diana (2012): *Acciones de memoria: performance, historia y trauma.* Lima: Fondo Editorial de la Asamblea Nacional de Rectores.

VICENTE HERNANDO, César de (1992): "Piscator y el teatro revolucionario en la primera mitad del siglo XX en España". En: *Teatro: Revista de estudios teatrales* 1, 123-140.

IV
Escritores peruanos en España

1. Lector de bibliotecas

MARIO VARGAS LLOSA

Siempre he dicho que lo más importante que me ha pasado en la vida ha sido aprender a leer, y creo que no hay ni una pizca de exageración en esa frase. Recuerdo cómo a los cinco años mi mundo de pronto se enriqueció de una manera extraordinaria y cómo gracias a la lectura empecé a vivir, no solo a leer, experiencias extraordinarias, viajes en el espacio, viajes en el tiempo: unos destinos que estaban fuera del alcance de la experiencia real, pero que la literatura los volvía reales por el hechizo que me producía la lectura. En esa época no sé si otros niños de mi generación leían cómics. Yo no. Mi primer esbozo del mundo de la ficción fueron historias escritas con palabras, que me exigían el esfuerzo intelectual de trasladar esas frases a un mundo de imágenes. Es decir, sin saberlo, eran ya lecturas literarias.

Recuerdo que las revistas infantiles que entonces circulaban por América del Sur eran las de novelas por entregas. Había sobre todo dos que yo esperaba con impaciencia cada semana: una chilena, *El Peneca*, de la que años después descubrí que su directora era quien escribía todas las historias de aventuras que aparecían allí, y *Billiken*, una revista argentina, más variada y mejor presentada, que tenía, por ejemplo, cosas de deportes, pero también muchas historias para leer. Y también las historias de Salgari. Y las de Karl May, un escritor alemán que escribía novelas del Oeste sin haber salido nunca de Berlín. Sí, fui un lector voraz, que, en las navidades, cuando había que escribirle cartas al niño Dios, siempre le pedía libros. La lectura no solo fue un hecho fundamental en mi niñez, sino que contribuyó a que esos primeros años, que pasé en Bolivia, fuesen mi edad dorada, la edad de la absoluta felicidad. No tuve ni un desengaño ni una frustración. Casi fui ese niño de caricatura que es el niño absolutamente feliz.

Más tarde, el volver al Perú y conocer a mi padre fue cambiar de vida completamente. La imagen idílica que tenía de la existencia se acabó. Con mi padre descubrí, por ejemplo, la soledad, pues hasta entonces había vivido con una familia casi bíblica por numerosa. En Lima, no; vivíamos aislados, con una persona que ejercía una autoridad muy fuerte que yo rechazaba y con la que muy pronto también descubrí el miedo. Creo que antes nunca lo había tenido, pero ante mi padre sí: un miedo-pánico que me paralizaba cada vez que me reñía o levantaba la voz porque lo hacía con una ferocidad que me llenaba de terror. A él, a diferencia de mi familia materna, no le hacía gracia que yo escribiera versitos. Al contrario, lo espantaba. Asociaba la literatura a la bohemia y creía que si alguien se dedicaba a la literatura estaba condenado a fracasar.

Mi padre, además, me metió a un colegio militar pensando que allí iban a erradicar toda mi veleidad literaria, y el pobre, sin saberlo, me dio el tema de mi primera novela. En el colegio militar Leoncio Prado leí muchísimo, sobre todo los días de encierro. Como por cualquier falta nos castigaban y nos quedábamos encerrados a veces sábado y domingo, esos fines de semana sin salir a la calle eran para mí días totalmente entregados a la lectura. Recuerdo haber leído, por ejemplo, toda la serie de Dumas de los mosqueteros: *Los tres mosqueteros*, *Veinte años después* y *El vizconde de Bragelonne*. O *Los miserables*, de Víctor Hugo. Es una de las primeras lecturas que se me quedaron grabadas en la memoria, maravillado por las aventuras de Jean Valjean, Marius y Cosette.

En el Leoncio Prado también empecé a escribir. Aquello que parecía imposible en un mundo militar, la literatura, fue sin embargo posible y de una manera inesperada. Empecé a escribir cartas de amor para mis compañeros, que además me pagaban por escribirlas, generalmente en cigarrillos. Era muy divertido, porque, para contestar las cartas que recibían de sus enamoradas, yo antes tenía que leerlas, y así me enteraba, entonces, de sus intimidades. Más tarde, en la época de la universidad, comencé a leer muchísimo, síntoma, creo, de una vocación literaria. Leí a Camus y Sartre, por ejemplo, para quienes escribir era actuar. Para ellos, las palabras eran hechos y estaban convencidos de que a través de la literatura uno podía influir en la historia. También descubrí a los grandes norteamericanos: Faulkner, Hemingway, Scott Fitzgerald, Dos Passos, pero sobre todo Faulkner, otro de los autores a los que leí con verdadero deslumbramiento. Fue el primer autor al que leí con lápiz y papel, tratando de desentrañar las estructuras temporales de sus historias, cómo hacía saltar la historia al pasado para luego volver al presente, cómo constituía esos laberintos temporales en los cuales uno no se perdía al final; al contrario, de toda esa oscuridad salía una luz extraordinaria que te revelaba toda la complejidad que había detrás de la anécdota.

En esos años en San Marcos entré también en círculos marxistas y leí a fondo cierta literatura prohibida. Eran libros que no se enseñaban en la universidad ni se vendían en las librerías, sino bajo cuerda, y que había que leer a escondidas con la sensación de vivir una aventura peligrosa. Esa época cambió mi vida. Empezó el período que cuento en La tía Julia y el escribidor. Tuve que buscar varios empleos, y uno de ellos era hacer de bibliotecario en el Club Nacional de Perú. El Club Nacional es una institución muy importante, es el club social más antiguo, y para mí entonces representaba la oligarquía, la gente rica, la alta sociedad. Raúl Porras Barrenechea, el historiador para el que yo ya trabajaba, formaba parte de la directiva, era el bibliotecario y, como tal, podía contratar un asistente. Y me contrató en esa época en la que yo, recién casado, buscaba varios empleos para sobrevivir. Llegué a tener siete. Como asistente del bibliotecario del Club, mis obligaciones consistían en registrar los libros que se iban comprando, pero, fuese por falta de dinero o por negligencia, ya no se compraban libros, y entonces yo tenía las dos horas que debía estar allí para leer y escribir. Estoy enormemente agradecido al Club porque en esas dos horas descubrí, en un cuartito del cuarto piso, escondida detrás de un discreto biombo, una colección de libros eróticos franceses maravillosa. Estaban, por ejemplo, los veinte o veintidós tomos de Les maîtres de l'amour (Los maestros del amor), la colección dirigida por Guillaume Apollinaire, muchos de los cuales habían sido prologados por él mismo. Era una literatura exquisita que los socios tenían allí, libros que claramente había comprado un bibliotecario con gran predilección por el erotismo de sesgo francés y con los fondos de la oligarquía peruana. De tal manera que a la oligarquía peruana yo le debo toda mi cultura y mi formación erótica.

Poco después, a fines de los años cincuenta, llegué Madrid con una beca y me instalé a leer novelas en el salón de lecturas de esta Biblioteca Nacional, que era, a diferencia de lo que es ahora, un lugar donde uno se moría de frío. No había calefacción. Entonces, en invierno, había que leer con abrigo y a veces hasta con guantes, porque realmente uno desafiaba la pulmonía. Y recuerdo ese año y medio por todas las novelas de caballerías que leí en esta biblioteca. La colección desde luego es soberbia. Yo había descubierto el género en Lima gracias al *Tirant lo Blanc*, que leí en la biblioteca de San Marcos; es una novela que me impresionó muchísimo, no solo como lector, sino como escritor. Y entonces empecé a leer novelas de caballerías y casi todas las tardes de la semana iba a la biblioteca a leer una por una toda la colección de los Amadises, los Esplandianes, hasta que encontré un libro —cosa extraña— de caballería francés, el *Lancelot du Lac*, que no se podía sacar sin un permiso eclesiástico.

El Madrid del que estamos hablando es el de fines de los cincuenta, no tiene nada que ver con el Madrid moderno, cosmopolita, enorme de la actualidad. Era un Madrid muy cerrado, muy ensimismado, muy incomunicado con lo que ocurría en el resto del mundo. Yo estaba haciendo los cursos del doctorado en la Complutense, y recuerdo que en 1958 retiraron de la biblioteca del departamento de Filología Hispánica todos los volúmenes de la *Revista de Occidente*, de Ortega y Gasset, que yo ya había empezado a leer. Era, pues, una ciudad pequeñita y muy provinciana. Ahora, tenía también un enorme encanto. Uno podía seguir la trayectoria de las novelas de Pérez Galdós, *Fortunata y Jacinta*, por ejemplo, porque ese Madrid estaba todavía allí.

Madrid no solo es hoy mi residencia más habitual, sino que allí escribí mi primera novela, en una tasca que ya desapareció, El Jute, en la esquina de Menéndez y Pelayo y el Doctor Castelo. Tenía las clases en la universidad en la mañana y por la tarde podía dedicarme a leer y a escribir. Y siempre pasaba unas horas allí, en esa tasca típicamente madrileña, muy simpática, donde había un camarero bizco que me ponía muy nervioso porque se acercaba a leer por sobre mi hombro lo que estaba escribiendo. La primera versión de *La ciudad y los perros* la escribí allí. Por lo demás, buena parte de mi obra la he escrito en bibliotecas o en cafés. Trabajar en bibliotecas, leer y escribir en ellas, era algo que ya hacía desde Lima. Tanto cuando era estudiante universitario, en la biblioteca de San Marcos, que era muy bonita, una vieja biblioteca llena de telarañas y con cierto aire un poco colonial todavía, como después en la Biblioteca Nacional, que era la mejor biblioteca que había entonces en el Perú.

Posteriormente he trabajado mucho en esta biblioteca y también en la Nacional de Francia, que estaba en la plaza de la Bolsa. Pero quizá la que más me emociona y me produce mayor nostalgia es la British Library, no la actual, sino la antigua biblioteca de Londres, la que funcionaba dentro del Museo Británico, en esa sala gigantesca con esa cúpula maravillosa. Creo que allí sí, todos los años que viví en Inglaterra, pasé varios días a la semana trabajando por las tardes. Era un placer enorme, no solo por su riquísima colección, sino porque en esa sala, alrededor de las mesas de lectura, había unos asientos muy confortables donde podías sentarte a leer en una atmósfera cálida, estimulante y con la impresión de estar rodeado por los ojos de sabios, poetas, pensadores y creadores inmensos. Muy cerca de donde yo me sentaba estaba el sillón con la placa donde iba a trabajar Marx, que como se sabe escribió casi todos sus ensayos filosóficos allí. Por eso sentí como la muerte de un familiar que la vieja British Library saliera del Museo Británico y se fuera a ese horrible edificio donde está ahora. En todas estas bibliotecas siempre he hecho fichas de lo que leía, y, si de pronto una de esas anotaciones estimulaba mi imaginación, allí mismo sacaba mi libreta y me ponía a escribir, porque yo siempre he escrito a mano, todo, novelas, ensayos y artículos periodísticos. Actualmente, cuando voy a una biblioteca, sigo yendo con la pluma y la libreta. No con un ordenador, no. Me gusta el papel, la tinta, escribir a mano. Así comencé, y todavía hoy creo que el ritmo de mi mano es el ritmo de mi pensamiento. Ya luego, cuando tengo un borrador, yo mismo paso al ordenador lo que hago. Pero la primera versión me gusta que salga de la mano, de la tinta, en el silencio de una biblioteca o también en una cafetería, con las conversaciones de fondo.

Cuando pienso en el inmenso placer que me han deparado las bibliotecas y lo bien que he trabajado en todas ellas, estimulado por esos millares de millares de libros en los que están depositados el conocimiento y la fantasía literaria de tantos siglos, pienso con tristeza que quizás la mía sea la última generación que conozca una experiencia semejante si, como no es imposible ya pensar, las nuevas generaciones de escritores trabajarán rodeadas de pantallas en vez de estantes y la materia de los libros no será el papel, sino el cristal líquido de las computadoras.

2. Macondo era una isla española

Jorge Eduardo Benavides

Este breve apunte sobre una peculiaridad de la narrativa canaria que eclosionó en la década de los setenta tiene que ver con mi estancia allí, cuando a principios de los años noventa llegué a España y Tenerife fue el primer lugar donde me afinqué, pensando quedarme unos meses antes de partir a Barcelona. Me quedé once años y después no me fui a Barcelona, sino a Madrid... Pero esa es otra historia.

El caso es que mi trabajo como periodista y principalmente como profesor de talleres de narrativa me brindaron un provechoso contacto con la isla y sus escritores, que en ese entonces empezaban a romper con la narrativa de la generación anterior, aunque no todos ni de la misma manera: para algunos, el realismo mágico canario que había marcado parte de la literatura producida en los años setenta continuaba vigente. El caso principal lo constituye la obra de Víctor Álamo de la Rosa (Santa Cruz de Tenerife, 1969), con una vasta y compleja producción entre las que destacan *Campiro que* y *Las mareas brujas*, de marcada connotación mágico-realista, donde el territorio en el que se mueven sus personajes resulta esquivo, brumoso y de orden más bien mítico. Quizá leer su trabajo me puso sobre la pista de esta particular característica que encontraría después en una parte importante de la literatura canaria realizada hasta entonces: lo elusivo de sus territorios, la marcada distancia con una cartografía reconocible. En contraposición a ello, sin embargo, una de las novelas emblemáticas de Canarias, Los puercos de Circe, de Luis Alemany (Barcelona, 1944), detalla con minuciosa audacia Santa Cruz y La Laguna. Pero la cuestión, para mí, era rastrear dónde empezaba esta singular cualidad de la literatura insular y que tanto se emparentaba con parte de la literatura del realismo mágico hispanoamericano.

No se puede negar que la literatura canaria de los años setenta modificará el cauce por el que habían transitado las letras insulares desde mediados del siglo pasado. No es que no hubiera ocurrido nada hasta entonces en el panorama literario del archipiélago, pero si acaso existe una denominación exacta para lo que ocurrió con este en los años setenta esa es precisamente la de *boom*: un estallido y una efervescencia que aglutinó de pronto y en un corto período de tiempo a una generación de escritores con la firme necesidad de levantar una literatura propia que estaba hasta ese entonces sumergida —más bien disuelta— en la corriente de la literatura nacional.

Para Juan Cruz Ruiz, los padres literarios de todos ellos en el siglo XX son Agustín Espinosa, Rafael Arozarena y Alfonso García-Ramos, escritores que a su vez crecieron "bajo la mirada crítica y poética de Manuel Padorno, Domingo Pérez Minik y Jorge Rodríguez Padrón".[1]

Hay en este planteamiento dos elementos a tomar en cuenta. Primero: el *boom* significó la irrupción de elementos generacionales enlazados por un común denominador: la necesidad de configurar la isla como imaginario y la propia condición insular como ancla. Pero, paradójicamente, un nutrido grupo de escritores, lejos de situar a las islas como lugares exactos y reconocibles geográficamente, decidieron difuminarlas y convertirlas en espejismo, en acertijo o mera alusión: Canarias es literariamente como la Atlántida o San Borondón. Existe en la mente de los escritores, y desde las páginas que ellos escriben nos llegan las islas como un lugar utópico, golpeado incesantemente por el mar de la imaginación.

Canarias es, pues, en la fértil y variada trama que la decodifica literariamente, una suerte de Macondo. No en cuanto a su carácter totalizador ni como mundo referencial de un universo propio y

---

1 "Los escritores canarios desembarcan en el Círculo". El *País*, 27 de abril de 2015.

con claves reconocibles, sino en tanto en cuanto aspiración estética, como necesidad de escapar de los lugares reconocibles por donde los escritores transitan cotidianamente.

Y segundo: otro elemento más, y quizá decisivo para fortalecer este vínculo con la literatura hispanoamericana, resulta el hecho de que los variados planteamientos estéticos de escritores como Alberto Omar, Fernando Delgado, Luis Alemany, Juancho Armas Marcelo, Juan Cruz, Carlos Pinto Grote, Alfonso O'Shanahan, Alfonso García-Ramos, Juan-Manuel García Ramos, Cecilia Domínguez, Víctor Ramírez o Domingo Luis Hernández, y otros tantos que empezaron a construir su obra a mediados de las décadas de los setenta y ochenta, han sido planteamientos que en lo formal y en lo sustancial se convirtieron en una caja de resonancia del *boom* hispanoamericano aparecido por aquel entonces.

El *boom* hispanoamericano y el *boom* canario son prácticamente contemporáneos, lo que convierte la literatura insular de aquellos momentos en una auténtica vanguardia estilística y temática con respecto a la literatura de otras regiones peninsulares. Pero esta rápida asimilación de las formas narrativas, de los experimentos estructurales y de la búsqueda de un territorio propio, que en Hispanoamérica se resuelve afirmando emplazamientos más reales que imaginarios (después de todo, en la literatura del *boom* hispanoamericano Macondo o Santa María siempre *aparecen* menos que Montevideo, Buenos Aires, México DF, Santiago o Lima), en Canarias se escora más hacia lo imaginado, hasta convertirse en un sello particular de la narrativa isleña.

Canarias se convierte así en un territorio de indagación, de búsqueda de raíces, de renovación formal, pero también de abjuración con una intensidad que creo que no ha existido fuera del archipiélago y que, por razones extraliterarias como la propia condición insular, ha llegado apenas como un débil eco al resto de España.

La lista de escritores, de novelas y cuentos es muy larga y desigual: particularmente prolífica, esta generación de escritores canarios no languideció, como se cree, vegetando en la nostalgia como un espejismo pasajero, sino que depuró a los escritores más exigentes y más comprometidos con su labor, pese a esa condición insular limitante de la que se quejan —y muchas veces con razón— los escritores canarios. Prueba de ello es que los narradores más conocidos de esa generación son, precisamente, los que se fueron a la Península: Fernando G. Delgado, Juancho Armas Marcelo y Juan Cruz.

Los de fuera

Fernando G. Delgado ha consolidado una obra intensa y prolífica que alcanza su cenit con el Premio Planeta otorgado a una novela que, dentro del universo de esa editorial, resulta muy superior a otras, pero que rompe bruscamente la obra de perfiles exactos a la que hasta ese momento se había entregado el escritor tinerfeño. Desde *Tachero* (1973) hasta *Ciertas personas*, Fernando G. Delgado encontró no solo un estilo muy personal, con un imaginario cargado de liturgias y de tramas sórdidas, sino una manera interesante de contar lo isleño sin caer en el tópico arcádico ni en la repulsa por lo insular.

Juancho Armas Marcelo se ha concentrado en una literatura que es como el paradigma de esa idea atlántica y vertebradora que se tiene de Canarias con respecto a Hispanoamérica y que no es del todo inexacta. Desde *Estado de coma* hasta su más reciente *Réquiem habanero por Fidel*, Armas Marcelo ha levantado sus campamentos narrativos en Sudamérica, Madrid o Canarias evolucionando hacia una literatura menos experimental y de mayor rigor formal, sin tantos alardes técnicos ahora, pero siempre con una exigencia narrativa que lo sitúa a la cabeza de la literatura del archipiélago.

Juan Cruz ha sido probablemente el más entregado a lo experimental y el que más ha depurado la prosa desde *Crónica de la nada hecha pedazos*, pasando por *Naranja* y *Exceso de equipaje*, hasta llegar a esa espléndida biografía novelada que es *La foto de los suecos*. En Juan Cruz, al igual que en algunas novelas de Fernando Delgado, se reconoce un territorio narrativo de contornos más precisos. En este caso la atmósfera de la isla se suele fundir con la nostalgia por la infancia y una persistencia reflexiva de claro aliento poético.

Los de dentro

Si bien los escritores reseñados líneas arriba han sido aquellos cuya obra se ha divulgado mejor a nivel nacional, hay en el archipiélago otros escritores de esa generación del *boom* que han seguido escribiendo o que ya dejaron de hacerlo, pero que nos dieron novelas y cuentos de gran calidad, de grandes riesgos narrativos y de clara vocación insular, aunque esto, paradójicamente, no significa la reivindicación de un territorio *real* sino más bien mítico, equívoco o meramente irreal.

Guad, de Alfonso García-Ramos, *Nos dejaron el muerto*, de Víctor Ramírez, *Malaquita*, de Juan-Manuel García Ramos o *El ojo vacío*, de Domingo Luis Hernández, son algunas de esas novelas que exploraron diversas formas de contar y reivindicaron la noción de Canarias como un fértil territorio narrativo susceptible de las más variadas formas de enfrentarlo: desde la experimentación y el juego de espejos —con *alter ego* incluido— que hay en la novela de Domingo Luis hasta esa interesante indagación antropológica que es *Guad* y que transcurre en Tenesora, un imaginario valle tinerfeño.

Malaquita, por su parte, es una novela de discurso fragmentado y proclive al monólogo, con ciertas reverberaciones onettianas que permiten sumergirnos en ese submundo de marginalidad y miseria donde se inscribe la historia, en un territorio también inexistente, en este caso más bien innominado. El propio García Ramos habla de un constante "flujo y reflujo" entre América y Canarias que "lleva a nuestras literaturas respectivas a frecuentes reciprocidades, a revelaciones mutuas".[2]

Exterminio en Lastenia, de Fernando G. Delgado, es una firme apuesta por el territorio imaginario, la necesidad de construir una región paradigmática que es suma de las carencias y todo lo réprobo que hay en una sociedad especular con respecto a la isla real de la que se nutre.

Aunque más reciente en su factura que las anteriormente mencionadas, *Los papeles de Abilio Santos*, de Carlos Pinto Grote, insiste en esa característica de escamotear una geografía más exacta e identificable, y sus personajes se mueven por un espacio denso y esponjoso como el de un sueño, sin que el lector adivine nunca cuál es esa provincia de la que habla el narrador protagonista, cierto profesor de Oxford a quien recurren las autoridades de tal lugar para que escriba una historia política regional.

En *Nos dejaron el muerto*, de Víctor Ramírez, uno de los abuelos del personaje narrador nace en un lugar llamado Siete Sitios y, aunque la novela transcurre en una isla (casi al final se hace una referencia a las islas Canarias), nunca ponemos pie en tierra firme, limitándonos

---

2   "Introducción", *Por un imaginario atlántico*. Barcelona, Montesinos, 1996.

a fabular respecto al lugar preciso donde se asienta la historia. Algo similar ocurre con *Enigma en Los Lomitos*, de Agustín Quevedo, novela muy irregular y plagada de tópicos en la que los sucesos acaecen en una *cierta isla* del Atlántico, donde el narrador parece avanzar como en puntas de pie por las posibles alusiones a la realidad de la que al parecer se nutre la trama de la novela.

No son los únicos casos ni tampoco ocurre en toda la literatura canaria del *boom*, pero los ejemplos planteados y algunos otros no comentados aquí por razones de espacio resultan más que suficientes como para afirmar que una característica muy peculiar de la literatura canaria hecha entre los años setenta y principios de este siglo se asienta sobre la base de una negación del territorio real y la afirmación de un territorio más bien conceptual: así, la isla se reivindica como *condición*, pero nunca como realidad tangible. Como San Borondón, la isla literaria donde habita el imaginario narrativo de Canarias aparece y desaparece dejando apenas un rastro tenue de su existencia.

Llegados a este punto, se podría replicar aduciendo que en la España peninsular existen Castroforte, Región, Celama, Obaba y Mágina, entre otros lugares narrativos imaginarios. Pero ninguno de estos espacios míticos se corresponde de manera tan inequívoca a una generación ni mucho menos a un área geográfica específica: no es característico de la literatura leonesa o andaluza ese afán por idealizar un territorio envolviéndolo en las brumas de lo mítico, sino que son planteamientos personales y a menudo puntuales de Torrente Ballester, Juan Benet, Luis Mateo Díez, Bernardo Atxaga y Muñoz Molina.

Este hurto del espacio geográfico no es un rasgo que se haya agotado con las últimas reverberaciones del *boom* de los años setenta; digamos que ha persistido en las generaciones siguientes, como en el caso ya referido de Víctor Álamo —*Campiro que* (2001)— y también en algunas novelas de Sabas Martín —*Nacaria* (1990)— o Agustín Díaz Pacheco —*El camarote de la memoria* (1987)—. Las suyas son novelas crecidas al resguardo de aquel experimentalismo narrativo tan fértil y vanguardista donde encontramos el mismo pertinaz escamoteo del territorio tangible, pero ahora convertido ya en una característica pensada y casi consensuada como sello particular isleño. Sigue siendo la condición insular lo que parece importar, pero siempre que no exista una mención espacial explícita, una geografía reconocible. La cuestión es si seguirá siendo así. Todo parece indicar que no, pues en la última década la literatura canaria ha experimentado un auge de variadas propuestas que tienen en Nicolás Melini, Pablo Martín Carbajal y Alexis Ravelo a sus más destacados valedores. Son escritores cuyas novelas y cuentos parecen explorar un universo narrativo cada vez más alejado de ese mundo brumoso, a veces onírico y mítico propio de las generaciones anteriores. Quizá ellos constituyan la primera generación de escritores que consideran que Canarias es susceptible de ser una localización geográfica perfectamente identificable y que no tienen necesidad de escamotear sus emplazamientos para tratar de explicar esa condición insular que tanto ha gravitado sobre sus ficciones.

3. Desde el centro de la periferia

FERNANDO IWASAKI

Y aunque entiendo que mi atreuimiento es demasiado en esto, todauía tengo propuesto de gastar lo que de la vida me queda en escriuir.
(Inca Garcilaso de la Vega,
Diálogos de amor de León Hebreo, 1590)

Era una noche espléndida. Levantando su violín lo encajó contra su mandíbula y empezó a tocar para nadie, en medio del estruendo. Para nadie. Y tuvo la certeza de que nunca lo había hecho mejor.
(Julio Ramón Ribeyro,
Silvio en El Rosedal, 1977)

Durante los treinta años de residencia que llevo en España, jamás he vivido en otra ciudad que no fuera Sevilla. En ocasiones puntuales he tenido que pasar breves temporadas en Madrid o Salamanca, pero nunca más de una semana en cada ocasión. Mi casa, mi hogar, adonde deseo regresar cuanto antes —incluso si estoy en Lima— se encuentra a las afueras de Sevilla, en un pueblo de la vega del Guadalquivir llamado San José de La Rinconada, pues vivo en una casa rural que en el siglo XIX ya era un ventorrillo de arrieros y trajinantes.

Sevilla no es ni la tercera ni la cuarta ciudad de España, porque Bilbao y Valencia le siguen en importancia a Madrid y Barcelona. Más bien, Sevilla debe estar disputándose la quinta plaza con Málaga y Zaragoza, por lo que ahora mismo muy bien podría ser la octava ciudad del escalafón urbano español. En realidad, tales jerarquías me traen sin cuidado, pues lo único que pretendo ilustrar es lo distinta que resulta mi vida en Andalucía comparada con Lima, ya que estoy lejos de los circuitos literarios de las grandes ciudades, publico en editoriales provincianas, cultivo mis propias hortalizas en un huerto, trabajo con músicos flamencos y recojo los perros que algunos desaprensivos abandonan por las carreteras secundarias de mi derredor. Vivir donde yo vivo en España vendría a ser como vivir a las afueras de Huaraz si residiera en el Perú, lo cual me haría mucha ilusión de ser el caso. He tenido que venir a la periferia de una provincia española para descubrir que también podría ser feliz en la periferia de una provincia peruana.

Vivir en Europa no me ha espabilado al presunto cosmopolita que todo limeño cree que lleva dentro, sino al provinciano que todos los limeños escondemos. El único cosmopolitismo que me atrae es el que perfuma los libros, pues todas las cosas finas y nobles de Europa presumen más bien de antiguos y pueblerinos linajes, como es el caso de los quesos, los vinos, los aceites, los aguardientes, las salazones y, por supuesto, las artesanías, los oficios, las cocinas, los instrumentos musicales, y así hasta el infinito. Mi abuelo materno nació en las alturas de Huamantanga, pero en casa nadie había ido allí,, ni siquiera por la curiosidad de probar in situ las sabrosas papas que ofrecen los restaurantes más sofisticados del Perú. Por eso, cuando visité Huamantanga abroché otro de los círculos familiares que me propuse cerrar cuando decidí recoger los pasos de mis abuelos oriundos de Guayaquil, Caraz, Hiroshima y Huamantanga, porque en mi suburbio andaluz crepitan todas mis periferias.

Lima es una de las palestras de la centralidad, aunque muchos letraheridos se sientan demasiado lejos de las multinacionales de la edición. Pero no. Desde Lima es posible tener un blog muy influyente en todo el ámbito de las letras hispanas y las redes sociales permiten conectar de forma simultánea escenarios centrales como Buenos Aires, Santiago y Ciudad de México con Madrid, Barcelona o Nueva York. Sin embargo, el bloguero de Talca, el *twitter* de una librería de Riobamba o el Facebook de una poeta de Saltillo circulan todavía por las carreteras secundarias de la información, porque la centralidad teje sus propias redes y así las periferias continúan instaladas a las afueras de la galaxia digital, igual que mi entrañable ventorrillo sevillano. Por eso publicar en Murcia, Gijón o Sevilla viene a ser lo más parecido a publicar en Tucumán, Cochabamba o Mérida de los Andes.

"¿Por qué eres hincha del Betis?", me preguntan perplejos muchos amigos y familiares latinoamericanos que desde sus respectivos países son seguidores del Barcelona o del Real Madrid. ¿Y por qué no? Ser del Betis sería como ser hincha del León de Huánuco en el Perú o del Atlético Bucaramanga en Colombia, equipos modestos, esforzados y sin el *glamour* de los clubes que manejan presupuestos más pródigos que los de muchas monarquías africanas. Diría más: esos equipos representan en el fútbol el lugar que uno mismo ocupa en la *República Mundial de las Letras*, por convocar el título de un fastuoso ensayo de Pascale Casanova dedicado a las consagraciones, las metrópolis culturales y la historia de la literatura en la era de la globalización.

Por lo tanto, me considero un narrador peruano que ha elegido alejarse de la centralidad que supone escribir desde Lima para hacerlo desde los extramuros de una periferia provinciana andaluza, donde todo lo que he perdido en visibilidad lo he ganado con creces en seguridad. A saber, seguridad para acceder a las lecturas que me interesan, la seguridad de conocer a autores admirables, seguridad para recibir por correo postal los libros que adquiero por internet y la seguridad que supone disfrutar de un estado del bienestar que me garantice unas condiciones mínimas para seguir leyendo y escribiendo después de cumplir los sesenta años. Para mí es más que suficiente.

La industria editorial y cultural española es raquítica si la comparamos con la británica o la francesa, pero rotundamente poderosa en la esfera de nuestra lengua. Por eso, para mí, vivir en España conlleva asumir la responsabilidad de conocer la literatura que se escribe en mi lengua. Así, de forma voluntaria pospongo la lectura de autores traducidos de otros idiomas, aunque se trate de figuras relumbrantes de las letras contemporáneas. He tenido el privilegio de compartir actos con narradores que admiro, como J. M. Coetzee, Wole Soyinka, Salman Rushdie o Vikram Seth, pero esas son las excepciones que confirman la regla, porque lo razonable es que alterne con escritores mexicanos, chilenos, colombianos, argentinos, salvadoreños o costarricenses. Sin duda tiene que ser maravilloso conocer al dedillo las novelas de Jonathan Franzen, Haruki Murakami, Mathias Enard o Mircea Cartarescu, pero me sentiría muy avergonzado si fuera incapaz de hablar sobre la narrativa ecuatoriana o guatemalteca contemporánea. Y que conste que no me refiero solamente a los escritores panameños o nicaragüenses publicados por las multinacionales españolas de la edición. De ninguna manera, porque vivir en San José de La Rinconada —como en cualquier aldea española— me garantiza la recepción de cualquier impreso aparecido en el más remoto sello latinoamericano del Atlas. Por eso mi ventorrillo vegano es el centro de todas las periferias literarias de mi lengua.

En numerosas ocasiones he respondido que no vine a España ni para ser escritor ni para crear una distancia literaria con mi país. Vine como historiador para investigar en el Archivo de Indias y cursar un doctorado en mi especialidad. Sin embargo, cuando ciertas circunstancias burocráticas y familiares me instaron a abandonar el ejercicio académico de la historia ya instalado en Sevilla, mi segunda vocación —la escritura— acudió al rescate para alivio de mi familia. No puedo negar que publiqué un primer libro de cuentos en 1987, pero entonces creía que Tres noches de corbata solo sería un clavel en la solapa del historiador. Sin embargo, como para llegar a fin de mes tuve que escribir editoriales sin firma, críticas de televisión, crónicas deportivas, reseñas de libros, artículos esotéricos, necrológicas de escritores e infinitas columnas de opinión, la escritura literaria se abrió paso entre las otras de forma natural. En realidad, el deseo de escribir me pilló escribiendo, aunque siempre leyendo.

Vivir en España y no leer es un contradiós, porque a la industria editorial hay que sumar el esplendor de las librerías de viejo y de nuevo, así como una fastuosa red de bibliotecas públicas. Así, leyendo descubrí un retablo de olvidados escritores peruanos, preteridos en el Perú y casi desconocidos en España, a pesar de haber publicado aquí la mayoría de sus libros. Me refiero a Félix del Valle, Rosa Arciniega, Felipe Sassone y Manuel A. Bedoya, entre otros, a quienes he dedicado ensayos, artículos, cuentos y estudios a lo largo de los últimos veinte años. Jamás habría conocido a estos peruanos inverosímiles de no haber sido por las sugerencias y recomendaciones de Abelardo Linares, poeta, editor y librero de viejo que lo ha leído casi todo. Abelardo fue mi mentor en el conocimiento de la literatura en español de la primera mitad del siglo xx y me encomendó la dirección de *Renacimiento*, su prestigiosa revista literaria. Gracias a aquella aventura, que duró de 1996 a 2010, asumí que mi cometido principal como escritor latinoamericano residente en España tenía que ser rescatar y dar a conocer a autores valiosos para la literatura, porque Abelardo me enseñó que muchos poetas y escritores pueden ser esenciales para la historia de la literatura, pero del todo insignificantes para la propia literatura. Como se puede apreciar, existe otra periferia en los alrededores del canon.

Por otro lado, la revista literaria *Renacimiento* fue una espléndida palestra para dar a conocer a autores. Al poeta Eduardo Chirinos comencé publicándole poemas en la revista y luego una antología de su poesía en Renacimiento, seleccionada por Vicente Tortajada. Pocos años después recorrimos el mismo itinerario con el poeta José Watanabe, de cuya antología para Renacimiento se encargó el mismo Eduardo Chirinos. Hoy la poesía de ambos goza del unánime reconocimiento de la crítica española, mérito que les pertenece solo a ellos y a su talento, aunque para eso hizo falta que al menos hubiera alguien en los extramuros, merodeando en los límites de la periferia.

En mi parcela de la vega del Guadalquivir, a la vera del huerto y los frutales, también han arraigado muchos árboles peruanos y latinoamericanos, como los molles, los faiques, los huarangos, las lúcumas, los ceibos, los arupos, los ombúes y los lapachos. Ellos representan la remota frontera en mi periferia cercana, pues florecen o pierden las hojas dos veces al año, como si quisieran abolir el malentendido biológico entre las estaciones y los hemisferios. Cualquier escritor peruano en España haría lo mismo que mis molles trasplantados en Andalucía: florecer cada vez que el tiempo los huaracea, la lluvia los retarma y el sol los achosica. Algo que solo podría ocurrir en el centro de la periferia.

La Vereda de los Carmelitas, invierno de 2016

4. Madrid era el mundo

Alonso Cueto

El descubrimiento de Madrid fue para mí el descubrimiento del mundo. Llegué a los veintidós años, después de una infancia y una juventud itinerantes que pasaron de París a Washington y de allí a Lima. Madrid fue la primera ciudad que cobró una forma autónoma lejos de las necesidades de la infancia, de la protección de mis padres y de lo que podría llamar mi hogar. Llegué a alojarme en la inolvidable pensión de María Cristina Aleix, sobrina nieta de Pío Baroja, en el barrio de Salamanca, cerca de la plaza de Ventas. Viví tres años cerca de ella y de sus maravillosos hijos Cris y Juan Carlos. Al lado de la pensión quedaba una posta médica para los toreros. Alguna vez vi aparecer a alguno de ellos ensangrentado, junto a la puerta.

Era una época de fervor y sangre en una ciudad de piedra y un cielo azul que siempre me estremecía. Por entonces, en febrero de 1977, se iniciaba un año excepcional con las campañas políticas y las primeras elecciones en varias décadas. Poco después de mi llegada, en Semana Santa, me despertaron las bocinas de los autos en la calle. Se estaba celebrando un hecho histórico, la legalización del Partido Comunista. De pronto, la cartelera de cine de Madrid mostraba todas las películas prohibidas durante la dictadura. Se echaban varias de Fellini, todo Pasolini, *El último tango en París*. Pepe da Rosa cantaba el

Yes, very well. En los bares, en las plazas, en reuniones públicas se vivía un fervor político que a veces terminaba en discusiones en voz alta, incluso para los españoles. Había que vengarse de la historia. Lo que contaba era la España real, no la que había inventado el dictador. Los metros y las plazas eran escenarios de la locura. En una estación vi a un tipo acercarse a otro y espetarle: "Vosotros matasteis a muchos rojos en la guerra. Muchos rojos cayeron con vosotros". Un domingo, paseando cerca de Cibeles alcancé a ver una manifestación de la Falange de Primo de Rivera. Una señora gritó junto a mí: "Sí, yo soy falangista". Por entonces, después de décadas, llegaron Rafael Alberti y María Teresa León de su exilio sudamericano y romano; Dolores Ubárruri, la Pasionaria, venía del exilio soviético ("Vasca de generosos hacimientos: encina, piedra, vida, hierba noble", la había llamado Miguel Hernández). Llegó también Santiago Carrillo, para alarma de algunos. Pocas semanas después de su llegada, leí una noticia en *El País*: en un vuelo que venía de Barcelona a Madrid, el piloto anunció que estaban a punto de aterrizar. Luego invitó a los pasajeros a ver por la ventana la localidad de Paracuellos de Jarama. "Fue el escenario de una de las masacres de la Guerra Civil", dijo el piloto por los altavoces. "Y el autor de esa masacre está sentado como pasajero en este avión. Quien les habla es hijo de una de sus víctimas de esa masacre que él dirigió". Carrillo, en su asiento, no se inmutó. Luego la compañía aérea despidió al piloto, pero los ánimos seguían a tope.

Como me sentí integrado a la vida española, mi ídolo de esos años fue Adolfo Suárez y hasta aprendí a entonar la canción con la que hacía propaganda a sus electores. Luego iba a reconocerlo y admirarlo una vez más en uno de mis libros preferidos, *Anatomía de un instante* (2009), de Javier Cercas.

Habituado a las medianías de la neblina limeña y a los protocolos corteses heredados de la cultura andina, me impresionaba entrar a un bar y escuchar los gritos del camarero que me ordenaba pedirle una caña a voz en cuello. Pero con el tiempo fui habituándome y no me perdía los partidos de la Liga de los domingos por la noche en el Bar Fontana de mi calle, el paseo del Marqués de Zafra. Durante ese tiempo, becado gracias al Instituto de Cultura Hispánica, mi propósito era realizar una investigación sobre la obra de un poeta admirado, Luis Cernuda. Hacía mi investigación en la biblioteca del Instituto de Investigaciones Científicas, donde descubrí nuevas lecturas de Cernuda, entre ellas algunos de sus brillantes ensayos. Recuerdo hasta hoy su maravilloso "Divagación sobre la Andalucía romántica".

Por entonces algunas palabras entraron en mi conciencia. Términos como *cachondo*, *pasota*, *majo* y tantos otros se volvieron propios. Los latinoamericanos y los españoles estábamos aún divididos por algunas palabras distintas. Una historia famosa cuenta que un peruano llega a un hotel en Madrid y llama al conserje con un pedido: "El caño de la tina se ha malogrado. Por favor, avise a un gasfitero para que lo arregle". El conserje no le entiende bien. El peruano debía haber dicho: "El grifo de la bañera se ha estropeado. Por favor, llame a un fontanero para que lo repare". Hoy, en cambio, los términos de la América Latina y de España han cruzado fronteras. Incluso hay palabras latinoamericanas como el *ninguneo* que se usan con frecuencia entre los españoles.[1]

Recuerdo que, cuando era pequeño, viajaba con mis padres y con José María Arguedas por algunas ciudades y pueblos peruanos. Una de las frases de Arguedas era que el corazón de las ciudades estaba en los estadios de fútbol y en los mercados. Mi pensión en Madrid quedaba cerca de un mercado de carne, donde iba con frecuencia solo a pasearme y a verle la cara a los vendedores. Desde muy pronto, fui también a los estadios, en especial al Manzanares, pues me volví aficionado al Atlético de Madrid, que por entonces tenía a Luiz Pereira, Rubén Cano y el Ratón Ayala, tres sudamericanos que honraban la tradición del juego creativo y rápido que los colchoneros no han perdido.

Una de mis sorpresas fue ir al cine hablado en español, pues todas las películas que había visto en Lima conservaban su idioma original, con subtítulos. En una ocasión, en un revival del cine de John Ford, vi entrar a John Wayne a una cantina y decirle al camarero: "Chato, tráeme un corto", una frase que nunca había imaginado escuchar de sus labios. Fue algo parecido a lo que sentí cuando escuché a Richard Burton llamar "maja" a Elizabeth Taylor en *Cleopatra*.

Descubrí, naturalmente, el Museo del Prado, donde iba todos los domingos. Allí se me quedó para siempre grabado en el corazón El

---

1   Esta relación entre el español de América y el de España lo he desarrollado en mi ponencia "El triunfo de la lengua" en el Congreso de CERLALC (Casa de América, Madrid, junio de 2008), después incorporada en mi libro *Sueños reales* (2008).

perro semihundido de Goya. También caminé muchas veces por la plaza de España, con la estatua de Quijote, obra de Martínez Zapatero, y los cines Alphaville y también la plaza de Santa Ana, donde estaban La Cervecería alemana, una de cuyas mesas la tradición atribuía a Hemingway, y un bar llamado El Rey de los Pinchos Morunos, de obvias connotaciones sexuales si uno venía de Sudamérica. También la plaza de Chueca, con sus pequeños restaurantes, y las calles Hortaleza y Fuencarral. No puedo volver a esos lugares sin sentir un vuelco en el cuerpo. Me parece que en las oficinas de Cultura Hispánica voy a ver a mis amigos de entonces, a Félix Grande, Álvaro Pombo y Jaime Salinas, en cuya editorial Alfaguara iba a ubicar luego mi primer libro, *La batalla del pasado* (1983). Fue allí también que conocí a Juan Carlos Onetti, que me dijo que solo valía la pena escribir si lo que uno creaba era mejor que el silencio.[2]

Me di cuenta de la capacidad que tienen los madrileños, y los españoles en general, de hacer amistades a primera vista. Había un culto a la amistad en las casas, los bares. Era una amistad que se imponía, que podía ser intrusiva, pero que se agradecía y se apreciaba siempre. Tengo la sensación de que, mientras los peruanos enfrentamos la vida lamentándonos de nuestro destino, los madrileños lo celebran o lo maldicen, pero siempre en voz suficientemente alta para que todos escuchen.

Ricardo Díez-Hochleitner y su esposa Choncha, así como sus hijos, fueron una familia adoptiva para mí y en su casa de la calle Concha Espina pasé muchos momentos felices. Lo mismo puedo decir de otra persona a la que quise mucho en esa época, Jubita Bustamante, en cuyo *Diario 16* colaboré gracias a Ángel González y a Julio Ortega. El profesor cubano especialista en el Inca Garcilaso, Enrique Pupo-Walker, fue un gran amigo, lo mismo que el traductor Juan José del Solar, a quien vi con frecuencia en Barcelona, y el editor y ensayista Luis Maristany. La casa de Julián Marías, que había sido amigo de mi padre, en la calle Vallehermoso fue un lugar de maravillosas conversaciones con él y con Lolita, Álvaro, Fernando, Miguel y Javier.

Muchos de ellos han muerto hoy. De los tres años que viví en Madrid, sin embargo, hay tantas voces y rostros aún en mi memo-

---

2   En la introducción a mi libro *Juan Carlos Onetti. El soñador en la penumbra* (2009), desarrollo con detalle ese encuentro con el escritor uruguayo.

ria. Fue en esa época que descubrí que las amistades pueden terminarse para siempre y que los amores pueden ser tan ilusos como absurdos, pues están marcados por las exigencias de los viajes y las despedidas. Creo que mi descubrimiento esencial fue la profunda soledad de la juventud. He vuelto a Madrid muchas veces y he caminado llorando por sus calles, pensando en todo lo que alguna vez descubrí allí, en quien fui y en quien soy y cuánto le debo a esas calles. Seguiré regresando allí todas las veces que pueda para volver a empezar a marcharme y regresar y no irme nunca.

Bibliografía

Cueto, Alonso (1983): *La batalla del pasado*. Madrid: Alfaguara.

— (2008): "El triunfo de la lengua". En: *Sueños reales*. Lima: Seix Barral, 201-205.

— (2009): *Juan Carlos Onetti. El soñador en la penumbra*. Lima: Fondo de Cultura Económica.

5. Vallejo con escalas

Doménico Chiappe

En mi niñez, mi viejo me leyó los versos de Vallejo "Piedra negra sobre una piedra blanca" (*Poemas humanos*). En una casa fantasmal, donde vivíamos en Caracas, mi padre recitó aquel poema, que quedó grabado en mi todavía inmaculada memoria literaria. Los versos de Vallejo constituyen el primer paisaje retenido de una patria que no tuve, el Perú, cuya geografía no oleré hasta rozar la madurez. Versos que, entenderé más tarde, encierran la desgracia del emigrante sin suerte, o sin la suerte requerida para retornar con honor, del que ronda la idea del suicidio antes que la vuelta obligada por el fracaso.

Conservo aún, a pesar de las mudanzas, ese libro grande encuadernado en tela con las obras completas del poeta, como él lo resguardó de las suyas. Durante varios años, la familia arrastró enormes cajas de libros que llegaron por barco a Venezuela y que, por alguna razón que todavía hoy desconozco, no eran abiertas al establecer residencia fija. Durante años, en mi habitación tuve como escritorio, tales eran sus dimensiones, una de esas grandes cajas de grueso cartón, forrada con mantel, donde hice las tareas de varios grados escolares. Otra de igual tamaño y formidable peso estaba en el dormitorio de mi hermana y las demás, en el cuarto de servicio —siempre había uno—, disimuladas bajo telas y otros trastos.

Cuando un día llegaron las estanterías a casa y aquellos libros fueron desembalados, descubrí colecciones y títulos, como una veintena de cubierta plateada sobre la guerra entre Perú y Chile; tomos amarillos de biografías de prohombres; *El caso Banchero*, de Guillermo Thorndike, de gran valor sentimental para mi padre, pues, me contó alguna vez, durante su época de gobernador de Chimbote amistó con Luis Banchero, del que sé por sus recuerdos, y quizás no sea poca cosa, que era un gran bebedor, que elevó el puerto peruano a categoría industrial gracias a la pesca de la anchoveta, pez que desapareció de aquellas aguas cuando Banchero cayó asesinado (en su añoranza, lo contaba como si fuera una venganza poética de la naturaleza, y no la consecuencia de la sobreexplotación pesquera).

Durante un tiempo creí que yo había nacido en Chimbote y, de esos recuerdos ajenos, también me veo a mí mismo con un perro pastor alemán, llamado como un futbolista peruano, de aquella selección cuya gran hazaña fue disputar una final olímpica que Hitler le arrebató con prepotencia y trampa.

En la tarde húmeda de la época de lluvias, mi padre, acodado en la mesa del comedor, miraba al fondo de su vaso de *whisky*, con cien colillas desbordadas del cenicero de bronce con una llama, mientras escuchaba el poema de Donayre "¡Viva el Perú, carajo!". En el estéreo giraba un LP del mismo nombre, cuya aguerrida y coloreada portada, con una lengüeta que ocultaba la última palabra para no contravenir el pundonor de la discotienda, me fascinaba sin transmitirme esa tristeza que sí contaminaba a mi padre al escucharlo.

Esas melodías compusieron la banda sonora de mi infancia en años arracimados sin reloj ni rutina, junto a los discos de aquellos —Chabuca Granda, Los Morochucos, Zambo Cavero...— que ayudaron a mi padre a enamorar a mi madre en las peñas limeñas donde coincidían hasta la madrugada, y que ella siempre recordaba cuando tocaba la guitarra o las cucharas y cantaba. El acento de mis padres, desterrado de mi lengua pero sonoro en el oído, profuso en las calles, rico en palabras y sinónimos que evitaba al hablar durante mi adolescencia, pero que uso en mis letras, como una riqueza, tienen la voz de mi madre y su fino léxico.

En mi casa, las conversaciones sucedían algunas noches, intermitentes, en que la televisión no se encendía, para dar paso a los recuerdos entumecidos y dispersos por la bipolaridad alcohólica, en las que surgieron las sombras, siempre difusas, nunca coherentes ni concatenadas, sin asidero cronológico, del país de mis padres, tan distinto al que yo hacía mío y que, sin embargo, se incrustaba en mi inconsciente, donde libraba una lucha con la idiosincrasia venezolana que yo adoptaba.

Es aquella patria difusa, como una parturienta que entrega a su criatura apenas expulsada del útero, la que trazó mi afición a los ambientes claustrofóbicos en mi literatura. Si la *patria*, en cursivas, subsistía solo en los metros cuadrados de mi hogar, otro universo bien podría estar contenido en otros encierros. Lugares a veces sin nombre, ilocalizables en el mapa.

Tuve también, en esas horas detestadas, asideros de mis antepasados, que nunca he querido indagar ni desarrollar, pero que ayudan a componer un vaho que envuelve a los personajes de ficción que surgen de mis ficciones.

Mi padre murió sin volver a pisar su tierra, justo cuando preparaba su regreso después de treinta años de autoexilio. Una década después de su fallecimiento, yo volví al Perú con mi propia familia. Y encontré mi intimidad expuesta en las esquinas. Por donde caminara tenía la extraña sensación de que aquello que encerré durante veinticinco años, mis raíces tan protegidas en Venezuela, estaban descubiertas, como un árbol sembrado en un acuario. Los olores exhalados por la comida de mi madre, quizás el arte más preciso para dibujar una geografía con el contorno del ceviche, los anticuchos, el seco, el locro, los alfajores, establecían la familiaridad con unas calles y unas gentes que solo había visto en unos tiempos de los que no guardaba recuerdos, pero cuyo rastro podía hallar en la pulpa del ají amarillo y del rocoto que aprendí a comer, a moquear, con coraje.

De alguna forma, la lectura de los libros desvelados —Scorza, Ribeyro, Alegría, Bryce Echenique…—, las tonalidades gastronómicas del Pacífico y la sierra andina, el olor a humedad de las maletas que venían de allá con chocolates Sublime y chompas de alpaca y los discos que lanzaban melancólicas proclamas materializaron un lugar que solo existía en la intimidad del hogar, en un imaginario protegido del exterior. Un país íntimo que existía apenas dentro de unas paredes alquiladas en una nación generosa y chovinista a partes iguales, cuyo pénsum escolar obligaba a leer a Uslar o Gallegos, pero también, y con el mismo peso, a Vargas Llosa o García Márquez.

En el país adoptivo quería mezclarme, pasar desapercibido, ser uno más de mis compañeros, a pesar de coexistir, sin fricciones, con otras querencias, las heredadas, de las que tampoco renegaba. Siempre tuve cédula amarilla, pasaporte peruano, ciudadanía inespecífica inválida para reclamar cuotas, becas o siquiera pertenencias. Tan acostumbrado estuve a ser requisado en las aduanas internacionales como a reconocer a mis verdaderos amigos por una cuestión: me otorgaban su propia nacionalidad, como si así juntos confrontáramos a la muchedumbre. Y yo, aún hoy, la recibo honrado, sea la peruana, sea la venezolana: islas en el mar apátrida.

En mi tercera emigración transfronteriza, la cuarta vital, el enésimo movimiento territorial, y alejado de mis países, el materno y el adoptivo, encontré mi condición de extranjero, lo que, en la diáspora peruana y en la actual venezolana, no es una excepción. En Madrid, ya a los treinta, decidido a explorar el hacer literario desde el desorden y vaivén autodidacta, encontré que reconocerme de dos países y de ninguno, de extranjero permanente y doble origen sentimental, de peruanidad íntima y venezolanidad exotérica, era no solo posible sino inevitable.

Y ahondar en la voz peregrina, la labrada por el éxodo, podía ser la única escritura honesta de quien por fin se sabe náufrago en las aguas de dos ríos de distinta densidad en que crecí, deslizándome también ahora en la ola del territorio ocupado; absorbiendo y dejando que el lenguaje se empape de cuanto enriquezca la obra que surge como un atolón, como una raza extraña resignada a la extinción.

Ahora que escribo, en un rincón de España, vuelvo a recitar, una y otra vez, desde hace meses, los versos de Vallejo, no los que pronunció mi padre aquella noche y que apenas comprendí —los versos y la noche— mucho tiempo después, sino otros, "Los heraldos negros", de los que me he apropiado. Porque el poeta los escribió alejado para siempre del país donde nació, sumergido en la búsqueda de un lenguaje propio e ineludible cuando se entiende que no hay retorno y que, si lo hubiera, solo significaría el fin de la nostalgia y el comienzo de la amargura definitiva. Y porque, sí, hay golpes en la vida tan fuertes… Yo no sé.

Pamplona, 14 de diciembre de 2016

V
Entrevista

España en la memoria
Entrevista a Alfredo Bryce Echenique[1]

Jéssica Rodríguez López[2]
Universidad Nacional Mayor de San Marcos

Alfredo Bryce Echenique es uno de los escritores peruanos que más reconocimiento ha tenido en el extranjero. Su primera novela, *Un mundo para Julius*, se publicó en 1970 en el sello barcelonés Barral Editores. Desde aquel entonces, casi todos sus libros se han editado en España. Bryce reside actualmente en el Perú, luego de pasar varias décadas en Europa, primero en Francia y en los años ochenta y noventa en España, al comienzo en Barcelona y después en Madrid. En esta entrevista realizada en su casa de Lima en el mes de abril del 2017, Bryce Echenique rememora su vida en España.[3]

---

1   La entrevista con Alfredo Bryce Echenique se pudo conseguir gracias a la intermediación de su editor en Perú, Germán Coronado, quien también estuvo presente el día de la entrevista.

2   La entrevista fue realizada por la escritora y editora Jéssica Rodríguez López, pero las preguntas fueron preparadas por ella y Agustín Prado Alvarado, crítico y docente universitario.

3   Hay diversas crónicas y artículos de Alfredo Bryce Echenique sobre su relación con España que se pueden revisar en los siguientes libros: *Crónicas perso-*

Lecturas de España: Cervantes, Quevedo, *El Lazarillo*

JR: Empezaremos por las lecturas que lo acercan a España. En su libro *Permiso para vivir. Antimemorias* (1993), menciona *Don Quijote de La Mancha* como una de sus novelas preferidas. ¿Recuerda a qué edad la leyó y qué aprecio tuvo, por entonces, de la novela?

AB: Lo leí de chico y no la aprecié porque no me gustaba leer nada de chico. Ya después, la releí en mi época de universitario y la redescubrí. Cuando me instalé en Europa, la habré leído dos o tres veces más.

Hay críticos que vinculan el estilo humorístico de sus libros con el humor cervantino.

Cervantes es un irónico y a mí, en realidad, lo que más me gusta del humor es el humor que hace escarnio, que se burla del tuerto, del manco, del que se golpea, no tanto el humor de la observación, que es la ironía. Lo que hay en el *Quijote* es ironía. No hay el humor de Quevedo, que se burla y ríe del que se cae, digamos.

¿Hay algún otro autor del Siglo de Oro con el que pueda también establecer algún contacto con su obra a partir del humor?

Bueno, además de Quevedo, a quien menciono en el libro citado [*Permiso para vivir*], también está la novela picaresca, especialmente *El Lazarillo de Tormes*, aunque es otra obra irónica. En realidad, no encuentro otra novela española de esas características en relación con mi obra. Otras lecturas de humor que he tenido presentes pertenecen más bien a la literatura anglosajona.

En los años sesenta vivió en Francia, pero mantuvo el vínculo con España a través de sus editores. En aquel tiempo, ¿leía a escritores españoles contemporáneos, como Juan Marsé o Juan Goytisolo, o a los poetas peninsulares surgidos en los sesenta?

Sí leí a Juan Marsé, lo leí mucho y tengo mucho aprecio por su obra, pero después he frecuentado a escritores españoles de mi edad. Juan Marsé es un poco mayor que yo. Para mí, los escritores españoles contemporáneos que más me interesan, que más gozo —digamos así— y los considero excelentes, son Ignacio Martínez de Pisón, Enrique Vila-Matas y Pedro Zarraluki. Esos son mis tres favoritos de la narrativa española. En el caso de la poesía, no he leído muchos poetas españoles contemporáneos. Mi fuerte no es la poesía.

---

nales (1988), *Permiso para vivir, antimemorias* (1993) y *Permiso para sentir, antimemorias* II (2005).

Relación personal y literaria con España

Hubo un tiempo entre los sesenta y setenta en que varios escritores del llamado boom residieron en España, como Vargas Llosa, García Márquez o José Donoso. Usted haría lo mismo varios años después, luego de vivir en Francia. ¿Qué lo llevó a escoger ciudades como Barcelona o Madrid?

El azar realmente; también, la amistad, porque ya en Europa, viviendo en París, tenía grandes amigos en España y por eso me fui allá. Después de algunos años en París, donde estudié y fui profesor, residí en Montpellier, al sur de Francia, una ciudad muy linda. Ahí trabajé mis últimos cuatro años de profesor universitario y decidí marcharme a Barcelona en 1985, y ahí viví unos años. Luego de Barcelona, hacia finales de los ochenta, en 1989, me fui a vivir a Madrid, donde estuve hasta fines de los noventa. Después he retornado a Barcelona y también a Madrid.

Sobre su partida a Europa, a París, en 1964, escribió que se fue para convertirse en escritor, para ser un poco más autónomo de su familia. En el caso de su viaje a España, hay algunas anécdotas alrededor de este traslado, pero no habíamos podido rastrear una intención muy clara, además que es otro momento, ya es un escritor asentado.

Yo voy a dar a Barcelona después de intentar instalarme primero unos meses en Madrid, pero no me va bien. La llegada mía fue muy penosa, y mis amigos de Barcelona me llamaron para allá y me fui porque me convenía más en ese momento. En Madrid viví hasta 1999, cuando vine al Perú, a instalarme por primera vez, pero aquí tampoco me sentí cómodo y me volví a ir a Europa en el 2002. Me instalé en Barcelona otra vez hasta el 2009, en que regresé definitivamente al Perú.

En una entrevista, dice: "Para mí, el Perú es ciertos paisajes y ciertas personas". ¿Es eso verdad también para España?

Nunca he sido un escritor que haya convivido con escritores, aunque he tenido grandes amigos escritores, primero en Francia, en París y Montpellier, luego en España. La verdad es que he sido muy —cómo se puede decir— desordenado en eso de las amistades. A veces yo mismo me pongo a pensar cuáles de mis amigos han sido los mejores, cuáles de los que conocí allá —no peruanos—, por decirlo de alguna forma. Y sí, pues, fue un amigo inglés, Martin Hancock, graduado de Cambridge University. Nos conocimos de casualidad en Londres. Él se venía a trabajar a París. Entonces, en ese momento en que yo estuve muy agobiado por la pérdida de un manuscrito de cuentos,[4] que era lo primero que había escrito en mi vida, y porque ya se me había acabado el dinero de la beca, y, bueno, él me acogió. Me alojó, porque se fue a vivir a París y ahí alquiló un departamento que le pagaba su empresa, y había un dormitorio más que me lo dio a mí. Lo que pasó es que él era abogado y salía de madrugada y trasnochaba mucho; entonces yo me fui, a pesar de su hospitalidad tan grande, pero nuestra amistad siguió y siguió hasta que él fallece en Londres.

Otro gran amigo fue Enrique Álvarez de Manzaneda, español, ya fallecido también, a quien conozco en París en un periodo muy difícil. Es muy curioso cómo uno puede querer con amor fraternal, con amistad total, a dos personas al mismo tiempo que uno conoce, además, prácticamente en los mismos días. Uno y otro no tienen nada en común, absolutamente nada. Mi amigo Martin Hancock era un desordenado, caótico; lo que pasa es que era un abogado genial, por eso nunca lo botaban de la empresa. Tenía una anécdota que casi le cuesta el puesto. Una vez se le acercó su jefe y le dijo: "Martin, do you have any scotch?", y él le dijo: "Of course", y sacó una botella de whisky, cuando lo que el otro le estaba pidiendo era scotch tape… Eso pinta de cuerpo entero a Martin Hancock, mientras que el español era un asceta, un tipo sereno. Además, era mi peluquero, me cortaba el pelo, a mí solamente, en el techo del edificio donde vivíamos. En fin, estos dos amigos salen de la época más difícil de mi vida materialmente, con el golpe, además, del robo de mi primer manuscrito de cuentos.

Eso se pasó rápido porque arranqué con otro manuscrito y escribí Huerto cerrado de nuevo. Cambiaron muchas cosas, por supuesto. Yo no me sentía cómodo con ese libro, lo encontraba muy encorsetado. Y de golpe empecé a escribir "Con Jimmy en Paracas" y ese cuento es fundamental para mí, porque en ese cuento nace todo mi estilo.

Encuentra su tono…

Encontré mi tono, encontré mi estilo, encontré la oralidad, todo sale ahí. Y, ya después de eso, casi sin solución de continuidad, escribí Un mundo para Julius.

---

4   Bryce ha hecho referencia varias veces a este suceso: el primer libro de cuentos que escribió, primera versión de Huerto cerrado, le habría sido robado al regresar a París en 1965.

Este amigo, Enrique Álvarez de Manzaneda, aparece en la novela *La vida exagerada de Martín Romaña* (1981).

Así es, sale con su nombre porque era un homenaje. Ahí me llamaron los familiares porque él había muerto como decía en la novela que se iba a morir. Tenía un bulto aquí que le decían que era maligno. Según Maggie Revilla, con quien estuve casado en los años sesenta, él era el hombre con el perfil más bello que ella había visto jamás en su vida... Esos primeros años de París fueron años heroicos, sí.

Volvamos a España. ¿Cómo era su relación con los editores de las casas españolas?

Bueno, yo caí en manos de Carlos Barral[5] por recomendación de Mario Vargas Llosa. Era el año 1970, en que sacan a Carlos Barral de Seix Barral. Justamente ese año, el Premio Biblioteca Breve estaba en pleno concurso y yo era candidato, pero no se otorgó.[6] [Entonces,] Carlos Barral abre otra editorial, Barral Editores, muy pequeña, muy heroica, donde no pagó jamás a nadie, porque era un desordenado absoluto. Todos se fueron y yo me quedé con él. Los del *boom* se fueron todos porque tenían ofertas de otras editoriales, ofertas muy importantes.

¿Y, con Carmen Balcells, qué relación tuvo?

Ah, pues, muy buena. Fue mi agente prácticamente después de la publicación de mi primera novela, *Un mundo para Julius*. La conocí en Barcelona. Ella me ayudó mucho con los contratos y todo ello.

Algunas de sus obras, como los cuentos "Antes de la cita con los Linares", "Muerte de Sevilla en Madrid" o la novela *Tantas veces Pedro* (1977), están ambientadas, en parte, en España. ¿Hay algún personaje o suceso que motivó que esas historias transcurran allá?

La verdad que no. Yo apenas conocía Madrid entonces. Sobre ese cuento ["Muerte de Sevilla en Madrid"], yo solo había pasado por Madrid como turista, pero se me ocurrió que pasara en Madrid por el nombre de Sevilla, o sea, la muerte de un tipo llamado Sevilla en Madrid. Y nada más que eso.

---

5 Bryce Echenique escribió una crónica titulada "El vizconde de Calafell", publicada en el libro *Permiso para vivir. Antimemorias* (1993), donde relata su amistad con Carlos Barral desde fines de los años sesenta hasta la muerte del editor catalán.

6 El Premio Biblioteca Breve no se falló ese año por solidaridad del jurado con su creador, Carlos Barral.

En 1988 aparece *Crónicas personales*. En la última, "¿Por qué siempre regreso a España?", escribe lo siguiente: "Regreso siempre a España porque España no me duele". También menciona a Barcelona como una ciudad que aprecia mucho. ¿Sigue teniendo esa relación entrañable con esta ciudad?

Sí, sigo teniendo ese aprecio. Como dije antes, estuve viviendo en Barcelona bastantes años. Y, en mi segunda vida en Barcelona, me moví mucho por círculos de amigos escritores, en torno de la editorial, ya no de Carlos Barral, que fallece, sino de Jorge Herralde, director y propietario de Anagrama, que hoy en día ha sido comprada por la editorial Feltrinelli, de Italia. Ahí en Anagrama se publicaron y reeditaron en España todos mis libros en los años noventa y hasta el presente.[7]

Vivió en Madrid durante la época de la famosa *movida madrileña* de los ochenta. ¿Tiene algún recuerdo especial de esto?

No, ningún recuerdo en especial. No me sentí concernido por la famosa movida, para nada.

¿Mantiene amistad con los escritores españoles más recientes?

No mucho, entre los más recientes, con Luis García Montero; Almudena Grandes, también.

¿Tiene relación con los escritores peruanos en España, como Fernando Iwasaki, Jorge Eduardo Benavides o Santiago Roncagliolo?

Con Iwasaki, sí, y también con Roncagliolo, aunque no los frecuenté mucho. Roncagliolo vive en Barcelona y yo no he vivido en Barcelona cuando él estaba ahí. Iwasaki vive en Sevilla y yo nunca he vivido en Sevilla, y así. En Madrid no tuve casi amigos escritores.

En algún momento mencionó una percepción suya sobre los escritores peruanos que vivían en París, que solían armar casi un gueto, se frecuentaban, extrañaban el país. ¿Qué percepción tiene de la generación más reciente de escritores peruanos residentes en España? ¿Los siente también anclados en el Perú?

A mí me llama la atención una sola cosa de ese grupo de escritores jóvenes y es que, antes, cuando yo era joven, todos soñábamos con ir a París, y ahora todos sueñan con irse a Madrid, o sea, a la

---

7   Los primeros libros de Bryce Echenique editados en Anagrama aparecieron en los años setenta y ochenta: *A vuelo de buen cubero* (1977) y *Crónicas personales* (1988), este último es una edición ampliada del libro anterior.

Ciudad Luz se le quemaron los plomos, como digo yo. Hay algo que ya no atrae a la gente, a los escritores en particular. Todos quieren ir a Madrid. Es muy curioso ese cambio, ¿no? No sé por qué.

Podría tener que ver con mayores oportunidades de publicación. Quizás cuando se iba a París, en los sesenta, la gente iba al encuentro de una cultura…

No, porque antes había sido igual.

Ahora, también varios de los escritores peruanos jóvenes se han regresado. Los que se han quedado son los mayores.

No, también hay jóvenes, por ejemplo, Renato Cisneros, el novelista, se ha ido hace poco a vivir a Madrid, ¿no? En el caso de Raúl Tola, él se ha regresado por una elección personal y familiar. No sé si tenga pensado regresar a Madrid.

Creo que hemos hecho el recorrido completo. ¿Extraña España? ¿Piensa volver?

Para vivir, no, ya no. Extraño a mis amigos, pero ya no… Bueno, siempre me puedo ir, cada vez que pueda. Ahora mismo estoy por ir a Europa por un par de semanas, dos o tres, para hacer un tour muy personal. Voy con Germán [Coronado] y vamos a hacer un viaje un poco disparatado, pero es para ver gente que yo quiero mucho.

Una última pregunta: ¿cuál ha sido su relación con los lectores españoles? No sé si cabe la pregunta, escribía en Francia, pero finalmente sus libros circulaban en español y tiene varias tesis sobre su obra en España.

Bueno, yo creo que ha sido una relación maravillosa, estupenda, que yo valorizo mucho. Fui muy bien acogido y tuve grandes amigos, más que escritores o editores, tuve muchos amigos que podían ser, como Martin Hanckok, el inglés, que era abogado, o Enrique Álvarez de Manzaneda, que no era nada. Pero esos dos amigos jamás leyeron una página que yo hubiera escrito siquiera; lo de ellos no era para nada lo mío y, sin embargo, fueron los mejores amigos que tuve. Pero mi relación con mis lectores es muy buena. Les tengo que agradecer a todos porque son conmigo muy generosos. Lo escrito sobre mí en España expresa mucho afecto.

Sobre los autores

Alfredo Bryce Echenique (Lima, 1939) es uno de los escritores peruanos más reconocidos en el ámbito hispano y autor de diversas novelas entre las que destacan *Un mundo para Julius* (1970), *La vida exagerada de Martín Romaña* (1981), *El hombre que hablaba de Octavia de Cádiz* (1985), *Las obras infames de Pancho Marambio* (2007) y *Dándole pena a la tristeza* (2012). Los libros de cuentos más relevantes son *Huerto cerrado* (1968), *La felicidad jaja* (1974), *Magdalena peruana y otros cuentos* (1986) y *Guía triste de París* (1999).

Enrique E. Cortez es doctor en Literatura Hispánica y Estudios Culturales por Georgetown University y profesor titular de Literatura Latinoamericana en Portland State University. Entre sus publicaciones destacan *Biografía y polémica: el Inca Garcilaso y el archivo colonial andino en el siglo XIX* (Iberoamericana / Vervuert, 2018), *Incendiar el Presente: La narrativa peruana de la violencia política y el archivo* (Campo Letrado, 2018) y la coedición, junto a Gwen Kirkpatrick, *Estar en el presente: Literatura y nación desde el Bicentenario* (Latinoamérica Editores, 2012). Artículos suyos han aparecido en *Revista Iberoamericana*, *INTI*, *Latin American & Caribbean Ethnic Studies*, *Revista de Crítica Literaria Latinoamericana* y *Modern Language Notes*.

Alonso Cueto es escritor peruano. Ha publicado numerosas novelas, como *El tigre blanco* (1985), *Deseo de noche* (1993), *El vuelo de la ceniza* (1995), *Demonio del mediodía* (1999), *Grandes miradas* (2003), *La hora azul* (2005), *El susurro de la mujer ballena* (2007), *La venganza del silencio*

(2010), *Cuerpos secretos* (2012), *La pasajera* (2015), *Duelo en la Ciudad de Plata* (2015), *La viajera del viento* (2016) y *La segunda amante del rey* (2017). Ha publicado asimismo varios libros de cuentos y ensayos literarios. Ha ejercido el periodismo y la docencia universitaria. Algunas de sus novelas, como *Grandes miradas*, *La hora azul* o *La pasajera* han sido llevadas al cine. Ha recibido distinciones y premios prestigiosos como la Beca Guggenheim, el Premio Herralde, el Finalista del Premio Planeta-Casa de América, la Medalla Inca Garcilaso de la Vega, etc.

Domenico Chiappe es escritor y periodista.

Jorge Eduardo Benavides (Arequipa, Perú, 1964) estudió Derecho y Ciencias Políticas en la Universidad Garcilaso de la Vega, en Lima, ciudad donde trabajó dictando talleres de literatura y posteriormente como periodista radiofónico. Desde 1991 hasta el 2002 vivió en Tenerife, donde colaboró con el suplemento dominical del *Diario de Avisos*. Allí fundó y dirigió el taller de narrativa Entrelíneas. Ha publicado *La noche de Morgana*, así como las novelas, *Los años inútiles*, *El año que rompí contigo*, *Un millón de soles*, *La paz de los vencidos*, (Premio Julio Ramón Ribeyro de novela corta), *Un asunto sentimental*, *Consignas para escritores*, y *El enigma del convento* (XXV Premio Torrente Ballester). Su última novela, *El asesinato de Laura Olivo*, obtuvo el XIX Premio Fernando Quiñones de Novela. Colabora con medios informativos y culturales como *El País* y la revista *Mercurio*.

Ángel Esteban es catedrático de Literatura Hispanoamericana en la Universidad de Granada, donde coordina el Máster en Estudios Latinoamericanos, y *Visiting Professor* en las de Delaware (desde 2003) y Montclair State (2009-2012). Entre sus publicaciones destacan, *Cuando llegan las musas* (*cómo trabajan los grandes maestros de la literatura*) (2002), *Gabo y Fidel: el paisaje de una amistad* (2004), *Literatura cubana entre el viejo y el mar* (2006) *De Gabo a Mario: la estirpe del boom* (2009), *Madrid habanece* (2011), *El flaco Julio y el escribidor: Julio Ramón Ribeyro y Mario Vargas Llosa cara a cara* (2014), *El escritor en su paraíso: 30 grandes autores que fueron bibliotecarios* (2014) y *La estirpe de Babel* (2016), su primera novela. Sus obras han sido traducidas a 9 idiomas.

Elena Guichot Muñoz es licenciada y doctora en Filología Hispánica por la Universidad de Sevilla. Profesora en el área de Didáctica de la Lengua y de la Literatura y Filologías Integradas de la Facultad de Ciencias de la Educación de la Universidad de Sevilla desde el año 2011. Sus líneas de investigación más recientes se enfocan en el análisis de la comunicación, la lengua y la cultura como instrumento de mediación socio-educativa. Ha publicado en revistas de interés científico como *Quaderni ibero americani*, *Latin American Theatre Review*, *Revista Chilena de literatura*, etc. y publicó la monografía *Vargas Llosa en escena* (2016, Síntesis). Ha realizado estancias de investigación en Paris-Sorbonne (Paris IV), en la Universidad Nacional Mayor de San Marcos (Lima) y en la Universidad Politécnica Salesiana de Cuenca (Ecuador).

Fernando Iwasaki (Lima, 1961): Es autor de las novelas *Neguijón* (2005) y *Libro de mal amor* (2001); de los libros de cuentos *España, aparta de mí estos premios* (2009), *Helarte de amar* (2006), *Ajuar funerario* (2004), *Un milagro informal* (2003), *Inquisiciones Peruanas* (1994), *A Troya Helena* (1993) y *Tres noches de corbata* (1987); de los ensayos *Las palabras primas* (2018), *Nueva Corónica del Extremo Occidente* (2016), *Mínimo común literario* (2014), *Nabokovia Peruviana* (2011), *Arte de introducir* (2011), *Mi poncho es un kimono flamenco* (2005) y *El Descubrimiento de España* (1996); de las crónicas reunidas en *Somos libros, seámoslo siempre* (2014), *Desleídos y Efervescentes* (2013), *El laberinto de los cincuenta* (2013), *Una declaración de humor* (2012), *Sevilla, sin mapa* (2010), *La caja de pan duro* (2000) y *El sentimiento trágico de la Liga* (1995); y de los estudios históricos ¡Aplaca, Señor, tu ira! Lo maravilloso y lo imaginario en Lima colonial (2018), *rePUBLICANOS* (2008) y *Extremo Oriente y Perú en el siglo XVI* (1992). Actualmente es profesor titular en la Universidad Loyola Andalucía.

José Antonio Mazzotti es "King Felipe VI of Spain Professor of Spanish Culture and Civilization" y catedrático de Literatura Latinoamericana en la Universidad de Tufts, Boston. Ha publicado numerosos estudios sobre el Inca Garcilaso, la épica virreinal, poesía contemporánea y documentación de lenguas amazónicas. Su colección *El Zorro y la Luna* (*poemas reunidos 1981-2016*) recibió el Premio Internacional de Poesía "José Lezama Lima" de Casa de las Américas, Cuba.

Marta Ortiz Canseco, doctora por la Universidad Autónoma de Madrid, ha sido profesora en la Universidad de Alcalá de Henares y actualmente trabaja en la Universidad Internacional de La Rioja. Comisarió, junto con Esperanza López Parada y Paul Firbas, la exposición "La biblioteca del Inca Garcilaso de la Vega, 1539-1616" (Biblioteca Nacional de España, 2016). Editó el *Auto de la fe celebrado en Lima en* 1639, por Fernando de Montesinos (Iberoamericana-Vervuert, 2016), así como *Los heraldos negros*, de César Vallejo (Castalia, 2009), y la antología *Poesía peruana 1921-1931: vanguardia + indigenismo + tradición* (Iberoamericana-Vervuert, 2013).

Carmen María Pinilla es socióloga y profesora en la Pontificia Universidad Católica del Perú y es directora de la Colección José María Arguedas. Ha publicado diversos trabajos sobre sobre la vida y obra de Arguedas, entre ellos *Arguedas en familia* (1999), *Arguedas en el valle del Mantaro* (2004), *Itinerarios epistolares. La amistad de José María Arguedas y Pierre Duviols en dieciséis cartas* (2011) y del libro *Arguedas. Perú infinito* (2012). Formó parte de la Comisión Centenario del Natalicio de José María Arguedas (2010 - 2013) que se encargó de editar la obra antropológica completa de Arguedas en siete volúmenes.

Agustín Prado Alvarado es profesor titular de Literatura Española e Hispanoamericana en la Universidad Nacional Mayor de San Marcos (Lima, Perú). Presidió seis congresos internacionales entre ellos, el Congreso Internacional *La ciudad y los perros* y el Boom hispanoamericano (2013) y el Congreso Internacional Jorge Luis Borges: Nuevas inquisiciones a su obra (2016). Fue Jefe de Investigación de la Casa de la Literatura Peruana (2009-2014). Con Sandro Chiri editó el libro *Las cartografías del poder en la obra de Mario Vargas Llosa. Ensayos literarios* (2014). Ha coordinado números monográficos para las revistas literarias *América sin nombre* (Universidad de Alicante) y *Mitologías Hoy. Revista de pensamiento, crítica y estudios literarios latinoamericanos* (Universitat Autónoma de Barcelona).

Jéssica Rodríguez López es profesora de Comunicación y Literatura en la Universidad ESAN y enseña en el programa de la Maestría en Escritura Creativa de la Universidad Nacional Mayor de San Marcos. Ha trabajado como editora en Norma Editorial y Ediciones Panamericana. En el año 2015 ganó el premio de Literatura Infantil el Barco de Vapor de la editorial SM por la novela juvenil *La zona invisible*, este libro fue escrito en coautoría con Carlos Garayar. Fue coeditora también con Carlos Garayar de los libros *Mitos y leyendas del Perú y Mitos y leyendas de América*.

Moisés Sánchez Franco (Callao, 1975 – Lima, 2017) Estudió periodismo en la Universidad Nacional de la Plata (Argentina) y fue profesor titular de Literatura Inglesa y del Taller de Guiones Literarios de la Universidad Nacional Mayor de San Marcos. Fue finalista del Premio Copé de cuento en dos oportunidades. Publicó el estudio *Historia del mal, representación de los personajes en* Historietas malignas *de Clemente Palma* (2016), el libro de cuentos *Los condenados* (2016) y fue uno de los editores del libro de James Joyce *Dublineses* (traducido por peruanos) publicado el año 2017.

Nazaret Solís Mendoza es doctor en Filosofía y Letras por la Universidad de Navarra (España) y Licenciado en Ciencias de la Educación por la Universidad de Piura (Perú). Ha enseñado en universidades y otros centros de enseñanza de Perú, España e Italia. Ha publicado una serie de ensayos y artículos divulgativos sobre literatura peruana en diversos medios. Actualmente vive en Madrid, donde dirige la web de difusión cultural The Thinking Makes, imparte talleres de creación literaria y coordina el curso de Lengua castellana para la Comunidad de Madrid.

Jesús Rubio Jiménez es catedrático de Literatura Española en la Universidad de Zaragoza. Son conocidos sus estudios y ediciones sobre el teatro en estos siglos y sobre autores como Bécquer, Alarcón, Galdós, Valle-Inclán o Ramón Gómez de la Serna. Entre sus libros destacan: *Valle-Inclán caricaturista moderno. Nueva lectura de Luces de bohemia* (2006), *Ramón del Valle-Inclán y Josefina Blanco: el pedestal de los sueños* (2011), *Los Bécquer en Veruela: un viaje artístico-literario* (1990), *Pintura y literatura en G. A. Bécquer* (2006), *La fama póstuma de Gustavo Adolfo y Valeriano Bécquer* (2009) y ediciones de Bécquer: *Desde mi celda* (Cátedra, 2003), *Rimas* (Alianza, 2004), *Leyendas* (Alianza, 2012) y *Rimas y leyendas* (Fundación Lara, 2015) realizada con M. Pilar Palomo.

Eva Valero Juan, doctora en Filología Hispánica por la Universidad de Alicante, es autora de *Lima en la tradición literaria del Perú, de la leyenda urbana a la disolución del mito* (2003), *La ciudad en la obra de Julio Ramón Ribeyro* (2003), *Rafael Altamira y la "reconquista espiritual" de América* (2003), *Tras las* huellas del Quijote en la América virreinal (2010), Ercilla y La Araucana en dos tiempos. Del Siglo de Oro a la posteridad (2016); editora de La casa de cartón de Martín Adán (Huerga y Fierro, 2006), y de libros colectivos como Rafael Altamira: historia, literatura y derecho (2004), Mito, palabra e historia en la tradición literaria latinoamericana (Iberoamericana, 2013) y Raúl Zurita. Alegoría de la desolación y la esperanza (Visor, 2016) entre otros.

Mario Vargas Llosa, escritor hispano-peruano, uno de los más importantes novelistas y ensayistas contemporáneos. Ha recibido numerosos premios como el Nobel de Literatura (2010), el Cervantes (1994), el Premio Leopoldo Alas (1959), el Biblioteca Breve (1962), el Rómulo Gallegos (1967), el Príncipe de Asturias de las Letras (1986) y el Planeta (1993). Alcanzó la fama en la década de 1960 con novelas como La ciudad y los perros (1962), La casa verde (1965) y Conversación en La Catedral (1969), y ha continuado publicando novelas hasta la actualidad (Cinco esquinas, de 2016, es su última entrega). Algunas de sus obras han sido llevadas al cine, como Pantaleón y las visitadoras, La ciudad y los perros y La fiesta del Chivo. Es miembro de la Real Academia Española y ha recibido más de 30 doctorados Honoris Causa.